中国基层协商治理研究

朱凤霞 著

中国社会科学出版社

图书在版编目（CIP）数据

中国基层协商治理研究 / 朱凤霞著. -- 北京：中国社会科学出版社，2024.10. -- ISBN 978-7-5227-3852-9

Ⅰ.D63

中国国家版本馆 CIP 数据核字第 2024AP2021 号

出 版 人	赵剑英
责任编辑	孔继萍
责任校对	郝阳洋
责任印制	郝美娜

出　　版	中国社会科学出版社
社　　址	北京鼓楼西大街甲 158 号
邮　　编	100720
网　　址	http：//www.csspw.cn
发 行 部	010-84083685
门 市 部	010-84029450
经　　销	新华书店及其他书店
印　　刷	北京君升印刷有限公司
装　　订	廊坊市广阳区广增装订厂
版　　次	2024 年 10 月第 1 版
印　　次	2024 年 10 月第 1 次印刷
开　　本	710×1000　1/16
印　　张	18
字　　数	286 千字
定　　价	108.00 元

凡购买中国社会科学出版社图书，如有质量问题请与本社营销中心联系调换
电话：010-84083683
版权所有　侵权必究

序 一

郎友兴

（浙江大学公共管理学院教授）

这些年来我一直在关注、研究中国协商民主（治理），尤其是地方、基层协商民主的问题，也介入了浙江省几个地方的基层协商民主的试点、实验工作，应该说我的感受超出了一般意义的观察与调研。大概是这个原因吧，朱凤霞教授嘱我为她的新作《中国基层协商治理研究》写一个序。接受了她的邀请，在于我的"私心"作祟，窃以为借写序之机，可以比其他读者更早地了解学术界的研究动向和最新的学术成果。

本书作者长期致力于中国基层协商民主（治理）的研究，积累了丰富的经验材料，并在此基础上作了系统而深入的思考。《中国基层协商治理研究》为读者呈现出一个全面、系统的基层协商治理画卷，其章节结构也符合读者的阅读习惯。作者从概念辨析开始，为读者能够有一个准确的理解打下基础，归纳了协商民主的理论基础，让不做抑或未来不想去钻研协商民主的读者对此领域也有一个基本而清晰的了解（第二章"核心概念和理论基础"），进而将读者引入中国基层进入协商治理时代的背景之中（第三章"基层社会治理的现实挑战与变革诉求"），并通过对四个到目前为止恐怕最具有典型性、最有中国特色或成就的基层协商治理案例的梳理、归纳与分析（第四章"基层协商治理案例研究"），将基层协商治理的具体绩效清晰地呈现在读者面前（第五章"基层协商治理的多元主体与协商实践绩效"），最后"将论文写在祖国大地上"的中国学者应有的担当落实到一些富有参考性建议的提出上（第六章"基层协商治理机制优化")。我相信，无论是理论研究者还是实际工作者，都能从此书中获得有益的启示和借鉴。

中国学术界开始接触并了解西方协商民主（deliberative democracy）理论的时间点，最初应该是 2002 年。德国当代思想家哈贝马斯（Jürgen Habermas）在华所作的"协商民主的三种规范"演讲，让国内学术界开始知晓了"协商政治"（deliberative politics）。从 2004 年开始，协商民主理论研究开始越来越多地进入国内的学者视野。这一方面表明了中国学者敏锐的学术洞察，另一方面也反映了学术界对中国政治实践和发展的关切。在实践上，党的十八大以来中国共产党积极推进协商民主政治建设。从比较的视角来看，无论较之亚洲还是北欧、美国，中国协商民主在实践上的进展可以用"神速"一词来形容，每年在基层有上百万次协商实践。在党的十八大以后，中国已系统地形成了由七大协商（政党协商、人大协商、政府协商、政协协商、人民团体协商、基层协商和社会组织协商）所构成的全方位、多维度的协商民主体系，在这个体系中，地方尤其乡村社会的协商最为基础，也最具有创新性，可以说协商民主机制和精神已经深入基层诸多治理实践之中。全过程人民民主理念提出后，社会主义协商民主成为全过程人民民主的重要组成部分，已深深嵌入社会主义民主政治全过程之中。

协商民主是中国政治学研究的一个重要议题，研究者已经做出了不少有意义、有价值的研究。不过，从学术上来说，有关中国协商民主（治理）的研究，依然需要在两个方面加以努力与深化。一方面是理论上。可以肯定地说，中国产生了世界最多的协商民主（治理）实践，可是，基于这些丰富的实践推进协商民主理论并不多见，以至于具有世界性意义或影响力的理论未能出现。另一方面是如何总结多样的、丰富的经验，并指导实践的推进，这方面还有不少空间。无论如何，对于协商民主理论和实践来说，理论研究者与实践者之间需要充分的互动，而这些互动可以产生非常有创造性的理论和实践形态。

择其重要的有下面几个问题需要加以关注。

第一，协商民主（治理）概念的再厘定。无论在学术研究文献还是在实践领域，的确存在着将协商民主概念泛化的现象，例如，将商量等同于协商，将讨论视为协商民主。概念泛化拓展了其使用的领域和对象，固然有其意义，但不能不说，这样的泛化有可能失去概念应有的解释力和原本该有的内涵特性，其结果是模糊了概念的边界，引发歧义，甚至造成理论的混乱。

第二，回归到民主的意义与价值。将协商与治理结合起来，强调民主的功效、功用性，这是近些年来中国协商民主的最大特色，也是亮点。人们不难看到，"协商民主""协商治理"等词汇频频出现在官员讲话、政府决议、政策文件中，但是，中国基层协商民主实践的工具化特色同样是相当明显的，这表明地方政府并不太尊重协商民主的价值原则和理念，甚至并没有充分地意识到其价值原则和理念。民主的治理化事实上模糊了民主的意义和价值，最终民主本身该有的内涵与价值可能消融于治理之中。为此，需要回到民主本身来思考协商——无论是协商民主还是协商治理。

第三，嵌入全过程人民民主中的协商民主定位与功能需要再研究。西方协商民主，无论理论还是实践，主要是针对代议制民主而言，是对代议制民主的一种修正，但并不是取代，因而具有前后的历史关联性。全过程人民民主不但有别于西方民主，而且拓展了人民民主既有的样态。全过程人民民主是一种总体性思维下的民主形态，具有周全性，但是，其概念的提出及其理论的宗旨依然是有待于清晰化并给予准确的定位。因全过程人民民主概念的提出，对协商民主的解释有了新的维度，同时，对于嵌入全过程人民民主中的协商民主的定位、功能、理论本身也需要再厘清、再研究。

第四，对于数字化技术与协商民主（治理）的关系需要作前瞻性思考，对于数字化技术的引入可能产生的非预期结果需要有足够的清醒认识，对于如何纠正由数字化技术的引入所带来的弊端需要在制度上加以设计。谁都能够看得出，数字化技术引入政治领域包括协商民主中，对后者已经产生了巨大的影响，甚至可以预料将来其影响还会更加深刻而全面。就协商民主（治理）来说，数字化技术可以拓展协商民主的参与范围，提高效率，增加协商主体的平等性，增强协商过程的透明度，等等。但是，数字化技术的引入恐怕也是一把双刃剑。如何防止将数字化技术引入协商民主（治理）后所产生的技术至上主义、数字利维坦以及以技术替代改革与创新的现象，是关注中国基层民主政治与治理的学者不得不加以警惕的。

　　总之，已到了系统地总结中国的经验、构建中国自己的协商民主理论，从而提升中国在国际民主话语权的时候了。读者不难从《中国基层协商治理研究》中看到中国学者的努力。

　　是为序。

2023 年 12 月 28 日

序 二

韩福国

（复旦大学城市治理比较研究中心主任，教授）

阅读完本书，的确有几点想法与大家交流沟通，算不上什么序言，姑且当作一篇书评或者读后感而已。

一 让中国基层协商民主的发展历程历历在目

改革开放之后，协商民主突然成为中国研究界和实践界的热点议题，这是始料未及的，即使后来认为"协商民主"与中国传统的"政治协商"有一种让人"望文生义"的亲近感。记得 2005 年在浙江大学召开协商民主国际研讨会时，也就是讨论浙江省温岭市泽国镇和新河镇两个已经落地案例，很多国内专家还是从"协商政治"的角度去讨论这一概念，并且把它肢解到成熟的"基层民主方法""参与式民主类型""预算分配方式"等领域当中。我记得和许多地方政府领导谈到要进行"协商民主创新"的时候，他们就笑道："基层选举民主都还没有搞好，还搞什么协商民主？"有一些学者简单地认为协商民主就是替代"选举民主"的手段，不研究也罢；更有甚者直言研究协商民主的人会被钉在历史的耻辱柱上。

时至今日，社会主义协商民主已经成为中国人民民主一个必要的组成部分，并且与选举民主被执政党的最高文件定义为"不是相互替代、相互否定的，而是相互补充、相得益彰的"，并且"共同构成了中国社会主义民主政治的制度特点和优势"。当然，此处必须有一个限定词"社会主义"，也就是说我们不能简单地把"协商民主"当作"社会主义民主政治的制度特点和优势",二者毕竟有很大的不同,但无论如何,中国式协商民主已经成为一个国家制度界定,不再仅仅是一个地方政府的创新或者基层民主的创新。如果纵观地方政府创新的案例纵向扩展,可能这是唯一一个从地方政府创新开始向上衍生为国家民主制度的案例。

党的十八大把协商民主从一种基层民主形式上升为国家制度的组成部分后,协商从政党之间逐渐扩展到政府与社会团体、公民之间,形成了国家层面的"政治协商"、国家与社会之间的"决策协商"和社会层面"公民协商"的协商体系。实践案例表明,协商民主的行动主体主要包括各种类型的社会组织、人大政协组织、各级党组织、社区自治组织(包括乡村和城市)、外来人口等,当然各级党委政府是各个实践模式中必不可少的参与主体。

1999年发端于浙江温岭的民主恳谈是中国协商民主发展史上的一个重要事件,它所衍生出来的"对话型民主恳谈""参与式民主恳谈""工资集体协商民主恳谈"等多种形式,初步构建起"党内民主、政党协商、人大协商、政府协商、政协协商、基层组织协商、社会组织协商"等基层协商民主体系。当下中国的协商机制主要有商议性民意调查、共识会谈、调停、创制权与全民公决、民主评议会、民主恳谈会和互联网公共论坛等形式,有学者甚至把民主恳谈会称为"中国式公民会议"。此外还包括市民论坛、城市社区"三会"制度(听证会、协调会、评议会)、民情沟通日、立法听证、参与式预算等基层普遍实践的多种形式。

虽然国家在一系列政策上规定了协商民主要在政党、人大、政府、政协和基层、社会中的各个领域进行实践,形成"横向到底、纵向到边"的态势,但由于中国政治体制的特殊性,实践的层次越高似乎越像"政治协商"或者"政治咨询",反而在基层空间内,尤其是区县及其街镇,包括更为众多的村社,协商民主的实际操作如火如荼,贡献了大量的方法、程序和机制,也成为政治学、社会学的研究热点领域之一。因此,比较而言,社区(城市社区和乡村社区)自治事项,是一个最适合协商民主决策的实践领域。

经过党的十九大报告理论的进一步加持,把协商民主与党的建设结合起来;到了党的二十大报告,直接把协商民主与全过程人民民主联系起来,直接判断为——"协商民主是实践全过程人民民主的重要形式"。

这恰恰是朱凤霞博士此专著的意义所在，该书呈现了中国基层协商民主的精彩案例，反映了其中的发展过程和具体细节。

二 跨案例比较分析超越了单个案例的孤证

中国基层协商民主研究的文章和书籍可以说蔚为大观，即使不算协商政治在内，它也是这几年最为多产的议题。如果把地方政府创新的相关议题，以及财政学关于参与式预算的研究、女性参与的研究包括进来，那么它的成果就更多了。在本书中，凤霞博士进行了文献的梳理和统计分析，大家可以仔细阅读。但是很多研究往往局限于一个案例的研究，也就是流行的个案研究（case study）。个案研究的优势就是可以深入全面地了解一个事情的来龙去脉，可以进行更为深入的访谈。但是为什么这个案例可以在此地发生而有没有可能在其他地方也一样？这个问题往往是案例研究在引申研究个案的价值时的"致命性难题"。

一个比较好的方式是跨案例研究（inter-case study），即把同一议题的案例进行结构化对比，放在一起观察，更容易获得一个议题的宏观制度结构及微观的相同程序。该书把全国范围内横跨东西四个案例，放在了一起，它们分别代表的是基层协商民主的四种模式，有嵌入人大制度的基层协商模式——温岭民主恳谈，有与政协制度结合的协商模式——四川政协"有事来协商"平台协商治理，也有与村民自治制度相结合的协商模式——彭州的社会协商对话，还有与居民自治相结合的协商模式——上海社区营造。当然，作者作为四川籍学者，对自己身边的案例情有独钟，选择了两个，其他两个即长三角地区的。

作者把四个案例进行了比较性概括，这恰恰是跨案例分析的一个优势，只有放在一起，才能看到各自发力的领域和具体程序与方法：

作者首先选择了中国基层协商民主的经典案例——温岭的民主恳谈，其发端于"农业农村现代化教育论坛"，最初也是将协商民主的一些理念和做法嵌入"教育论坛"的自治制度模式。经过20余年的发展，实现了"思想政治工作方式—民生实事恳谈—参与式预算的三个发展阶段"，截至目前，温岭基层协商民主发展逐渐趋于成熟。我们2023年8月27日在上海市嘉定区安亭镇召开的"协商民主在中国——中国式基层协商民主之实操与研讨论坛"上，温岭市前人大常委会主任张学明还介绍了温岭案例，其数据一直持续到 2023 年 5 月。朱凤霞博士也参加了此次会议。

温岭协商民主的突出特点是参与式预算，通过激活人大的预算功能，将协商民主嵌入人大制度，让公众参与讨论政府的财政预算，标志着协商民主进入实质性阶段。温岭的参与式预算，也是温岭将协商民主制度嵌入人民代表大会制度的探索，并且获得了成功。参与式预算，实现了预算与人大制度接轨。温岭市人大会议每年在基本固定的时间召开，预算参与会议的召开也不易因为领导个人的意志或特殊情况而搁浅，至少目前仍然如此。因此，作者认为协商民主与人大制度的结合，赋予了恳谈结果法定约束力，对政府决策产生实质性影响，变恳谈的"不确定性"为"刚性"，从而实现了民主恳谈的制度化，同时也加强了人大制度的预算审查监督职能。但我们需要注意的是，温岭民主恳谈推进的普遍化，其制度核心是否还能维持，这是作者可以未来持续关注和比较的议题之一。

四川政协搭建的"有事来协商"平台协商治理是近年来四川省政协充分发挥作为专门协商机构的优势，朱博士认为它是将政协协商向基层拓展的探索。它是以乡镇、街道政协工作站以及各界别政协委员之家为依托，通过在乡镇、街道搭建"有事来协商"平台开展与基层社会治理、群众生产生活息息相关的民生实事的协商活动，实现政协与基层社会治理的有效衔接。全国各地也有"有事好协商""有事多协商"等类似平台，其取名来自党的十九大报告的一句话"有事好商量，众人的事情由众人商量"。它背后又是浙江省杭州市余杭区小古城村的一个"村标"，所以，全国地方空间内的创新的复制性和扩展性真的很有意思。

全国其他地方的政协组织一样，都是作为执政党中央规定的协商民主实践的主要平台，四川政协却通过平台构建了一个将党委政府及其职能部门、企业、社会组织、社会公众等纳入同一个协商解决社会问题的新的治理空间。四川的政协介入基层治理，虽然实践时间尚短，但取得了一定的成效。朱博士认为有一些问题亟须厘清，否则会影响治理绩效。政协是协商主体还是协商平台？政协协商与基层协商的边界在哪里，政协协商是否可以代替基层协商？她在书中进行了分析，通常人民政协主要在后台发挥智囊、监督作用，而不是直接参与社会问题的治理，因此人民政协是作为协商的平台而不是主体向基层拓展，不是为了代替基层协商，不是为了压缩基层自治的空间，不是为了削弱社会组织的治理能力，而是与基层协商形成合力，互相促进，彼此呼应。

彭州的社会协商对话是在原有的村民自治制度——村民议事会的基础上发展起来的。村民议事会制度具备了协商民主的一些基本元素，如自由平等的讨论、理性、民主决策等。在发展的过程中，通过专家学者和当政者的设计，嵌入协商民主的理念和技术，并将其从村民议事的范围扩大到乡镇，甚至县级层面。这就大大扩展了协商的范围，提高了恳谈和协商的质量，基层协商民主得到初步发展。彭州主要通过"中层设计"的方式，由市委统战部在全市多个乡镇推行。虽然其具备了协商民主的一些形式，但是协商共识与公共决策并不能画等号。村级协商由于有《中华人民共和国村民自治法》的保障，村级层面的协商民主尚在自治范畴内，协商共识尚可以用于决策。但协商一旦扩大到乡镇层面，公众聚焦的议题能否成为协商讨论的议题还取决于政府的关注程度、解决的迫切程度及解决的难易程度等，最终协商达成的协商共识仅供决策部门参考，乡镇层面协商的成果已经脱离了自治的范畴，是否会形成公共决策并付诸执行，需要看政府部门的意见。可以说乡镇层面的社会协商对话更大程度上只有"民主化协商"而无民主化决策，只是协商民主的初级阶段。这种模式在目前全国农村社会治理的协商模式中较具有代表性。

上海市的社区营造中的协商民主机制，也是该书的一个主要案例。"社区营造"一词，我们很多地方一直在使用，但有些人认为它是来自中国台湾地区的词语，背后的逻辑不一样，所以，该词的使用就很少出现在地方正式文件中——似乎除了成都市。上海市嘉定区也很早就进行社区营造的培训，主要是激活居民参与社区空间更新的积极性。当然，中国大陆的基层治理必须是在基层党组织的领导下对社区生活中迫切需要解决的问题、难题等社区公共事务的自治。选用上海案例，作者认为上海社区在营造自治过程中可能有协商会议，有公众参与，有一定的议事制度，并且认为参与者可能局限于一些对于社区公共事务比较热心且时间充裕的公众，而有一些公众则一直"置身事外"。她突出地强调了一些专业性的社会组织和居民自组织在社区营造的空间设计、环境美化中发挥了重要作用。但让她感到困惑是，这些社会组织在如何聚合社区公众意见，并成为基层协商中重要的协商主体方面还没有充分发挥作用。

实际上，上海基层中的协商民主除了呈现在社区营造中，更为突出地围绕街道层面的"社区委员会"的代表选择、会议召开、决议，以及自治金分配和小区改造中的实操"复式协商民主决策程序"的案例，作者似乎回避了这些领域，原因不得而知。作者或许是为了突出上海在基层治理中的突出特征，抑或为未来研究预留空间？

在分析四个案例的基础上，朱凤霞博士得出了结论，它们的"共同点是在具体协商程序设计中，如代表选取、信息的公示、协商流程等，在一定程度上吸收了协商民主的一些技巧和方法；目前依靠体制内力量的推动，都在党委和政府的领导下推进——当前，离开了党委和政府的推动，基层协商治理很难制度化和持续化发展。温岭、彭州等地都明确提出了'协商民主''社会协商对话'等理念致力于实现协商治理的制度化发展"。

这就是这本专著研究方法的意义所在，该书的确通过比较对案例进行了归纳，这也就是中国基层协商民主发展的特点所在。当然，还有很多经典的地方协商民主案例值得作进一步的跨案例分析，这恰恰是系列研究的空间。

三 呈现了协商民主实践和研究的聚焦性与弥散性

党的十八大正式提出社会主义协商民主的观念，提出完善协商民主制度和工作机制，把推进协商民主广泛、多层、制度化发展作为未来中国民主政治建设的重点。扩大协商民主的范围，提升协商民主的质量是中国人民民主发展的关键。到了党的二十大协商民主已成为"全过程人民民主"的重要形式。

一个很有意思的政治学研究现象，很多研究和实践的"概念和行动"往往开始的时候还有很强的聚焦性，到了后来却与所有现存的其他领域结合起来，甚至概念也混合在一起，即使没有联系，也要创造出联系。其中最为典型的就是"治理"一词，几乎从顶层到基层，遍地开花，任何一个主体后面都可以挂上"治理"。协商民主似乎也是如此。

该著作的一个特点就是对文献的分析，采用了现有的几个前沿的分析方法。比如，她通过CiteSpace进行文献分析，我们可以看到在高频关键词中，BURST值较高的有几个词汇包括"国家治理（3.24）、政治协商（4.15）、政治参与（3.56）、基层治理（3.00）、和谐社会（5.49）、党内民主（3.09）、公共政策（3.01）"。她的判断是，这表明在协商民主的研究中，"国家治理、政治协商、政治参与、基层治理、党内民主、公共政策、和谐社会构建等是其研究热点，受到学者的广泛关注，也是一定时间段的研究趋势"。这至少反映了我们前面所言的特点，即协商民主与任何一个现有的社会议题，都可以挂上钩，这正是中国协商民主的一个突出特点。暂且不论这些研究文献的内在逻辑是否合理，中国社会科学学者喜欢追逐研究热点，不在乎自己的专业领域，跨领域是一个学者的生存和奋斗之道。尤其是当一个概念变成了国家的政策用语，更是会带来大量的学术成果。

这是一个社会快速发展时期的好事情，因为一个值得党政和学术都关注的领域，其背后才有强大的生命力。这也很好地解释了该书选择的案例为什么可以涵盖中国大陆的东西两边，因为实践和研究都呈现出了弥散性。

学术研究的目的无非有二：一是解释现象，揭示规律，以满足"研究知"的基本需求；二是总结经验，提供"治国理政"，以满足"社会行"的额外目标。但是协商民主有没有自己聚焦性的概念和体系？在今天的中国，绝大多数学者认为学术中的民主（包括协商民主）很大程度上是一个理论问题，而不是一个实践问题，即到底"做不做"而不是"怎样做"的问题。但许多民主决策制度没有得到复制和持续，除了官员任期内要追求与众不同的政绩而又存在着从上到下的"人走政策凉"的现象以外，另一个主要的原因在于许多制度缺乏可操作性，程序上过于关注本地的问题，没有上升到普遍性的操作性层面。民主的推进除了主政者的战略决心外，还有赖于程序的科学性，而程序的科学性表现为程序的可行性，其要义是"程序的可操作性"。帕特南说让民主运转起来，对由社会信任、互惠规则、公民参与网络和互相合作的公民共同体寄予了厚望，其潜台词是让民主落实到公民的社会生活，化民主为社群的生活方式。

从这个角度出发，我们可以认为唯有协商民主的操作程序和概念边界清晰可辨，中国社会主义民主的制度才有学理上的清晰界定。那么我们应该如何让协商民主从研究的弥散性中逐步聚焦起来，而不是变成一个日渐弥散，无所不用而最后没人再用的概念，这恰恰是该书的一个贡献。

该书除了跨案例的分析特点之外，还通过大量的调研问卷对协商民主的认知与实践情况进行全国范围内的分析。作者在全国范围内对基层干部作了1000余份问卷调查，以及对一些受访乡镇基本情况和社会治理情况进行了访谈归纳。她所收集到的问卷覆盖四川、江苏、山东、浙江、广东、湖北、黑龙江、陕西、上海、河南等22个省份。姑且不论问卷是否严格抽样，单是这个议题，即每个区域的干部认知也是一个十分有价值的材料，得出的精彩结论也具有很强的说服力。在这些调研材料分析中，协商民主的关键性话题逐步得到聚焦。

一个研究值得推荐的地方，就是它尝试了很多方法去解读一个事情，但是又有很多值得争议的空间，未来的研究才能进一步在此基础上推进。比如，其他人可以在全国进行严格的抽样和选点，作进一步的协商民主认知分析。我本人就一直做地方政府创新的全国干部认知，遗憾的是自己比较懒惰，还没有去整理，而我的尝试也是来源于原中央编译局的全国地方政府创新奖评比过程中的调研问卷。我觉得他们调查评奖对象的干部群体不科学，因为报奖的地区干部基本会说正面的话。举这个例子，就是为了印证一个研究有值得推进的空间，是一个很重要的价值所在，并且，中央编译局也是协同地翻译了国外文献，书中都进行了总结和列举。这也是一个巧合。

四　协商民主方法成为基层民主进步的阶梯

前面已经论及，协商民主可以说是唯一一个从基层政府的创新上升到国家制度层面的案例，与政治协商（无论与协商民主的关系如何界定）进行了历史上与结构上的互动与回应。之所以可以做到如此，除了理论上与选举民主的互补性以外，它成功地创生出许多可操作性的程序、技术与方法，比如基层到处进行实操和培训的"议事规则"——罗伯特与萝卜头的中外对话。正好回应了党的二十大报告提出的中国式现代化既有世界各个国家的普遍特征，又有我们自己的特定国情。

从民主发展历程上看，程序至关重要。协商民主程序的目的是试图理解问题和解决问题，它是现代民主制度的内生部分之一。基于此，协商民主通过提供一个可操作化的民主程序，试图满足大多数公共事项在决策时的民意表达、沟通和整合的需求，实现大多数人都有平等的机会参与决策。细节的可操作化设计意味着制度的生命力，而缺乏可操作性的协商民主，就会失去它的生命力和制度化的可能性。

协商民主在中国共产党主导的人民民主政治中有悠久的传统。改革开放以来，随着社会分层流动的增加，社会利益多元格局的形成，在城市以党组织为核心的单位体制无法完全容纳现存人群之间的利益冲突，在乡村以"两委"为主导的村治体制无法完全解决有效参与民主决策的问题，而体制外的社会组织面临的困境可能更为集中——如果它们引导社会民众进行协商的方向与政府不一致，会引起基层政府的警惕和担忧；如果它们过于代表政府的意见，又会造成协商的结果出现偏差，从而失去对社会利益的代表和协调能力。单纯依靠基层党委政府主导的政治协商可能会回到传统的政府管理模式，而这种政府管理模式已经不适应当代中国社会日益复杂多元的治理需求，面对中国协商民主的复杂的社会背景，需要通过具体的协商民主实践案例的分析，以应对各种显在和潜在与问题挑战为导向谋求问题的解决之道。这恰恰是中国基层民主得以进展的阶梯。

作者在该书最后的"研究结论和展望"中，指出中国将来的基层社会治理，应探索更多的协商民主在社会治理中的嵌入形式，探索更多协商民主与人大制度、政协制度、自治制度等各种制度的结合模式，将我国的制度优势转化为治理效能，让公众在社会治理中能够更多地参与；应探索民主协商与公共决策相结合的有效模式，在公共决策中充分体现公众的意愿；从操作技术上完善协商民主的程序设计，探索如何科学确定协商议题、选取协商代表、控制协商过程、监督协商成果执行的有效方式，实现协商治理的规范、高效、完善的制度设计；探索如何将较成熟的协商治理的模式制度化，并促进其扩散和可持续发展；拓展基层协商治理的实践范围，向基层社会寻求广阔空间，并增加对人们现实生活的观照，实现人们创造社区美好生活的向往。

这些通过研究得出的展望，都准确地抓住了中国基层协商民主乃至于中国协商民主整体发展中的关键点，否则，协商民主可能又回到了弥散性的泛泛而论的结局当中。

中国基层民主发展实属不易，但协商民主在中国的具体进展，能为中国学术的自主性概念和体系提供真正的社会基础。自主性概念创新不是关起门设计和自主性想象的概念，而是来自实践，因为政治学是一门社会科学，民主更是社会发展的产物，它的理论性来源于实践性。

各个国家的协商民主具体实践，自然会有结构与程序上的不同，即使想照搬，也没有可能。例如，斯坦福大学的"协商民意测验"的随机抽样，虽然实现了基于随机抽样的科学量化，以及协商程序的有序进行，但其前提是基于一个区域具有竞争性的民主制度存在，并且民众的表达方式是多元的，保证随机抽样的人群具有一定程度的参与意识的均质性。这个方法引入中国后，在基层实践中面临着单纯依靠随机抽样的社会结构不均衡的问题：除了基于全体样本随机抽样的民意代表外，人大代表和政府具体部门工作人员的意见变化如何考虑；社区干部和村干部这些比较了解基层社会的群体的意见如何；积极参与者如何表达意见；即使人大代表沟通选民的机会不足甚至缺乏，但随机抽样代表的意见，与人大等具有法律表决权的权力主体之间的决策关系如何；如何进一步科学地整合这些民意，而不是简单地进行项目得分排名，等等。

对这些问题的回答，就涉及中国如何在具体基层实践中进行创新，为此可设计出基于对中国社会群体的特定结构，通过对覆盖面更为完善的分层（群）随机抽样，既能让决策者合理地全面地提取民众的意见，又能把中国各级政府和党组织的决策的引导性，提前与民意进行互动和融合。这为具有中国本地化特征的协商民主决策方法得以创新创造了空间，而本书的经典案例以及文献中提到的案例，都是基于实践而产生的中国问题的解决之道。我也诚心希望朱凤霞博士这本专著只是她开启协商民主研究的第一部，后面随着源源不断的地方实践，产生源源不断的研究成果，最后形成一个基层协商民主的概念与理论体系。

此序言所引发的诸多想法，也正是各位研究者与实操者努力的价值之所在。

2023 年 12 月 16 日

目 录

第一章 协商民主实践的中国价值与需要 ………………………（1）
    第一节 研究议题的社会背景与研究锚定 ………………………（1）
    第二节 文献综述 …………………………………………………（7）
    第三节 研究思路、内容与方法 …………………………………（28）
    第四节 可能的创新与局限 ………………………………………（33）

第二章 核心概念和理论基础 ……………………………………（36）
    第一节 核心概念界定 ……………………………………………（36）
    第二节 理论基础 …………………………………………………（42）

第三章 基层社会治理的现实挑战与变革诉求 …………………（55）
    第一节 农村基层社会治理的历史演变与实践探索 ……………（55）
    第二节 城市基层社会治理的历史演变与实践探索 ……………（76）

第四章 基层协商治理案例研究 …………………………………（91）
    第一节 嵌入人大制度的协商：温岭民主恳谈 …………………（91）
    第二节 人民政协协商的基层拓展：四川"有事来协商" ……（114）
    第三节 村民自治中的协商：彭州社会协商对话 ………………（131）
    第四节 居民自治中的协商：上海社区营造 ……………………（167）
    第五节 四种协商模式的比较与启示 ……………………………（180）

第五章 基层协商治理中的多元主体与协商实践绩效 …………（184）
第一节 基层协商治理中的多元主体 …………………（184）
第二节 协商主体意愿与实践绩效 ……………………（191）

第六章 基层协商治理机制优化 ……………………………（221）
第一节 优化基层协商治理的运行机制 ………………（221）
第二节 优化基层协商治理的扩散与激励机制 ………（236）

第七章 研究结论与研究展望 ………………………………（246）
第一节 研究结论 ………………………………………（246）
第二节 研究展望 ………………………………………（251）

参考文献 ………………………………………………………（253）

后　记 …………………………………………………………（270）

第 一 章

协商民主实践的中国价值与需要

第一节 研究议题的社会背景与研究锚定

一 选题背景

（一）社会转型时期，多元利益诉求的无序表达威胁着社会的和谐与稳定，需要建立制度化的利益表达渠道

改革开放40余年来，我国经济和社会建设的成就举世瞩目，但是，诸多社会秩序发生了变化，人们社会交往中的差异性、多样性、不平等性增加，人们有着多样化的利益诉求。同时，伴随着40余年的改革开放历程和市场经济的推进，从国家全面控制下摆脱出来的公众权力意识开始觉醒，获得了一定的自主空间和自主决断能力，他们渴望参与公共决策。传统的、刚性的、自上而下的统治方式已不适应，柔性的、协商式的、互动的治理方式成为需要。公众多样化的利益诉求需要有合法的表达渠道。如果没有合法的利益表达渠道，当他们利益受损时，他们就不得不用非法的极端的方式进行表达和抗争。

基层社会是众多社会矛盾的集聚地。随着改革开放进入深水区，各种矛盾纠纷和社会冲突不断显现出来。基层社会的矛盾纠纷日益多样化，并从传统的邻里纠纷、婚姻家庭矛盾、小额借贷纠纷等向拆迁安置、征地补偿、劳资纠纷、医患纠纷、交通事故维权、环境保护等社会难点和热点问题扩散，并且呈现出各类利益群体"抱团"的趋势，使这些社会矛盾更加复杂化，这对党和政府的执政能力提出了新的考验。如果这些公众缺乏合法的利益诉求平台，或者他们的诉求得不到合理的回应，则可能会用"闹大"的方式将诉求传达到决策层，以在公共政策制定中得

以体现。"如果政治体系无法给个人或团体的政治参与提供渠道，个人和社会的政治行为就可能冲破社会秩序，给社会带来不稳定。"① 协商民主，恰恰为基层社会治理提供了多元利益诉求合法表达的平台和渠道。它既不会威胁到现有政治制度，也为基层群众的政治参与提供了空间，而且，协商治理在不少地方的社会治理中，已然成为一种社会实践和探索。及时将其进行深度挖掘和经验总结，有利于协商治理在全国范围的推广，有利于维护社会稳定，有利于提升社会治理能力。

（二）国家对社会主义协商民主制度的顶层设计需要基层社会的实践和探索将其落地

2012年，党的十八大首次提出，"社会主义协商民主是我国人民民主的重要形式"；"健全社会主义协商民主制度"；"推进协商民主广泛、多层、制度化发展"。② 之后，又在十八届三中全会、四中全会等党的重大会议上加以强调。2015年，中共中央印发了《关于加强社会主义协商民主建设的意见》，提出了七种不同的协商渠道。同时还对相关部门、地方各级党委提出了具体的要求，即要求出台不同领域的具体的实施意见。2015年7月，中共中央办公厅、国务院办公厅印发了《关于加强城乡社区协商的意见》。2015年12月，中共中央办公厅印发了《关于加强政党协商的实施意见》。2017年，党的十九大报告指出，"协商民主是实现党的领导的重要方式"，"加强协商民主制度建设，形成完整的制度程序和参与实践，保证人民在日常政治生活中有广泛持续深入参与的权利"。③ 2022年，党的二十大强调，"协商民主是实践全过程人民民主的重要形式"，"健全协商民主体系，统筹推进政党协商、人大协商、政府协商、政协协商、人民团体协商、基层协商以及社会组织协商，健全各种制度化协商平台，推进协商民主广泛多层制度化发展"。④ 这些重要的会议精

---

① ［美］塞缪尔·亨廷顿：《变革社会中的政治秩序》，李盛平、杨玉生等译，华夏出版社1988年版，第56页。
② 《坚定不移沿着中国特色社会主义道路前进 为全面建成小康社会而奋斗——在中国共产党第十八次全国代表大会上的报告》，人民出版社2012年版，第26页。
③ 《决胜全面建成小康社会 夺取新时代中国特色社会主义伟大胜利——在中国共产党第十九次全国代表大会上的报告》，人民出版社2017年版，第38页。
④ 《高举中国特色社会主义伟大旗帜 为全面建设社会主义现代化国家而团结奋斗——在中国共产党第二十次全国代表大会上的报告》，人民出版社2022年版，第38页。

神和实施意见都是指导社会主义协商民主建设的纲领性文件。

中央层面这一系列文件和制度的出台，可以说是对社会主义协商民主进行了顶层设计。协商民主作为一种治理手段，已经突破政治协商的领域，向基层社会治理等领域拓展。顶层设计有了，如何将顶层设计落地实施，还需要基层社会的探索和实践，并将实践经验加以总结提升，形成相关制度。本书正是致力于分析当前基层协商民主的实践情况，总结成功的经验模式，形成制度设计，从而实现国家对基层协商民主相关制度安排的落地实施。

（三）推进国家治理体系和治理能力现代化需要创新基层社会治理方法，提升基层社会治理水平，促进国家与社会的良性互动

2013年，党的十八届三中全会提出"推进国家治理体系和治理能力现代化"。社会治理是国家治理的重要组成部分，而基层社会治理更是国家社会治理的重要方面。治国安邦，重在基层。当前，我国处于黄金发展期，也是矛盾凸显期，而基层往往是矛盾最集中的地方。基层社会的稳定，关乎社会的和谐稳定，关乎国家政权的稳定。同时，党和国家工作最坚实的支撑力量也在基层，必须把抓基层、打基础作为固本之策和长远之计。统筹好基层社会治理，是实现国家治理体系和治理能力的基础工程。

回顾中国农村基层社会治理的历程，国家与农村社会的关系一直难以形成良好的互动，反而呈现出此消彼长、力量互斥的局面。当前，在农村自治力量不足、公共服务短缺、农村公共精神消解的情况下，应既对农村社会实现价值引领、制度供给、公共服务供给，又要保证充分发挥农村社会的内生动力，有充足的自治空间。"协商民主正是新型政府与社会关系的重构方式。"[1] 新时期，国家与农村社会不应是你进我退的关系，而应是合作共治、良性互动的关系，应通过协商民主，重塑国家与农村社会的关系，促进国家与农村社会的良好互动、合作共治。

再回顾新中国成立以来我国城市基层治理的制度变迁，经历了高度组织化的单位制、街居制改革，到单位制、街居制瓦解后的社区制探索，

---

[1] 韩福国：《作为嵌入性治理资源的协商民主——现代城市治理中的政府与社会互动规则》，《复旦学报》（社会科学版）2013年第3期。

再到党的十八大以后的社区治理探索阶段。伴随着中国城市化率的增长，城市更新之风由欧美吹入中国。而西方国家及我们一些大城市兴起的大规模自上而下的、由政府和房地产商主导的城市更新备受诟病，而上海、成都等城市选择的社区营造的微更新方式，在多元主体参与和协作下，采用协商民主的方式，对居民自身的居住环境进行了渐进的改善，增强了社区的魅力和活力，满足了人民对美好生活的向往。

基层社会治理，迫切需要改变旧有的刚性的管理方式，探索协商治理的方式方法，实现国家与社会的良性互动，以提升基层社会治理的水平，维护公众的民主权利，让公众在协商参与中逐渐培养出社区精神，从而将社会主义制度优势转变为国家治理效能。

二　研究价值和意义

当前，"协商民主"已经突破其最初的"政治协商"的狭义理解，其研究已经延伸到基层协商等领域。研究基层协商民主的价值理念、方法技术、体制机制等，有其学术价值和应用价值。

（一）学术价值

完善和补充了协商民主理论和基层协商治理理论。中国的协商民主跟西方的协商民主有不同的政治语境，它既不同于西方的协商民主，也不同于单纯的政治协商。2015年，中央出台的《关于加强社会主义协商民主的意见》明确了七种协商形式，但对协商民主及基层协商民主的理解都还很笼统。理论的发展既有其自身的逻辑性，也需要在实践中总结和提升。本书对基层协商治理的研究，是对协商民主理论和基层社会治理理论的丰富和补充，具有一定的学术价值。

拓展了人民民主理论的研讨空间。党的十八大报告指出："社会主义协商民主是我国人民民主的重要形式。"党的二十大指出："基层民主是全过程人民民主的重要体现。"但在实践中，对基层协商民主的制度设计尚处于探索之中。本书对基层协商治理的探索，其实也是在寻求公众有序的政治参与渠道及人民民主的有效实施方式，促进对经济社会发展的重大问题及群众切身利益的相关问题的广泛协商，广集民智，增进共识。这其实是对我国人民民主理论的完善和补充，丰富了民主的形式，拓宽了民主的渠道，深化了民主的内涵，有助于拓展人民民主理论的研讨空间。

丰富和发展了社会治理理论。将协商民主理念和方法技术嵌入基层社会治理，对于社会治理的主体、治理的程序控制、治理的方法和技术、治理的绩效评价等都将产生一定的冲击和影响。协商民主嵌入基层社会治理的研究，是对社会治理理论的丰富和发展。

（二）应用价值

1. 有利于保障人民民主的权利，促进国家协商民主相关政策的落地和实施

人民主权理论认为，国家或政府的最高权力来源于和最终属于人民，即国家或政府的最高权力为"民有"，并且这种来源是政府或国家权力的合法化依据或前提。既然主权被视为一项实体性权力，那么，仅仅宣布其归属于人民还远远不够，更为关键的是这项权力应当如何行使，才不致形同虚设。协商民主必定是与公众的话语权联系在一起的，协商民主的实现必定是以公众的话语权的实现为逻辑起点。协商民主强调公众作为参与主体，在充分了解相关信息的基础上平等地理性表达，从而对公共决策产生实质影响，达成政治共识。这完全符合"人民当家作主"的政治理念。协商民主本身也是对公众知情权、参与权、言论自由等权利的尊重。

党和国家通过一系列的会议和意见的出台，对社会主义协商民主进行了顶层设计。但顶层设计只能制定协商民主发展的总体目标和基本框架，国家政策的落地还需要基层的实践和探索，并在实践中不断总结和提升，将协商民主制度化。近年来，各地在社会治理的实践中，涌现出了不少协商民主的有效形式，如社会协商对话、民主恳谈会、参与式预算、民情直通车、村民议事会、民主听证会等，对于协商民主嵌入基层社会治理有效形式的分析和深度研究，有利于促进国家协商民主相关政策的落地和实施，并促进基层协商治理的制度化规范化可持续化发展。

2. 有利于彰显公共决策的程序正义，强化政府的"政治合法性"

民主是构建现代政治制度和政治体制的一种核心价值和基本价值，民主化是一种世界的发展潮流。民主化势必要将更多的民众纳入政治生活中来，建立一个包容性的制度框架，通过参与和对话机制保障民主的实现。协商民主强调的协商应在全社会范围内进行，而不是仅仅局限于

精英阶层。之所以需要协商，是因为所涉及的问题关系到众多民众的利益，而民众之间的利益又有分歧，呈现出多元化状态，因此需要在对话、商议、辩论的过程中寻求共识，达成一致。过去刚性的社会治理方式已经不适应时代的发展。协商民主嵌入社会治理，不失为一种有效的柔性治理方式。

选举民主关注决策的结果，而协商民主则更关注形成决策的过程。换言之，选举民主更关注结果正义，而协商民主更关注程序正义，即只要遵循了公平、合理的程序，协商则被认为是正义的。"实证研究无法准确地设定决策公正性的评估标准"①，而"当且仅当某一决策结果是平等的公民所达成的自由而理性的一致时，它才具备民主的合法性"②。"合法性的来源不是业已决定的个人意志，而是意志的形成过程，即协商本身。""一个合法的决策不代表众意，但它源自众人的协商。"③ 基层治理中的许多问题如民生、环境、安全等问题都涉及老百姓的切身利益，寻求公共协商，或者说保障众人参与协商的权利而制定的公共政策更具有合法性，也更有利于他们对公共政策的理解，同时也更有利于政策的顺利实施。"从中国民主发展所面临的实际挑战和现实条件来看，中国民主政治发展从民主的程序与过程入手更为有效。"④

将协商民主的理念和技术"润物细无声"地嵌入既有的基层自治或政治体制之中，公众对涉及自身利益的或涉及本地区长远发展的重要事务充分协商、自由表达，有利于彰显公共政策的程序正义，强化政府的"政治合法性"，化解社会矛盾，促进社会和谐。

3. 有利于促进科学决策，以民主的发展促进社会的善治

协商民主发生的领域可以非常广泛，其所协商的事务可能涉及民生问题、环境问题、可持续发展问题、规则问题等诸多方面，而且具有相

---

① 赵银亮：《冲突与治理：协商民主理论的实证维度辨析》，《党政研究》2015年第6期。
② Joshua Cohen, "Procedure and Substance in Deliberative Democracy", Bohman and Rehg ed., *Deliberative Democracy*, MIT Press, 1997, pp. 99 – 100.
③ [法]伯纳德·曼宁：《论合法性与政治协商》，载陈家刚主编《协商民主与政治发展》，社会科学文献出版社2011年版，第128页。
④ 林尚立：《协商政治与中国的政治形态》，《中国人民政协理论研究会会刊》2007年第1期。

当的复杂性，决策所需要的知识也是庞杂多样的，即便决策者能够完全代表公共利益，但由于其知识可能是不完备的、所获取的信息可能是不充分的、理性能力是有限的等等，而导致其行为的结果可能与目标背道而驰。因此，仅依靠单一的个人或组织难以解决这些问题，寻求集体和合作性的方式协商解决也许是更好的选择。

以往的许多行政决策程序都不够规范，通常形式化走过场，许多利益相关者对正在进行的决策通常毫不知情，导致决策方案不仅不能充分体现民意，甚至激化矛盾，造成社会的不稳定与不和谐。权力的过分集中是阻碍决策科学化和民主化的重要因素，尤其对于涉及广大群众切身利益的或重大的事项，需广泛征求意见和建议，宜慢不宜快，通过大型座谈会、大讨论、大接访等方式，让民众平等参与协商和沟通，用协商民主实现科学决策，以民主的发展促进社会的善治。

第二节 文献综述

一 国外相关研究综述

（一）国外关于协商民主研究述略

"协商民主"一词是对英文"deliberative democracy"的翻译。1980年，约瑟夫·毕塞特在《协商民主：共和政府中的多数原则》一文中提出了"deliberative democracy"的概念，陈家刚等人将其译介到中国时采用了"协商民主"的译法。西方协商民主理论是伴随着对自由主义民主的批判及参与式民主、政治治理等理论的兴起而在20世纪80年代发展起来的。学者们从"作为决策形式的协商民主""作为治理形式的协商民主""作为社团或政府形式的协商民主"等不同的视角对协商民主加以阐释和理解，总结起来，协商民主是指"政治共同体中的自由而平等的公民，通过参与政治过程，提出自身观点并充分考虑其他人的偏好，根据条件修正自己的理由，实现偏好转换，批判性地审视各种政策建议，在达成共识的基础上赋予立法和决策以合法性"[①]。

---

① 陈家刚：《协商民主与国家治理——中国深化改革的新路向新解读》，中央编译出版社2014年版，第59—62页。

协商民主在西方经过了 40 余年的发展、三代学者的研究①。第一代学者如哈贝马斯和罗尔斯，主要阐释协商民主的理论内涵和宏观构想，但未考虑到社会的复杂性；第二代学者如詹姆斯·伯曼着重考虑了社会的复杂性，并由此修改了协商民主的理论；第三代学者如菲什金等将关注的重点转向制度安排，开始重视协商民主的技术性和经验研究。② 在第三代协商民主理论内部，对于如何实现协商民主制度化又分为微观协商民主和宏观协商民主。微观协商民主倾向于"关注国家内部小规模的、组织化场所中的理想的、协商程序"，而宏观协商民主则关注"非正式的、非组织性的、临时的松散交流"，它"发生于公民社会范围之内，国家正式的决策机制之外，并与之对立，参与协商的人都有党派性"。通常微观协商是与精英主义联系在一起的，而宏观协商又容易因不平等和利己主义被扭曲，两种协商都必须由一系列的制度所产生和培育起来，形成一个复杂的体系，以确保取长补短。③

关于协商民主理论，在本书第二章中有较详细的阐述，此处不再赘述。

（二）国外协商民主研究与社会治理实践

谈火生认为，协商民主的理论与实践是同步进行的，理论有其自身的发展逻辑，而实践也早于理论而存在。如美国当年的科学技术评估办公室，以及 20 世纪 70 年代的一些协商民主实践活动，都早于协商民主理论的提出。④ 后随着第二代、第三代协商民主理论的发展，协商民主理论开始关注社会的复杂性，以及协商技术的可操作性，协商民主理论对实践便有了指导和促进作用。

西方协商民主理论指导下的社会治理较多，协商民主逐渐成为处理

---

① 李强彬：《国外协商民主研究 30 年：路线、视角与议题》，《教学与研究》2012 年第 2 期；夏晓丽：《代际传递、理论延展与政治实验：西方协商民主研究三十年》，《西南民族大学学报》（人文社科版）2017 年第 5 期；谈火生：《协商治理的当代发展》，南方出版传媒、广东人民出版社 2018 年版，第 13—15 页。

② [英] 斯蒂芬·艾斯特：《第三代协商民主（上）》，蒋林、李新星译，《国外理论动态》2011 年第 3 期。

③ [英] 斯蒂芬·艾斯特：《第三代协商民主（下）》，蒋林、李新星译，《国外理论动态》2011 年第 4 期。

④ 谈火生：《协商治理的当代发展》，南方出版传媒、广东人民出版社 2018 年版，第 4 页。

日益复杂的公共事务的有效机制。虽然不能指望协商能产生一致的意见，但协商能够形成理解和尊重，从而会使深层次的道德冲突更易于处理①；政策决定产生之前的协商过程有助于"全面理解公共政策形成的原因及其产生的后果"②；协商民主有助于解决社会冲突问题③；协商民主有利于促进互信，扩大共识④。而且，协商赋予决策政治合法性。詹姆斯·博曼指出："如果在投票前对问题进行开诚布公的讨论，我就没有什么正当理由怀疑结果的合法性。"即使有不同意见也可以公开表达。⑤

现对国外协商治理列举以下几种。

一是参与式预算改革。20世纪80年代，拉美地区的左翼政党为了扩大公权，追求社会公正和政府管理体制改革，实施了参与式预算。巴西是最早实施参与式预算的国家，也是参与式预算发生最多的国家。⑥后来也扩展到秘鲁、阿根廷、巴拉圭、乌拉圭、哥伦比亚、墨西哥等拉美国家，加拿大等北美国家，西班牙、意大利、法国、德国等欧洲国家，喀麦隆、印度尼西亚等亚非国家。参与式预算将公民吸纳进政府的预算决策，决定本地可支配资源的预算分配。

二是市政会议（town meeting）和全民公决。市政会议是美国地方治理的重要形式，主要用于规模较小的镇，由公民全体或选取代表参与会议，与政府对话，影响公共决策和政府行为。公民还可以通过当地报纸、电话、讨论会进行各种辩论，充分、平等地对话和交流。根据法律规定，凡是遇到重大事项，还需要进行全民公决。⑦

---

① John S. Dryzek, *Deliberative Democracy and Beyond: Liberals, Critics, Contestations*, Oxford: Oxford University Press, 2000, p. 17.

② Parkinson. John, *Deliberating in the Real World: Problems of Legitimacy in Deliberative Democracy*, Oxford: Oxford University Press, 2006, p. 173.

③ Ian O'Flynn, *Deliberative Democracy and Devided Societies*, Edinburgh: Edinburgh University Press, 2006; John S. Dryzek, *Deliberative Global Politics*, Cambridge: Polity Press, 2006, pp. 154–157.

④ James Fishkin et al., "A Deliberative poll on Education: What Provisions do Informed Parents in Northern Ireland Want", http://cdd.Stanford.edu/polls/nireland/2007/omagh-report.pdf, accessed on 15 May 2007.

⑤ [美]詹姆斯·博曼：《公共协商和文化多元主义》，陈志刚译，《马克思主义与现实》2006年第3期。

⑥ 陈家刚：《协商民主与当代中国政治》，中国人民大学出版社2009年版，第152—154页。

⑦ 陈家刚：《协商民主与当代中国政治》，中国人民大学出版社2009年版，第155—156页。

三是各种协商民意调查、公民陪审团、共识会议和公民投票等。这些活动适用于不同人口，有效吸收各种专业人才，有效适应社会的复杂性。通过这些活动，能够促成政策建议，告知各种意见之集合。但由于建议与决策的分离性，"非正式的、零散的民主来源必须与正式的政府决策联系起来"，使政府决策"去集中化"。一些环境组织如西北电力规划委员会和"哥伦比亚河流域"这样的生物性区域组织，爱达荷州蛇河峡谷的亨利福克斯流域协会、俄勒冈州西南部的阿普尔盖特谷合作计划这样的基层生态管理组织等，都代表了公众对话中多样化的利益和观点，旨在形成保护自然的各种计划。此外，还有一些公民陪审团和民意调查都涉及健康服务的规划与提供、城市内部医疗服务的组织与设置、英国国民健康服务的协商意见等。① 马克·沃伦（Mark Warren）跟踪研究了加拿大英属哥伦比亚的公民大会的政治实践，2008年出版了《设计协商民主：英属哥伦比亚公民大会》一书。② 第三代协商民主理论家菲什金，用"协商民意测验"方法促进了协商民主的基层实践，对协商民主方法论进行了大量研究。甚至连中国最早试水参与式预算的浙江温岭泽国镇也是在菲什金的指导下进行制度设计的。

二　国内相关研究综述

21世纪初，协商民主理论传入中国，便引起了国内学者的关注。至今，国内协商民主研究已成果丰硕、方兴未艾，"协商民主"研究已成为众多跨学科学者的研究旨趣。回顾国内协商民主研究的历程，笔者发现，研究中涌现出众多的研究热点，而且学术研究的发展脉络也有一些规律可循。笔者试图对国内协商民主研究的阶段、热点和发展脉络进行梳理，回顾国内协商民主研究的历程，展望协商民主研究的未来。

（一）数据来源与研究方法

1. 数据来源

本书分析的数据在CNKI数据库中选取，以"关键词"为"协商民

---

① ［英］斯蒂芬·艾斯特：《第三代协商民主（下）》，蒋林、李新星译，《国外理论动态》2011年第4期。

② 李后强、邓子强：《协商民主与椭圆视角》，四川人民出版社2009年版，第7页。

主"，来源类别为"CSSCI"作为搜索条件，可以查出最早的一篇论文发表于 2003 年。然后对搜索出的文献设置"发表时间"为"2003—2017 年"进行再次筛选，共获得 1162 篇论文。最后逐条手动筛除掉一些会议综述、期刊目录之类的无关内容，共获得 1127 篇供分析论文。

2. 研究方法

主要采用信息可视化软件 CiteSpace V 对以上收集到的文献进行分析。CiteSpace 是由信息可视化专家陈超美教授基于 Java 语言开发的，着眼于分析科学文献中蕴含的潜在知识，并在科学计量学、数据和信息可视化背景下逐渐发展起来的一款多元、分时、动态的引文可视化分析软件。由于是通过可视化的手段来呈现科学知识的结构、规律和分布情况，因此也将通过此类方法分析得到的可视化图形称为"科学知识图谱"（Mapping knowledge domains，MKD）。

将筛选出的 1127 篇文章从 CNKI 数据库导出后用信息可视化软件 CiteSpace V 进行知识图谱可视化分析。在 CiteSpace 功能与相关参数区域设置相关参数，时间为 2003—2017 年，时间切片为 1 年，各时间段阈值为 Top 50，此时的 Node Types 选择"keyword"，网络连续强度选择 Cosin 算法，即不使用剪裁方法。

（二）国内协商民主研究阶段

一门学科或研究领域的发展，固然有其学习引进、消化吸收和模仿创新等一般的规律，但也与社会发展宏观环境、国家的政治导向和顶层设计息息相关。获得的 1127 篇论文中，2003—2017 年的发文情况如图 1-1 所示。

图 1-1 反映了协商民主研究论文产出的发展趋势，从中可以看到，国内对"协商民主"的研究大致经历了以下三个阶段。

第一个阶段是学习引进期（2003—2006 年），国内学界通过哈贝马斯等开始了解"协商民主"，并开始对"协商民主"进行研究。这期间发表的不少论文还是译介作品，2004 年、2005 年、2006 年的论文多是国内学者对西方关于"协商民主"理论的译介。这个阶段的论文发文量较少，基本上还属于引进学习阶段。

第二个阶段是稳步发展期（2007—2011 年），这个阶段对"协商民主"研究有了一定的发展，年度发文量有一定的增长，在 20—71 篇，但在总体来说还存在较大的潜力。

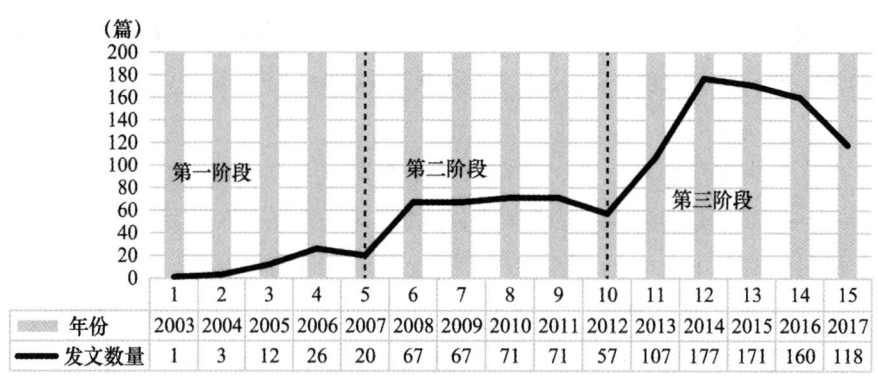

图1-1　关键词为"协商民主"的CSSCI年度发文量（2003—2017）

第三个阶段是研究热潮期（2012年至今），党的十八大以后，学术界对"协商民主"研究的热情十分高涨，"协商民主"已经成为社会科学界研究的热点之一。而学界对"协商民主"的研究也从政治领域不断向社会领域、基层自治等领域拓展，并与一些学术热点结合。这个阶段的年度发文量整体上了一个台阶并且进入稳定的较成熟的研究状态。

（三）协商民主研究的热点分析

用 CiteSpace V 进行关键词聚类后，得到图1-2协商民主关键词共现聚类图谱，其中#0、#1、#2……为聚类中的编号，聚类的规模越大，即聚类中包含的成员数量越大，则编号越小。由图1-2可以看出，在协商民主研究中，与协商民主具有较高相关性的关键词有：民主协商、政治协商、国家治理、民主、互联网、社会主义、政治参与、公民参与、公众参与、基层治理、基层民主等。图1-2中间的圆点即是"协商民主"，据 CiteSpace 软件分析，其中介中心性（Centrality）较高，为1.88，这表明"协商民主"是聚类图谱中不同研究领域的关键枢纽，研究者从不同的视角将"协商民主"与其他研究领域发生了关联。

结合2003—2017年"协商民主"研究的高频关键词列表（表1-1），可以看出出现频率最高的关键词依次是：协商民主、选举民主、人民政协、民主、国家治理、公民参与、政治协商、民主政治、社会主义、政治参与、制度化、国家治理现代化、治理、群众路线、协商治理、公众

图 1-2　"协商民主"关键词共现聚类图谱（2003—2017）

参与、村民自治、协商、中国共产党、政治发展、基层治理、社会治理、公共理性、习近平、和谐社会、社会协商等。在这 14 年的"协商民主"研究历程中，有些关键词出现的起始年份较早，说明这些方面的研究较早，有些关键词出现的起始年份较晚，说明这方面的研究较晚。如"政治参与"作为关键词研究的起始年份是 2005 年，"政治协商"是 2006 年，"选举民主""人民政协""政治发展"等关键词的起始年份为 2008 年，这在一定程度上反映了"政治参与"几乎是与"协商民主"的研究相伴相生的，"政治协商""选举民主"的研究年份也较早，"政治协商"是国内早期"协商民主"研究的主要内容，而早期的"协商民主"研究也常将"协商民主"与"选举民主"作比较研究。而"国家治理""国家治理现代化"等关键词的起始年份为 2014 年，这是党的十八届三中全会（2013 年）提出"推进国家治理体系和治理能力现代化"后，学界在思考治理方式时将其与"协商民主"联系了起来。

而表 1-1 中的突发性探测，即 BURST 值，反映了在某一阶段使用频次骤增的关键词。在 CiteSpace 中，某个聚类所包含的突发节点越多，则 BURST 值越高，那么该领域就越活跃或是研究的新兴趋势。在高频关键词中，BURST 值较高的有以下几个词汇：国家治理（3.24）、政治协商（4.15）、政治参与（3.56）、基层治理（3.00）、和谐社会（5.49）、党内民主（3.09）、公共政策（3.01）。这表明在协商民主的研究中，国家治理、政治协商、政治参与、基层治理、党内民主、公共政策、和谐社会构建等是其研究热点，受到学者的广泛关注，也是一定时间段的研究趋势。笔者结合关键词的频数、BURST 值等就其中部分热点进行了简短的文献梳理。

表 1-1　协商民主研究的高频关键词列表（2003—2017 年）

序号	关键词	频数	突发值（BURST）	起始年份	序号	关键词	频数	突发值（BURST）	起始年份
1	协商民主	1007		2004	27	治理现代化	8		2014
2	选举民主	54		2008	28	法治	8		2012
3	人民政协	50		2008	29	基层民主	8		2011
4	民主	31		2006	30	公共决策	8		2011
5	国家治理	30	3.24	2014	31	社会组织	7		2015
6	公民参与	30		2007	32	党内民主	7	3.09	2010
7	政治协商	27	4.15	2006	33	人民民主	7		2010
8	民主政治	21		2008	34	理性	7		2009
9	社会主义	20		2013	35	社会主义民主	7		2008
10	政治参与	19	3.56	2005	36	价值	7		2008
11	制度化	16		2014	37	人民代表大会制度	6		2013
12	国家治理现代化	15		2014	38	乡村治理	6		2013
13	治理	15		2009	39	公共领域	6		2012
14	群众路线	14		2014	40	公共政策	6	3.01	2011
15	协商治理	14		2012	41	统一战线	6		2010
16	公众参与	14		2009	42	公民社会	6		2008
17	村民自治	14		2008	43	合法性	6		2007
18	协商	14		2007	44	法治化	5		2015
19	中国共产党	13		2011	45	政党协商	5		2015
20	政治发展	12		2008	46	参政党	5		2015
21	基层治理	11	3.00	2015	47	协商主体	5		2015
22	社会治理	11		2014	48	国家治理体系	5		2014
23	公共理性	11		2008	49	民主政治建设	5		2013

续表

序号	关键词	频数	突发值（BURST）	起始年份	序号	关键词	频数	突发值（BURST）	起始年份
24	习近平	10		2015	50	社区	5		2008
25	和谐社会	10	5.49	2006	51	社会主义民主政治	5		2008
26	社会协商	9		2013	52	社区治理	4		2016

1. 选举民主

自古雅典民主以来，民主理论不断丰富，呈现出多种形态，如代议民主、选举民主、参与式民主等。其中经常用来与协商民主作比较研究的就是选举民主。协商民主与选举民主本质上统一于人民主权。选举民主以选票为表达形式，使用多数决定原则，认为选民是理性、自利和消极的，按照利益最大化原则进行选举。而协商民主则注重以话语为表达形式，重视沟通和共识。[①] 多数学者认为，两种形式的民主作用是互补的，在协商民主，尤其在无法达成共识的情况下，需要选举民主的参与，否则将会消耗公众的参与热情，也会降低治理效率。在选举民主中如果没有协商民主的沟通、辩论，会形成选票的宰制和加剧固有的分歧。因而，协商民主能弥补选举民主的不足，是对代议制民主的补充和完善。[②] "选举"与"协商"是民主政治实践中的两个重要环节。[③] 也有学者认为，选举民主只是一种弱意义的民主，而协商民主并不是选举民主的补充，而是民主发展的一个更高形态。[④] 还有学者通过对地方官员的调查发现，相对多数的地方官员认为，协商民主与选举民主同等重要。[⑤] 但也有学者通过对

---

① 马奔:《协商民主与选举民主：渊源、关系与未来发展》,《文史哲》2014年第3期。
② 马奔:《协商民主与选举民主：渊源、关系与未来发展》,《文史哲》2014年第3期。
③ 朱芳芳、陈家刚:《协商民主：替代性选择？——基于地方官员问卷调查结果的分析》,《马克思主义与现实》2016年第4期。
④ 马得普:《协商民主是选举民主的补充吗》,《政治学研究》2014年第4期。
⑤ 何俊志:《何种民主？谁更重要——基于地方官员问卷调查结果的分析》,《经济社会体制比较》2016年第5期。

乡镇层级出现的选举民主和协商民主创新试验进行实证分析，得出不同的结论，认为"选举民主模式在大多数领域均优于协商民主模式"①。

2. 政治协商

在高频关键词列表中，"政治协商"的 BURST 值高达 4.15，对中国的政治协商和西方协商民主的辨析和比较分析一直以来都是协商民主研究的一个热点。由于政治协商和协商民主中"协商"二字的外在形式一致，以至于不少人将协商民主与政治协商等同起来。有观点认为，"我国协商民主主要体现在中国共产党领导的多党合作和政治协商制度之中，贯穿于多党合作和政治协商的全过程"②。政治协商制度可以视为中国背景下的协商民主实践形式，③ 是一种制度化的协商民主，而且是一种国家制度化的协商民主④。

中国的政治协商与西方的协商民主理论中某些元素具有相似性，比如都强调通过协商达成共识等，但中国政治中的协商元素与西方协商民主的理念、原则，以及协商的目的、条件和价值追求均不同⑤，词义的语义背景、理论性质、实现前提条件也表明，二者绝非完全耦合⑥。不能准确地理解协商民主，则无法探究其对政治协商的制度发展的意义。⑦ 西方的协商民主（deliberative democracy）理论中，deliberative 一词包含思考、沟通、对话、审议、讨价还价以及聚集辩论、制衡等意义。而陈家刚等人将其翻译为"协商"是为了体现参与者的平等地位、对话、讨论、妥协与共识等基本特征，同时也更容易与本土话语对接，赋予本土话语新

---

① 马得勇、张国亚：《选举抑或协商：对两种乡镇民主模式的比较分析》，《国外理论动态》2015 年第 6 期。

② 庄聪生：《协商民主：中国特色社会主义民主的重要形式》，《马克思主义研究》2006 年第 7 期。

③ 孙存良、尹建军：《比较视野下的协商民主与中国政治协商制度》，《理论视野》2009 年第 2 期。

④ 章荣君：《从遗产到实践：中国特色协商民主的形成机理分析》，《湖北社会科学》2014 年第 5 期。

⑤ 金安平、姚传明：《"协商民主"：在中国的误读、偶合以及创造性转换的可能》，《新视野》2007 年第 5 期。

⑥ 齐卫平、陈朋：《协商民主研究在中国：现实景观与理论拓展》，《学术月刊》2008 年第 5 期。

⑦ 陈家刚：《协商民主与政治协商》，《学习与探索》2007 年第 2 期。

的含义。① 中国社会主义民主包括选举民主和协商民主两种主要形式。而协商民主体现为政治协商、听证会、民主恳谈、社区议事会等政治实践。中国具有较成熟和完善制度架构的社会主义协商政治是以中国人民政治协商会议为平台的政治协商制度。②

3. 党内民主

在高频关键词中，"党内民主"的 Burst 值达到了 3.09，说明了该领域的研究较为活跃。学者在对党内民主的研究中发现，党内民主的理念与协商民主理论所体现的民主精神是一致的，党内民主与协商民主统一于公共理性、参与政治、民主的主体意识。③ 中国传统政治文化的协商思想使党内协商民主推进具有文化基础，中国共产党的民主集中制、党委制和各级代表大会制的协商色彩使党内协商民主推进具有制度基础，党的地方协商民主实践为党内协商民主提供了经验基础。④ 党内选举民主与党内协商民主均是党内民主的两种主要形态与方式，也是党内民主建设的主要内容。基于个体理性的党内选举民主和基于公共理性的协商民主都无法保障党内民主的真正实现⑤，二者只有实现有效衔接、循序渐进地协同发展，才有利于拓展党内民主的广度和深度，有利于增进党内共识⑥。党内协商民主希望通过自由讨论和平等协商达成共识，提升党的路线方针政策的合法性⑦，发展协商民主也有利于提升党员主体地位、支撑和加强党内领导权力监督，以及推进党内民主的制度建设⑧。

---

① 陈家刚：《协商民主与政治协商》，《学习与探索》2007 年第 2 期。
② 陈家刚：《协商民主与政治协商》，《学习与探索》2007 年第 2 期。
③ 贺善侃：《发展协商民主与发展党内民主——对我党党内民主建设的回顾和思考》，《理论探讨》2011 年第 3 期。
④ 范明英、向东平：《协商民主：推进党内政治民主的现实价值思考》，《深圳大学学报》(人文社会科学版) 2008 年第 4 期。
⑤ 侣传振：《党内选举民主与党内协商民主的衔接与互动——以理性为视角》，《理论与改革》2013 年第 6 期。
⑥ 赵成斐、牟言波：《基层党内选举民主与协商民主协同机制研究》，《新视野》2016 年第 4 期。
⑦ 朱兆华：《党内选举民主与党内协商民主的互动关系研究》，《中州学刊》2013 年第 2 期。
⑧ 贺善侃：《发展协商民主与发展党内民主——对我党党内民主建设的回顾和思考》，《理论探讨》2011 年第 3 期。

4. 国家治理

从表1-1可以看出，"国家治理"及其相关的词汇如"国家治理体系""国家治理现代化"等首次作为协商民主研究论文相关关键词的时间均为2014年。这与2013年11月召开的党的十八届三中全会密切相关。十八届三中全会通过的《中共中央关于全面深化改革若干重大问题的决定》中首次明确了"国家治理"的理念，提出了"推进国家治理体系和治理能力现代化"的目标。有学者认为，协商民主在中国的"进场"是在两大情境下发生的：一是发展人民民主，二是推进国家治理现代化。[1] 在社会转型时期，单纯依靠国家的单中心权力支配难以实现良好的社会治理而社会多元主体力量又成长不足的情况下，应通过互动式治理既发挥国家的主导作用，又实现多元主体的有序政治参与，而中国式协商民主正好为推动互动式治理提供了具体进路。[2] 因而，国家治理与协商民主是互动与融合、相互建构、相辅相成的关系。我国的国家治理具有人民性、公正性、包容性、法治性等特点，为现代国家治理与社会主义协商民主良性互动奠定了基础。[3] 国家治理与协商民主均以公共利益为目标，以多元平等为原则，协商合作为方式，前者是后者的重要保障，后者是前者的关键路径。[4] 社会主义协商民主建设为国家治理创造稳定的社会环境，提供承接载体，国家治理现代化为协商民主建设架设运作平台、拓展操作场域、提供坚强保障。[5] 协商民主不仅是中国民主发展的要求，而且也是中国这样大型国家创造有效治理的要求。[6]

协商民主在国家治理现代化中的实现形式有立法协商、行政协商、民

---

[1] 张敏：《协商治理及其当前实践：内容、形式与未来展望》，《南京社会科学》2012年第12期。

[2] 易承志：《协商民主、国家建设与国家治理》，《学术月刊》2016年第3期。

[3] 魏晓文、董仲磊：《现代国家治理与社会主义协商民主互动关系及共进路径探析》，《理论探讨》2015年第5期。

[4] 李翔、许昌敏：《协商民主与国家治理的内在关联与互动建构》，《江汉论坛》2015年第6期。

[5] 常桂祥、赵俊梅：《互动与融合：国家治理与协商民主的内在逻辑》，《行政论坛》2017年第2期。

[6] 林尚立：《协商民主：中国特色现代政治得以成长的基础——基于中国协商民主功能的考察》，《湖北社会科学》2015年第7期。

主协商、参政协商、社会协商等。必须坚持协商民主顶层设计与基层改革并举，不断巩固协商民主与选举民主协调发展的制度优势，以协商民主制度化推进国家治理现代化。① 健全国家治理体系和治理能力现代化，最根本的是要在继续推进竞争性民主的基础上积极健全协商民主制度建设。②

5. 协商治理

将"协商治理"明确作为一个概念或者一个范式来研究是近几年的事，由表1-1可以看出，"协商治理"2012年首次作为学术论文的关键词。协商民主内含的协商治理开始成为公共治理的新焦点，甚至被视为公共事务管理的新范式。③ 有学者从推进国家治理体系现代化、推进协商民主广泛多层制度化，以及践行党的群众路线三者的关系推断出，中国特色的公共事务治理之道应为协商治理。④ 一部分学者根据社会治理的现实需要，积极探讨如何将协商民主的理论运用于现实的治理实践中。然而，总体来说，"协商治理还处于一个实践和实验的阶段"⑤。协商治理将"协商民主"与"治理"二者结合起来，既包含协商民主的理念、价值和程序，也包含治理所包含的多元主体、公民参与等内涵。一般认为，协商治理须以政府为主导，"政府搭一个协商民主平台"⑥，"必须以多方参与为前提，以政府为主导"⑦，协商治理的主题通常是公共利益、公共事务或者公共政策⑧，因而必须体现多数人的意志，实现公共利益最大化，"协商治理追求公共治理中一些基本的民主价值，是非效率取向的"⑨。我

---

① 宋连胜、李建：《国家治理现代化背景下协商民主实现形态与价值》，《理论学刊》2015年第4期。

② 陈家刚：《当代中国的协商民主：实践探索与理论思考》，《马克思主义与现实》2014年第4期。

③ 王浦劬：《中国的协商治理与人权实现》，《北京大学学报》（哲学社会科学版）2012年第6期。

④ 池忠军：《中国特色的公共事务治理之道：协商治理》，《思想战线》2016年第3期。

⑤ 张敏：《协商治理：一个成长中的新公共治理范式》，《江海学刊》2012年第5期。

⑥ 何包钢：《协商民主和协商治理：建构一个理性且成熟的公民社会》，《开放时代》2012年第4期。

⑦ 胡象明：《协商治理：中国公共管理体制改革的目标模式》，《学术界》2013年第9期。

⑧ 王浦劬：《中国的协商治理与人权实现》，《北京大学学报》（哲学社会科学版）2012年第6期。

⑨ 张敏：《协商治理及其当前实践：内容、形式与未来展望》，《南京社会科学》2012年第12期。

国的协商治理主要运行在如下层面：政党之间的协商治理；人民政协作为平台的协商治理；政府与公民之间的协商治理；公民与公民的协商。[1] 协商治理发生的领域主要是地方性公共事务的治理。有学者指出，协商治理面临理性的有限和能力的不足等问题，政治参与的单独的个体或团体都面临专业问题上的局限和非理性，普通民众也受到教育水平、环境状况等因素的限制易于被排除在协商治理之外，协商治理存在精英民主的倾向，容易导致少数人垄断共识。[2] 协商治理范式主要通过风险沟通机制与利益兼顾机制来确保公民参与的有效性[3]；"需要以公共权力运行保障协商治理的有效性，需要以公共权力运行公开化服务协商治理发展的可持续性"[4]。

6. 基层治理

高频关键词中，基层治理的 BURST 值也较高，为 3.00，这也是一个较为活跃的研究领域。由表 1-1 可以看出，"基层治理"是 2015 年首次作为关键词出现在与"协商民主"相关的研究文献中。与基层治理相关的关键词还有"基层协商民主""基层民主""村民自治"等。2015 年 2 月，中共中央《关于加强社会主义协商民主建设的意见》中，列出了七大协商，基层协商是其中之一。之后，学界对于基层协商民主、基层治理的研究投入了更多的热情。

基层是社会矛盾最集中的地方，随着城市化的推进，征地、拆迁、分红、环保等问题凸显，社会矛盾不断涌现。以前，基层政府在处理社会矛盾中，往往使用权力压制的刚性模式，不能从根本上解决问题，反而容易引起新的矛盾。

基层矛盾处理不好，会破坏地方政府公信力，造成社会秩序不稳定，严重的会引发剧烈的社会冲突，导致群体性事件的发生。相对于"权威

---

[1] 王浦劬：《中国的协商治理与人权实现》，《北京大学学报》（哲学社会科学版）2012 年第 6 期。

[2] 钟金意、钱再见：《公共权力运行公开化语境下协商治理研究》，《中共南京市委党校学报》2015 年第 5 期。

[3] 颜佳华、吕炜：《协商治理、协作治理、协同治理与合作治理概念及其关系辨析》，《湘潭大学学报》（哲学社会科学版）2015 年第 2 期。

[4] 钟金意、钱再见：《公共权力运行公开化语境下协商治理研究》，《中共南京市委党校学报》2015 年第 5 期。

裁决式"的治理体制,"协商对话式"治理在价值禀赋、治理机制和运行效果等方面均具有良好比较优势。①

协商民主基层治理中具有信息聚合、利益协调、社会稳定、服务大局等社会整合功能,并且,理性的政治参与有利于公民意识的养成,有效的利益表达有助于基层民主的发展,科学的民主决策有助于政治文明的涵养。② 用协商民主的方法来解决最棘手的问题,成为基层官员化解社会矛盾的一种新思路和方向③,对预防和化解转型期多元社会矛盾外显体现的群体性事件意义重大④。于是,在基层党委政府的领导下,将民主协商理念引入基层社会治理之中,探索通过沟通、对话和协商来解决公共事务的新途径。⑤

要想使协商民主真正成为基层治理的一种有效模式,就必须使协商民主成为一种理念、一种民主模式,从而成为政府与公民合作时不能忽视的一种机制。合理建构社区的权力框架也是充分发挥协商民主实践在基层治理中有效作用的重要条件。⑥ 实现基层社会的协商治理,需要加强政府对基层协商民主的引导,需要提高基层民众的民主协商能力;需要提供基层协商民主的规范化程序;需要建立适合基层协商民主成长的考核机制。⑦

7. 其他热点

从图1-2协商民主关键词共现聚类图谱和表1-1协商民主研究的高频关键词列表中可以看出,伴随着协商民主研究的还有其他一些热点。比如"群众路线",学者认为,协商民主与群众路线有着天然的契合性,

---

① 顾盼、韩志明:《基层协商民主的比较优势及其发展路径》,《行政论坛》2016年第6期。
② 陈海燕:《协商民主在基层治理中的社会化过程与社会整合功能探析——基于社会化的视角》,《广西社会科学》2016年第3期。
③ 何包钢:《基层民主和协商治理:构建一个理性且成熟的公民社会》,《开放时代》2012年第4期。
④ 项赠:《协商民主与预防和化解群体性事件》,《理论探索》2016年第2期。
⑤ 卜万红:《论我国基层协商式治理探索的成就与经验——基于民主恳谈会与"四议两公开"工作法的分析》,《河南大学学报》(社会科学版)2015年第5期。
⑥ 齐卫平、陈朋:《协商民主:城市基层治理的有效模式——基于上海H社区的个案分析》,《理论与改革》2008年第5期。
⑦ 卢芳霞:《协商民主化解基层社会矛盾的功能与实现路径——基于浙江基层协商民主经验的研究》,《中共浙江省委党校学报》2017年第4期。

从而将协商民主与群众路线结合起来研究；比如"公民参与"，协商必定涉及多元主体，有公民参与才会有协商民主，与之相似的热点词汇还有"政治参与""公众参与"等；比如"和谐社会"，在利益多元化、社会冲突剧烈化的社会，协商民主有利于消除分歧、达成共识，构建和谐社会；比如"公共政策"，认为协商民主赋予决策合法性是对协商民主的一种理解，平等公民之间通过理性公共讨论，形成具有高度民主合法性的决策可以说是协商民主的目标之一，因而"公共政策"也是协商民主研究中的一个热点。与协商民主相伴而生的研究热点还有很多，限于篇幅，在此不一一赘述。

（四）协商民主的研究脉络

结合协商民主研究的相关文献，可以梳理出国内协商民主的研究脉络具有如下特点：

1. 国内协商民主研究是从西方语境下的研究走向中国语境研究的过程

21世纪初，国内学者通过哈贝马斯来中国演讲开始了解协商民主。国内学者在协商民主研究的早期阶段，即学习引进期，主要是译介西方作品，将哈贝马斯、吉登斯、德雷泽克、罗尔斯、米勒、瓦拉德斯等人的观点介绍给中国学者。中国学者也大多在西方的语境下进行研究。然而，西方的协商民主是在西方发达国家的政治传统和现实中生长起来的，是为了回应西方社会面临的多种问题，特别是"多元文化社会潜藏的深刻而持久的道德冲突，以及种族文化团体之间认知资源的不平等而造成的多数人难以有效地参与公共决策"[1]，是对西方既有政治制度的补充和完善。

在国内协商民主研究的第二个阶段（2007—2011年）逐渐过渡到中国语境。学者一边译介西方的协商民主研究，一边将协商民主研究与中国的现实问题结合起来。从表1-1的协商民主研究的高频关键词可以看出，这一阶段选举民主、人民政协、政治协商等是研究热点，同时协商民主研究开始与政治参与、村民自治、和谐社会、人民民主、基层民主等中国的现实问题结合起来。协商民主研究逐渐过渡到中国语境。

---

[1] 陈剩勇：《协商民主理论与中国》，《浙江社会科学》2005年第1期。

协商民主研究的第三个阶段（2012年至今），党的十八大以后，协商民主研究的中国语境得以集中体现。协商民主研究与当下中国的政治热点和正在着手进行的政治体制改革结合起来，如与国家治理体系、国家治理现代化、社会主义民主政治制度、群众路线、社会治理、基层治理，甚至国家领导人的理念结合起来的协商民主研究成果呈爆发式增长。这在一定程度上体现了中国理论与实践的本土自觉。中国的研究还是要立足于中国的实际，着眼于解决中国的问题，这样的研究才会有持久的生命力。同时，中国语境下的协商民主研究也为我们提供了一条观察、反思和促进中国政治发展的路径。

2. 国内协商民主研究是从自发研究走向国家政策推动研究的过程

学者对社会科学的研究热情，总是与政治和公共政策的热点相伴相生的。国内对协商民主的研究，也经历了从自发研究到受国家相关政策推动研究的过程。这从图1-1中各阶段中的CSSCI发文量也可以得到印证。

学习引进期（2003—2006年）的研究，属于自发研究，大多译介国外协商民主，研究成果也不多。

稳步发展期（2007—2011年）的研究成果就有了较大数量的提升。这与2006年2月出台的《中共中央关于加强人民政协工作的意见》不无关系。《意见》指出，我国社会主义民主有选举和协商两种重要形式，这一提法指出了协商民主在中国政治生活中的地位，同时也指出了协商民主与选举民主的关系。《意见》的出台促进了国内学界对"协商民主"研究的热情，研究成果也稳步增长。而且在这一阶段"政治协商""选举民主""公民参与"等陆续成为与"协商民主"相伴而行的研究热点词汇。

自党的十八大以来，学界对协商民主的研究掀起了热潮，国内协商民主的研究成果呈爆发式增长，这仍然与相关制度政策的持续供给和顶层设计有关。2012年，党的十八大首次提出，"推进协商民主广泛、多层、制度化发展"。"协商民主制度化"成为当代中国政治发展的一项基本任务。紧接着，党的十八届三中全会、四中全会及2017年党的十九大报告、2022年党的二十大报告都对推进社会主义协商民主有多次阐述。2015年7月，中共中央办公厅、国务院办公厅印发了《关于加强城乡社区协商的意见》；2015年12月，中共中央办公厅印发了《关于加强政党协商的实施意见》。中共中央一系列的会议和出台的文件对社会主义协商民主进行了高屋建瓴的总体设计,协商民主也成为政治热点和中国政治发展的目标和方向之一。这些制度和政策文件的持续供给,也掀起了学术界对协商民主研究的持续热潮,而且研究的触角持续向基层、社区、农村、社会组织、国家治理体系和国家治理现代化等渗透,涌现出大量的研究成果。

3. 国内的协商民主研究是理论与实践互动的过程

正如有的学者所说,我们研究协商民主,不是为了参与这场学术对话,而是为了指导我们的实践。[①] 协商民主理论最初是由西方学术界提出来的,但中国在研究理论之前就先有多层次的社会主义协商民主的制度和实践,从国家制度层面到基层自治领域,存在着丰富的体现了协商民主精神的制度和实践案例,如人民政协制度、立法听证会、民主恳谈会、村(居)民议事会制度、人民调解制度等,无不在一定程度上体现了协商民主精神,都有协商民主的影子。而随着理论研究的深入,理论又来指导我国的协商民主实践,使基层协商制度化、完善化。这是一个循环往复、不断促进的过程。国内的协商民主正是在理论与实践的互动中相互促进、共同发展。

基层社会是协商民主实践的最重要的场域。再完备的理论,也需要在社会现实土地上开辟自身的实践道路。基层治理的变革与协商民主的相遇,也为学者提供了丰富的研究案例。学者研究得比较多的是浙江温岭的民主恳谈会。1999年肇始于浙江温岭的民主恳谈会是基层协商民主的早期实践,学界有较多的研究。此外,四川彭州、云南盐津、河南南阳等地的基层协商民主也得到了学者的广泛关注。如林雪霏[②]、韩福国[③]等对温岭泽国镇的民主恳谈制度、参与式预算进行了长时段演化研究,挖掘了基层协商民主在基层治理中的现实价值,指出了实践中存在的问题,提出了促进基层协商民主持续制度化的建议措施;张敏等对浙江温

---

① 金太军、张振波:《论中国式协商民主的分层建构》,《江苏社会科学》2015年第2期。
② 林雪霏:《当地方治理体制遇到协商民主——基于温岭"民主恳谈"制度的长时段演化研究》,《公共管理学报》2017年第1期。
③ 韩福国、萧莹敏:《协商民主的基层实践程序与效能检验——浙江温岭参与式公共预算的制度分析》,《西安交通大学学报》(社会科学版)2017年第5期。

岭、四川彭州和云南盐津三地的基层协商民主进行了比较研究[1];也有一些学者,如马得勇[2]、任中平[3]等对四川、浙江等地的选举民主、协商民主进行了对比分析;李强彬[4]等人对四川彭州的社会协商对话制度进行了细致的剖析,还有学者对彭州市某乡镇几年来的社会协商对话议题进行了分析[5];还有一些学者将协商民主理论运用到街道社区治理、基层党建、乡村自治等领域。学者们通过理论研究对基层实践提出建议,又从基层协商民主实践中不断总结完善中国语境的协商民主理论。正是在理论与实践的良性互动中推动了中国协商民主的研究。

4. 国内协商民主研究是从政治协商研究走向多种协商研究的过程

西方的"deliberative democracy"被引荐到中国时译为"协商民主",恰好与我们的"政治协商"具有形式上的一致性。实际上,政治协商所内含的平等对话、讨论、共识等内容与西方协商民主的理念是不谋而合的。在中国,由于历史的缘故,中国人民政治协商会议成为理解中国式协商民主的一个起点。[6] 实际上,中国的协商民主是从中国的政治生活的逻辑中成长起来的,与中国共产党领导的多党合作和政治协商制度密切相关。政治协商也是中国式协商民主的一个主要内容,以及中国式协商民主的特色与优势。2006 年 2 月,《中共中央关于加强人民政协工作的意见》明确指出,选举民主和协商民主是社会主义民主的两种重要实现形式。之后,随着党委、人大、政府、基层等方面的协商实践不断丰富,协商民主的发展不能只满足于人民政协一种协商渠道,还需要开辟更多的能满足基层公众参与协商的通道。2015 年,中共中央印发了《关于加

---

[1] 张敏:《政府供给与基层协商民主生长:基于三地实践的考察》,《学海》2016 年第 2 期。

[2] 马得勇、张国亚:《选举抑或协商:对两种乡镇民主模式的比较分析》,《国外理论动态》2015 年第 6 期。

[3] 任中平:《四川的选举民主与浙江的协商民主——我国基层民主发展模式的一项比较研究》,《探索》2011 年第 1 期。

[4] 李强彬:《协商民主的实践品质:审视维度与基层观察——以彭州市社会协商对话会议制度为例》,《国外理论动态》2015 年第 6 期。

[5] 朱凤霞:《基层协商民主中的公众话语权——基于扎根理论对成都 J 镇近年协商议题的分析》,《河南社会科学》2017 年第 10 期。

[6] 张敏:《中西协商民主的概念史考察:语义演变与要素辨同》,《探索》2015 年第 4 期。

强社会主义协商民主建设的意见》，明确了政党协商、政府协商、政协协商、人大协商、人民团体协商、基层协商以及社会组织协商等七种不同的协商渠道。协商主体已经从之前单一的政治精英之间的协商向公众广泛参与的多元主体协商换转，协商范围也从政治协商向多种协商转换，社会主义协商民主实现了"广泛、多层"的发展。这也反映出协商民主理论的持续活力和实践的丰富多样性。

相应地，学界对中国协商民主的研究，也从最初的关注政治协商研究转向多种协商研究。从表1-1可以看出，与协商民主相伴而生的高频关键词出现了"中国共产党"（2011）、"人民代表大会制度"（2013）、"社会协商"（2013）、"社会组织"（2015）、"参政党"（2015）、"政党协商"（2015）、"基层治理"（2015）、"乡村治理"（2013）、"社区治理"（2016），等等。尤其是最近几年，学者对基层协商的关注更多，从乡镇、街道、社区、院落、村民自治中的协商中观察和思考中国协商民主，涌现出了大量的学术成果。学术研究与社会实践总是相互促进的。在中国的政治实践中，"广泛、多层、制度化"的协商民主已经初现端倪，协商民主研究当然不能一叶障目、不见森林，而应呈现多种协商制度研究百花齐放的局面。

三 对中西方相关研究简评

（一）中西方相关研究存在政治语境不一致的问题

由于中国与西方有不同的政治语境，因而中国研究的"协商民主"概念并不完全等同于西方政治语境中的"deliberative democracy"（协商民主）概念，二者既有联系又有区别。联系在于二者的基本理念是一致的，如公开、平等、参与、理性、责任等。同时，在协商的方法技术上互相借鉴，也具有一致性。区别在于，中西方的协商主体和活动方式都有不同，其发生和发展的背景也有区别。西方的协商民主是与其政治现实联系在一起的，是对自由主义民主和选举民主的补充；而中国的协商民主是在中国的政治生活的土壤中成长起来的。目前我们所说的中国的"协商民主"，既不是西方的协商民主，也不是单纯的"政治协商"。而且，目前中国的协商民主还与社会治理紧密相连，民主不是最终目的，以民主促治理，最终达成社会的善治才是目的。

(二) 中西方相关研究都存在理论研究和实践研究不同步的问题

谈火生指出，民主理论有其自身的发展逻辑。协商民主理论与协商民主实践最初就像两条平行线。① 西方对协商民主的研究始于20世纪80年代，近40年来，西方协商民主讨论一直在不断进行和完善之中，并逐步形成较为系统的理论体系。中国的协商民主理论研究始于21世纪初，但从实践角度来看，不管是中国的协商民主实践，还是西方的协商民主实践都早于协商民主理论而存在于社会生活之中。西方的协商活动如20世纪70年代丹麦的共识会议、未来小组、愿景工作坊，美国的公民陪审团、国家议题论坛，德国的计划圈等。中国的协商实践如政治协商会议、温岭的民主恳谈、各地的村民自治等，协商民主可以说早已是一种实际存在，并逐渐从政治领域向社会领域、基层自治领域扩展。温岭的民主恳谈也是在发展过程中在专家的点拨下才意识到已经不是一种"思想教育工作"，而是具有协商民主性质了，协商民主理论跟实践终于交汇在一起。之后，协商民主理论指导协商民主实践，实践也丰富理论。西方也是如此，如菲什金的协商民意调查就是理论指导下的实践。

总体来说，中国的"协商民主"研究，实证研究取得了一定的成果但还不够深入，理论研究还显不足。有关协商民主的实证研究需要基于理论研究的既有成果，并系统地指向协商民主中的核心问题，理论研究与实证分析的有机结合有助于解决实践和决策中的关键问题。

(三) 相关理论研究问题意识不强，对某些问题的研究鲜有涉及

2015年，党中央提出了"七大协商"，但国内对协商民主、协商治理的研究，很多还限于对西方协商民主理论的译述和中国政治协商会议等高层制度化协商的研究，泛泛而谈，过于笼统，目标指向不明确，导致研究缺乏针对性的问题探讨，研究难以深入，所提出的问题解决策略的理论和实践支撑不牢靠。但不管中方，还是西方，都存在较多的研究的薄弱之处，如现有的对协商治理的研究都还比较浅表，从文献看，对协商治理机制、协商主体平等性、多元协商主体的界定、协商的边界等都鲜有涉及，也缺少对具体技术运用的关注。

---

① 谈火生：《协商治理的当代发展》，南方出版传媒、广东人民出版社2018年版，第3—19页。

(四) 相关实践研究可操作性不强，对协商治理技术关注不够

中国虽然协商实践先于理论发展，但相关的实践研究都没有进入技术层面，可操作性不强。西方的第三代协商民主理论家虽然比较注重协商的技术化支撑，但也还有较大的发展空间。尤其是对协商民主制度化和协商技术与方法的研究还比较薄弱。

可以说，中国已基本完成对社会主义协商民主的顶层设计，协商民主要实现广泛、多层、制度化的发展，应加强实践和理论的互动，在基层实践和基础上不断总结和提升，上升为制度安排，完善协商民主的制度设计。应将研究触角向基层社会治理拓展，并增加对人们现实生活的观照。应探索协商民主嵌入社会治理的方式和技术，通过协商民主的发展，促进社会的善治。

第三节 研究思路、内容与方法

一 研究思路

本书遵循"提出问题—理论研究—实证研究（数据及案例分析）—机制构建"的思路，采用理论分析与应用分析、逻辑分析与实证分析、定性分析与定量分析相结合的方法研究基层协商治理相关问题。本书的研究思路如图1-3所示。

二 研究内容

本书研究的主要问题有：（1）哪些公共事务应该纳入基层协商治理的范畴？（2）协商民主可通过何种方式嵌入基层社会治理之中，有无有效的模式？（3）当前我国基层协商治理的总体状况如何？基层干部的协商意愿如何？协商绩效如何？（4）基层社会治理的多元主体是什么？在基层协商中各自发挥的作用如何？（5）应如何完善基层协商治理的机制，以保障基层协商治理的有效运行和可持续发展？

围绕这几个问题，本书共分七章，各章主要内容和核心观点如下：

第一章 协商民主实践的中国价值与需要，主要阐述选题背景与研究意义，国内外相关研究述评，研究思路、内容与方法。

第二章 核心概念与理论基础。核心概念主要有：协商治理、社会

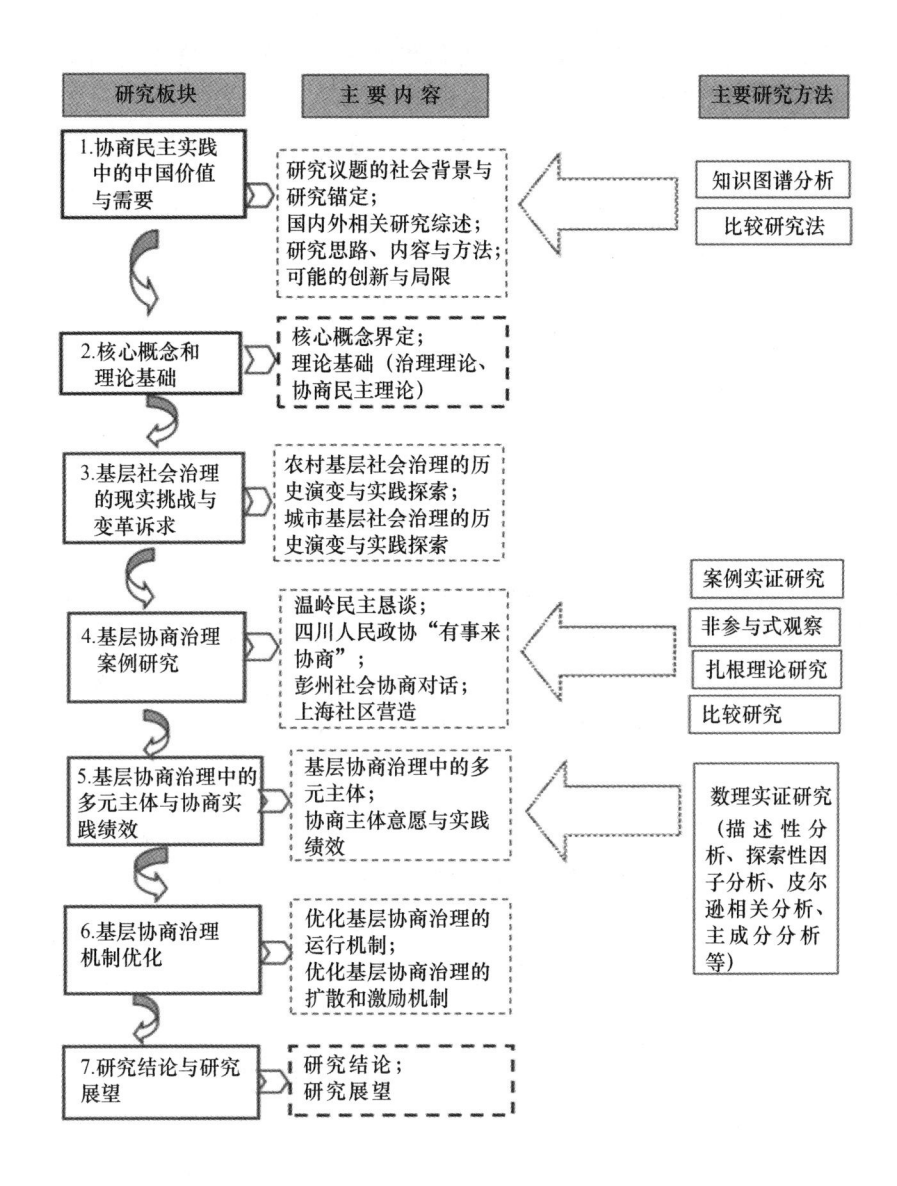

图 1-3 本书研究思路

研究板块	主要内容	主要研究方法
1.协商民主实践中的中国价值与需要	研究议题的社会背景与研究锚定；国内外相关研究综述；研究思路、内容与方法；可能的创新与局限	知识图谱分析；比较研究法
2.核心概念和理论基础	核心概念界定；理论基础（治理理论、协商民主理论）	
3.基层社会治理的现实挑战与变革诉求	农村基层社会治理的历史演变与实践探索；城市基层社会治理的历史演变与实践探索	
4.基层协商治理案例研究	温岭民主恳谈；四川人民政协"有事来协商"；彭州社会协商对话；上海社区营造	案例实证研究；非参与式观察；扎根理论研究；比较研究
5.基层协商治理中的多元主体与协商实践绩效	基层协商治理中的多元主体；协商主体意愿与实践绩效	数理实证研究（描述性分析、探索性因子分析、皮尔逊相关分析、主成分分析等）
6.基层协商治理机制优化	优化基层协商治理的运行机制；优化基层协商治理的扩散和激励机制	
7.研究结论与研究展望	研究结论；研究展望	

（来源：笔者自制）

治理、基层治理、协商治理机制、嵌入、协商民主扩散等。理论基础主要来源于两个理论：一是治理理论，具体内容包括治理的概念和内涵，治理、元治理与国家建构，治理理论的民主观点，治理理论运用于基层社会治理的适用性。二是协商民主理论，具体内容包括协商民主理论的代际传承与多元流派、协商民主的概念和内涵、协商民主理论运用于基层社会治理的适用性等。

第三章　基层社会治理的现实挑战与变革诉求。本章主要通过梳理农村及城市的基层社会治理变迁历程，结合当前的时代背景，分析当前基层社会治理的协商民主发展趋势。

第四章　基层协商治理案例研究。本章主要对温岭民主恳谈、四川政协"有事来协商"平台、彭州社会协商对话，以及上海社区营造等案例进行分析，提炼出基层协商治理的四种模式，即与人大制度、政协制度、村民自治制度、居民自治制度相结合的四种基层协商治理模式。从协商成效和协商可持续性发展来看，嵌入人大制度的温岭参与式预算优势更为明显。与政协制度相结合的基层协商治理模式实践时间尚短，还需要不断总结经验教训，并在适当的时机将基层治理提升为政协的法定职责。彭州的社会协商对话和上海的社区营造都是将协商民主与基层自治制度相结合，取得了一定的成效，但还需要进一步探索协商结果与公共决策的衔接，以及如何更好地发挥社会组织的作用等。

第五章　基层协商治理中的多元主体与协商实践绩效。本章主要分析了基层协商治理的多元主体及其在基层协商中发挥的作用大小，并运用 SPSS 软件，通过描述性分析、探索性因子分析、皮尔逊相关分析、主成分分析等方法分析收集到的全国乡镇干部填写的基层协商治理的问卷，分析基层社会治理中的协商主体意愿、协商实践绩效及其相关性和影响因素。

第六章　基层协商治理机制优化。本章主要探讨如何从合理确定协商议题、科学选取协商代表、严格控制协商过程、有效执行和监督协商成果等方面优化基层协商治理的运行机制，以及如何优化基层协商治理的扩散和激励机制，以促进基层协商治理的可持续发展。

第七章　研究结论与展望。总结本书的主要结论，并提出后续研究的方向及对未来研究的展望。

三　研究方法

本书的数据收集及数据分析方法如下：

（一）数据收集

非参与式观察。重点对几个基层协商治理的典型案例——浙江温岭泽国镇的参与式预算和民生实事恳谈、四川政协的"有事来协商"平台协商治理、四川彭州的社会协商对话，以及上海市社区营造等进行非参与式观察和现场观摩，以"旁观者"的身份"参与"协商会议，客观观察和分析协商民主处理基层事务的具体程序、成效和应用价值，并考察基层协商中公民的实际参与度、各协商主体的作用发挥情况，以及协商的程序正义性等问题。

问卷调查。在全国范围内对乡镇和街道干部发放调查问卷。问卷发放通过以下两种方式。一是发放纸质问卷，主要通过对部分地方党校的乡镇和街道干部学员发放问卷或请地方人大、政协干部等帮助在基层干部中发放问卷进行调查。二是制作电子问卷，请熟识的高校和党校教师、县乡干部等帮忙转发乡镇干部填写问卷进行调查。也在个别与基层社会治理有关的微信群中发放和收集了部分电子问卷。

深度访谈。对全国部分乡镇或街道社区进行走访，对该地的部分公众及基层干部作深度访谈。主要调查的地点是四川彭州市、浙江的温岭市、成都市金牛区、上海市嘉定区等地。主要目的是发现群众及基层干部对协商民主解决公共事务的态度和认可度，包括协商民主在社会治理中取得的成效，群众意见表达是否顺畅，代表选取是否有科学的方法，公众的观点是否有效采纳，协商结果是否有效执行等。同时在个别乡镇收集历年的协商议题，用于协商议题和决策程序中反映出来的公众话语权分析。

（二）数据分析

知识图谱分析。知识图谱分析主要是通过信息可视化软件 CiteSpace 进行。CiteSpace 是由信息可视化专家陈超美教授基于 Java 语言开发的，着眼于分析科学文献中蕴含的潜在知识，并在科学计量学、数据和信息可视化背景下逐渐发展起来的一款多元、分时、动态的引文可视化分析软件。通过此类方法分析得到的可视化图形也被称为"科学知识图谱"（Mapping Knowledge Domains，MKD）。国内协商民主方面的研究成果十分丰富，笔者拟借助可视化软件，对知网上查询到的发表在 CSSCI 期刊上的关键词为"协商民主"的 1127 篇文章进行知识图谱可视化分析，梳理出国内协商民主研究的阶段、热点和发展脉络，回顾国内协商民主研究的历程，展望协商民主研究的未来。

案例实证研究。重点分析四个协商治理案例：浙江温岭的民主恳谈、四川政协的"有事来协商"平台协商治理、四川彭州的社会协商对话，以及上海的社区营造。在个案描述的基础上对协商民主嵌入基层社会治理的模式进行归纳总结和逻辑分析，试图探究协商民主嵌入基层社会治理的可行模式，完善其运行机制、扩散和激励机制，以促进基层协商治理制度化、可持续化发展。

数理实证研究。对收集到的问卷用 SPSS22.0 软件使用探索性因子分析、皮尔逊相关分析、主成分分析等方法进行分析。探索性因子分析法（Exploratory Factor Analysis，EFA）是一项用来找出多元观测变量的本质结构并进行处理降维的技术。因而，EFA 能够将具有错综复杂关系的变量综合为少数几个核心因子。皮尔逊相关分析主要是用于对基层干部的协商意愿、协商成效以及协商制度化进行皮尔逊相关分析，寻找它们之间的相关关系。主成分分析主要是对所有题目进行特征值计算，抽取特征值大于1的成分进行分析，总计抽取出几个成分，其累计的方差贡献率大于80%，则说明抽取出的这几个成分能在较大程度上代表题目信息。

质性研究法。本书中的质性研究方法主要是扎根理论研究方法。扎根理论是主要以访谈问卷等方式进行信息搜索，并通过一套完整的信息编码处理形成一套对某个问题独特的见解并进行理论重构的过程。本书尝试对收集到的彭州市某乡镇近年来的协商议题进行扎根理论分析，对这些协商议题通过开放式编码、轴心编码和选择性编码三个步骤进行类属化，从而构建出协商对话议题公众聚焦模型和协商对话议题形成过程模型，并对模型进行理论阐释。

行为分析法。行为分析是科学研究中发现基本事实的手段，它是指在对人的行为进行描述、观察和测度的基础上，得出对人、事、物的基本判断。本书通过非参与式观察、问卷调查和深度访谈，必然会对协商的主体有不少的接触和观察，本书试图通过行为分析法，对协商主体的行为、动因等有理性的评判和分析。

比较研究法。主要采用横向对比，通过比较西方国家的行政协商经验与我国基层协商状况，以及重点比较浙江温岭、四川政协、四川彭州、上海嘉定的协商治理案例，探寻协商民主嵌入基层社会治理的不同模式，从而寻求基层协商治理制度化的方向和路径。

第四节　可能的创新与局限

一　可能的创新

（一）提炼出基层协商治理的四种模式

通过比较分析，认为温岭的民主恳谈、四川政协的"有事来协商"平台协商、彭州的社会协商对话、上海的社区营造分别代表了基层协商治理的四种模式，即嵌入人大制度的基层协商治理模式，与政协制度相结合的基层协商治理模式，与村民自治制度相结合的基层协商治理模式及与居民自治制度相结合的基层协商治理模式。

温岭的民主恳谈与四川政协的"等你来协商"平台协商都是将基层协商民主纳入体制内运行。温岭民主恳谈最有特色的部分是其参与式预算嵌入人大制度，通过人大的预算审查和批准权的行使，构建了公众参与政府公共财政预算的途径。四川政协"等你来协商"则是将政协协商职能向基层拓展，构建了一个将党委政府及其职能部门、企业、社会组织、社会公众等纳入同一个协商解决社会问题的新的治理空间。这种嵌入体制内政治制度模式更利于基层协商治理的可持续发展，应努力探索更多基层协商民主同人大制度、政协制度等的结合模式，同时激活原有政治制度的功能，并在必要的时候，将其上升为人大政协等的法定职责。

与村民自治制度和居民自治制度相结合的基层协商治理模式在启动之初很大程度上也都是靠党委和政府推动的，目前仍然靠政府主导。但当社会组织和社会公众充分成长、协商制度逐步完善后，协商治理有自我发展的潜能。但是，与自治制度相结合的基层协商需要找到撬动协商制度的支点，即关系到居民切身利益或生活品质提升的，或亟须解决的问题或难题，以吸引公众的注意力，使其愿意参与其中，主动关心社区公共事务。应多探索能撬动基层协商自治的支点，寻找能吸引公众参与的协商议题。

（二）构建了对协商主体意愿和协商实践绩效的评价维度

构建了基层干部的协商意愿和公众参与协商意愿的评价维度，以及从协商成效和协商制度化方面构建了对协商实践绩效的短期评价和中长期评价维度，并用构建的评价维度对全国的基层协商治理进行评价，分析协商主体意愿和实践绩效的影响因素，指出虽然当前大多数基层干部和公众都有较强的协商民主认知和意愿，但总体协商成效不高，协商治理的制度化水平还比较低，应从制度设计上进行反思，当前基层协商治理的探索尤其需要转到制度设计和民主技术的完善上来，要促进基层协商治理的制度化发展。

（三）优化了基层协商治理的运行机制、扩散和激励机制

在案例分析的基础上提出了优化基层协商治理的运行机制，应通过合理确定协商议题、科学选取协商代表、严格控制协商过程、有效执行和监督协商成果等方面来优化基层协商治理的运行机制。提出通过将基层协商治理上升为国家法律法规，为基层协商治理创新者提供宽容的政治环境和容错机制，探索充分发挥人大、政协等部门职能，将基层协商民主嵌入体制内运行的方式等，促进基层协商治理扩散及可持续性发展。

二　本书的局限

虽然笔者竭尽所能，但囿于研究水平有限，以及客观条件限制等多种原因，本书不可避免地存在一些不足。

（一）协商机制构建的普适性问题

由于基层社会事务的繁杂性、多样性和特殊性，以及中国幅员广袤，南北差距较大，各地城乡社会的地理条件、自然资源、文化风俗、经济状况、民族特征、宗教信仰等千差万别，无法构建出一个适用于解决所有问题、适用于全国各地的基层协商治理机制，而只能尽量在一般意义上进行分析和构建。

（二）数据收集的全面性、代表性问题

根据中华人民共和国民政部统计数据，截至2022年年底，全国共有38602个乡镇行政区划单位，其中街道有8984个，镇有21389个，乡有7116个，民族乡957个。受人力、经费等各方面因素的限制，本书不可能覆盖全国所有的乡镇，这在问卷收集上便有明显体现。纸质问卷笔者主要在熟悉的四川和浙江两地发放，其余地方则用电子问卷。而进行电子问卷调查时，虽然笔者尽量让问卷覆盖的地域范围更广，能更多反映

全国各地的情况，但由于人脉关系不足、有些乡镇干部配合调研的意愿不强等各种原因，调查问卷对全国乡镇没有完全覆盖，而且 1000 余份问卷的样本收集量相对于全国近 4 万个乡级行政区划单位来说也显得有些不足，同时问卷收集也未能兼顾到各地样本的均衡性。因而有的地区回收到的问卷数量较多，有的地方回收到的问卷数量较少。同样受制于人力、经费等限制，笔者走访的乡镇也比较有限，其代表性存在不足，抑或还有一些典型的基层协商治理案例没有被挖掘到。

第二章

核心概念和理论基础

第一节 核心概念界定

科学研究的前提是对基本概念进行厘清和界定。本书以中国基层协商治理为研究对象，那么，什么是基层，其覆盖多大的范围？什么是社会治理？什么是协商治理？什么是协商民主"嵌入"社会治理？什么是协商治理机制？什么是协商民主的扩散？这些问题有些是研究题目中的核心问题，有些是内文中涉及的基本概念，本节拟对这些核心概念进行界定。

一 协商治理

协商治理是近年来在协商民主的概念上演化而来的提法，是协商民主理念在治理领域的运用，包含"协商民主"和"治理"的双重含义。

前文对协商民主理论有所阐述。西方语境下的协商民主（Deliberative Democracy），又译为"恳谈式民主""商议式民主"等，指的是自由平等的公民，基于权利和理性，在一种由民主宪法规范的权力相互制约的政治共同体中，通过对话、讨论、辩论等过程形成合法决策的民主形式。协商民主概念主要有以下几种含义：作为政府形式的协商民主；作为决策形式的协商民主；作为治理形式的协商民主。[1] 西方的协商民主理论寄托了人们对于自由主义民主和选举民主功能缺失的弥补。陈家刚梳理出了协商民主的主要特征：多元性（文化认同多元、社会主体多元、利益

---

[1] 陈家刚主编：《协商民主与政治发展》，社会科学文献出版社2011年版，第8页。

追求多元);合法性(程序合法);程序性(协商程序);公开性(协商内容公开、过程公开、程序公开、立法或政策建议公开);平等(机会平等、资源平等、能力平等);参与(公民参与);责任(说服责任、回应责任、修正建议以达成共识的责任);理性(协商过程理性)。①

而"中国的协商民主并不是为弥补竞争性民主的不足,而是一种把竞争性包含在内的民主实践"②。本书所探讨的,主要是在中国的政治框架下的协商民主。在现有的政治框架下,"协商民主"的内涵指:"以人民作主为基点,以协商合作为中轴,以创造治理为使命,以形成发展为动力的人民民主实践形态。它的侧重点在于,在民主发展中强调协商而非对抗,把民主的协商精神作为社会发展的有效资源提升出来,从而实现社会更加有序的良性发展。"③ 韩福国认为,中国的协商民主,是一种民众参与方式,是一种政府决策方式,是一种现代的治理方式,是新型政府与社会关系重构的方式。社会主义协商民主,尤其是基层协商民主并不是为协商而协商,而是用民主的发展促进社会治理问题的解决和社会治理水平的提升。

至此,"协商民主"就与"治理"联结起来了。有学者对协商治理下的定义是:"协商治理是政治主体基于政治组织和公民的政治权利,以协商和对话的程序和形式达成共识或者协调分歧,以实现国家和公共治理利益目标的特定政治机制。"④ 协商治理将"协商民主"与"治理"二者结合起来,既包含协商民主的理念、价值和程序,也包含治理所多包含的多元主体、公民参与等内涵。

二 社会治理

社会治理是国家治理的重要组成部分,从属于国家治理,并服务于国家治理的需要。对社会治理的理解有两种主要的观点:一种认为社会

---

① 陈家刚:《协商民主与当代中国政治》,中国人民大学出版社2009年版,第25—28页。
② 韩福国:《作为嵌入性治理资源的协商民主——现代城市治理中的政府与社会互动规则》,《复旦学报》(社会科学版)2013年第3期。
③ 韩福国:《作为嵌入性治理资源的协商民主——现代城市治理中的政府与社会互动规则》,《复旦学报》(社会科学版)2013年第3期。
④ 王浦劬:《中国协商治理的基本特点》,《求是》2013年第10期。

治理即对"社会"的治理,社会即指社会公共事务,治理主体是政府;另一种认为社会作为主体进行治理。①

笔者认为,目前我们说的社会治理,这两种含义互相渗透,都有其合理成分。首先,社会治理是对社会公共事务的治理,"社会"是与公民权利相连的公共场域。一般而言,承担治理的主体是政府。同时,社会也是治理的主体。随着社会的发展,社会治理理念代替社会管理理念被逐渐接受。在党的十八届三中全会的决定中,第一次在党的文件中使用"社会治理"概念,标志着执政理念从刚性化的"社会管理"向柔性化的"社会治理"转变,国家与社会的关系从强调控制转变为强调国家权力向社会的回归,还政于民。因此,在社会治理中,逐渐吸收公民、社会组织、专业组织等机构也作为治理的主体,成为社会治理的多元主体。一个成熟的社会具有制约国家权力、防止国家权力侵略公民权利的功能。当然,在目前及未来很长一段时间的治理过程中,发挥重要作用的治理主体仍将是政府。

"社会治理概念的提出是以维护最广大人民群众的根本利益为出发点,最大限度地维护社会和谐,放权社会激发社会活力,提高政府的公共服务水平。"②

三 基层治理

先说说什么是基层。基层首先是一个由于行政区划分级而形成的国家建制性概念,我国的行政区划有五个层级,即中央(国家)、省(自治区、直辖市)、市(地区、自治州、盟)、县(区、旗、县级市)、乡(镇、街道)。基层顾名思义指各级组织中最低的一层,即乡镇、街道一级。基层社会治理离不开基层政权,基层政权指设在最低一级行政区域内的国家政权。我国的基层政权包括农村基层政权和城市基层政权两部分。按照宪法和地方组织法的规定,城市中指不设区的市、市辖区一级,

---

① 于水、杨萍:《"有限主导—合作共治":未来农村社会治理模式的构想》,《江海学刊》2013年第3期。

② 舒明艳、高啸:《农村社会治理的阶段性特征:观察一个发达省份》,《重庆社会科学》2016年第4期。

农村中指乡、民族乡、镇一级。徐勇教授指出：作为国家建制性概念的基层，在国家纵向组织体系中处于最低层级，是国家权力结构中的末梢，也是国家—社会组织系统中与民众最接近的部分，是国家政权与社会的联结部位，是国家权力与社会权力互动的场域，还是民众参与公共生活的主要场所。[①]

由于行政权力的不断下沉，人们生活的城乡社区共同体成为行政序列的延伸。2021年，《中共中央 国务院关于加强基层治理体系和治理能力现代化建设的意见》指出："基层治理是国家治理的基石，统筹推进乡镇（街道）的城乡社区治理，是实现国家治理体系和治理能力现代化的基础工程。"在这里，基层治理实际上不仅包括基层政权组织的治理，也包括与基层政权组织相连接的城乡社区的治理。除了政权组织，政党组织和群众自治组织也是基层治理的重要力量。

因此，基层治理，是指充分发挥基层党组织的领导作用、基层政府的主导作用、基层群众性自治组织的基础作用和社会力量的积极作用而构建的基层治理共同体，以人民为中心，以增进人民福祉为出发点和落脚点，对城乡社区公共事务的治理，以实现基层社会的有序发展、长治久安，从而实现国家与社会的良性互动。

四 协商治理机制

"机制"一词最早源于希腊文，原指机器的构造和工作原理。对其本意可以从两方面来解读：一是机器由哪些部分组成及为什么要由这些部分组成；二是机器是怎样工作和为什么要这样工作。

现"机制"一词也引申到社会领域，用于解释社会现象，指在正视事物各个部分的存在的前提下，协调各个部分之间关系以更好地发挥作用的具体运行方式。

具体到基层协商治理，协商民主如何运用于基层社会治理之中，即基层协商治理应如何运行才是有序和有效的？基层协商应有哪些程序和环节？应如何科学确定协商议题，选择协商代表，控制协商过程，监督

---

① 徐勇：《将基层带入国家：单一制、基层社会与国家建设》，《国家现代化建设研究》2022年第2期。

协商成果的执行？应如何促进基层协商治理的扩散，从而促使其可持续发展？这些都是基层协商治理机制需要解决的问题。就像一个经过科学设计的机器，启动后它就能良好运行，不需要人为过多干预，经过科学设计的协商治理机制，也可以让基层协商民主良好有序地运行，不因领导人的变动而受影响，不会因人、因事、因时、因地而受制于各种"不确定性"，可以持续性地发展。

五　嵌入

基层协商治理实际上是将协商民主"嵌入"基层社会治理。

嵌入（embeddedness）是社会学的概念，是由著名的社会学家卡尔·波兰尼于1944年提出来的，用于解释经济运行的影响因素和现代社会中各种异质性成分之间的关联问题。谈火生用"嵌入式发展"解释过协商民主的理论与温岭"民主恳谈"的实践。他认为：嵌入式发展指的是，"将某种新的异质性成分嵌入到原有的社会政治结构中，通过它激活或改造原有社会政治结构的某些功能，并通过不断的完善、改进和扩展，从而逐步实现整个结构的更新"，强调以"嵌入"的方式谋求发展的空间，获取发展所需的各种资源（体制资源、合法性资源等）。异质性成分"嵌入"原有的政治社会结构后，并不是以异质面目出现，而是要唤醒原有结构中某些处于沉睡状态的功能。[①] 本书拟借鉴谈火生的嵌入式发展的概念来解释协商民主嵌入基层社会治理。如协商民主的理念、技术和方法嵌入原有的村民议事会、居民议事会、农业农村现代化教育论坛、人大制度后，"协商民主"的异质性成分成为原有制度的有机组成部分，唤醒了原有制度的某些沉睡功能，使经过改造后的原有制度变得更加科学、合理，同时在这个过程中实现新的制度化和创新扩散。嵌入式的发展不冲击既有的权力结构[②]，可控性强，改革阻力和政治风险小，可操作性大。

[①] 谈火生：《协商民主》，载韩福国主编《基层协商民主》，中央文献出版社2015年版，第47—57页。

[②] 景跃进：《行政民主：意义与局限——温岭"民主恳谈会"的启示》，《浙江社会科学》2003年第1期。

六 协商民主扩散

协商民主在扩散之前必先有协商民主的发生。顾名思义，基层协商民主的发生就是指基层协商民主形式在某地产生、兴起、采纳的意思。基层协商民主的发生可以视作治理方式或公共决策方式的转变或创新。有学者指出，社会治理创新的发生可能是基于压力型科层制上级政府对下级政府的强制机制，依赖于横向政府间竞争关系的竞争机制，基于共同情境因素或治理困境的学习机制，以及基于"合法性逻辑"和控制风险逻辑的模仿机制。[①]

参照艾弗利特·罗杰斯（Everett Rogers）对创新扩散的定义，即"一项创新传播的过程就是扩散，它包括一种新的思想随着时间在社会系统中的交流"[②]，本书协商民主的扩散指某地基层协商民主的创新对其他地方产生影响，被更多的地方所采纳和实践的过程，即基层协商民主传播的过程。基层协商民主的发生与扩散很难严格区分。某种基层协商民主形式在 A 地"发生"，被 B 地学习、模仿和吸收，可以认为扩散到了 B 地，但这种形式在 B 地也可以说是"发生"。朱旭峰认为，创新的采纳主要由内部因素和外部传播机制所决定，内部因素指社会、经济、政治特征，外部扩散机制又包括纵向机制（更高级政府的强制指令）和横向机制（模仿、学习和竞争）。[③] 基层协商民主的扩散也是其可持续发展的一种重要方式，某地的协商民主模式在更多的地方传播和扩散，才能持续性地产生影响力，最终形成"万紫千红总是春"的局面。

协商民主的扩散是指其在空间维度上的延续，而可持续发展是从时间维度考察某地基层协商民主的传播和延续。在中国历史上，不乏一时

[①] 付建军：《当代中国社会治理创新的发生机制与内在张力——兼论社会治理创新的技术治理逻辑》，《当代世界与社会主义》2018 年第 6 期。

[②] Rogers, Everett, *Diffusion of innovations*. New York: Free Press, 2003, 转引自朱旭峰《地方政府创新经验推广的难点何在——公共政策扩散理论的研究评述》，《人民论坛·学术前沿》2014 年第 17 期。

[③] 朱旭峰、张友浪：《创新与扩散：新型行政审批制度在中国城市的兴起》，《管理世界》2015 年第 10 期。

轰轰烈烈、四处开花、广泛传播的民主形式，如"公推公选""公推直选"等民主形式，但最终都在热闹一时后归于沉寂，没有实现可持续发展。有些地方的基层协商民主也一样只是昙花一现。基层协商民主的可持续发展也可看作协商民主在时间层面的扩散。

鉴于以上协商民主的发生、扩散和可持续发展三个概念虽然有一定的区别，但存在内涵上的一致性及外延上的模糊性，因而本书只对其作笼统分析，并认为三者都可归入协商民主的扩散。

第二节 理论基础

本书研究的理论基础主要有两个：一是治理理论；二是协商民主理论。本节拟对这两个理论基础进行简要论述。

一 治理理论

治理理论兴起于20世纪八九十年代，成为一种新的政治分析框架。英文中的"治理"一词为governance，源于拉丁文和古希腊语，意为控制、引导和操纵。它与"统治"一词常用于国家的公共事务管理和政治活动中。后来不只是局限于政治学领域，而是扩展到了经济社会领域，而且在各国语言中流行。

（一）治理的概念和内涵

治理理论之所以在西方兴起，一个直接原因便是政治学家和管理学家看到在社会资源的配置中，国家和市场都是可能失败的。单纯用市场的手段，无法达到经济学中的"帕雷托最优"，单纯靠国家计划和命令手段，也不能使资源得到最好配置，从而保障公民的政治权利和经济利益。因而提出用"治理"代替"统治"。有效的治理是对国家和市场手段的补充。治理理论一经兴起，便引起了各国学者的关注，但学界对治理并没有一个统一的定义。笔者罗列了一些知名学者对治理的理解如表2-1所示。

表 2-1　　　　　　　　关于"治理"的概念梳理

概念提出者	主要观点	资料来源
詹姆斯·N. 罗西瑙（Rosenau）	与统治相比，治理是一种内涵更为丰富的现象。它既包括政府机制，但同时也包含非正式、非政府的机制，随着治理范围的扩大，各色人和各类组织等得以借助这些机制满足各自的需要、并实现各自的愿望 没有政府的治理是可能的，即我们可以设想这样一种规章机制：尽管它们未被赋予正式的权力，但在其活动领域内也能够有效地发挥功能	詹姆斯·N. 罗西瑙主编：《没有政府的治理》，张胜军、刘小林等译，江西人民出版社 2001 年版，第 5 页
罗伯特·罗茨（Rhodes）	治理意味着统治的含义有了变化，意味着一种新的统治过程。列举了六种关于治理的不同定义：（1）作为最小国家的管理活动的治理，指国家削减公共开支，以最小成本获得最大收益。（2）作为公司管理的治理。（3）作为新公共管理的治理。（4）作为善治的治理。强调效率、法治、责任的公共服务体系。（5）作为社会—控制体系的治理，指政府与民间、公共部门与私人部门的合作与互动。（6）作为自组织网络的治理。指建立在信任和互利基础上的社会协调网络	罗茨：《新治理：没有政府的管理》，《政治研究》1996 年第 154 期
格里·斯托克（Gerry. Stoker）	梳理了各国学者对作为一种理论的治理提出的五种观点：（1）治理意味着一系列来自政府，但又不限于政府的社会公共机构和行为者对传统的国家和政府的权威提出了挑战。（2）治理意味着在为社会和经济问题寻求解决方案的过程中，存在着界线和责任方面的模糊性。（3）明确肯定了在涉及集体行为的各个社会公共机构之间存在着权力依赖。（4）治理意味着参与者最终将形成一个社会网络。（5）治理意味着办好事情的能力并不仅限于政府的权力，不限于政府的发号施令和权威	格里·斯托克：《作为理论的治理：五个论点》，《国际社会科学》（中文版）1999 年第 2 期

续表

概念提出者	主要观点	资料来源
全球治理委员会	治理是个人和各种公共的或私人的机构管理其共同事务的诸多方式的总和。它是使相互冲突的或不同的利益得以调和并且采取联合行动的持续的过程。它既包括有权迫使人们服从的正式制度和规则，也包括各种人们同意或以为符合其利益的非正式的制度安排。它有四个特征：治理是一个过程；治理过程的基础是协调；治理既涉及公共部门，也涉及私人部门；治理不是一种正式的制度，而是持续的互动	全球治理委员会：《我们的全球伙伴关系》，牛津大学出版社1995年版，第2—3页
俞可平	治理的基本含义是指在一个既定的范围内运用权威维持秩序，以增进公众的利益	俞可平：《治理理论与中国行政改革（笔谈）——作为一种新政治分析框架的治理和善治理论》，《新视野》2001年第5期
王诗宗	相对于统治，治理是一种趋势，这一趋势必定意味着国家（政府）社会关系的调整；调整的目的在于应对原先政治社会格局中的不可治理性；在调整中，政府之外的力量被更多地强调，国家中心的地位可能在一定程度上被国家、社会和市场的新的组合所替代；同时，治理也是对国家—市场两分法的否弃	王诗宗：《治理理论及其中国适用性》，浙江大学出版社2009年版，第41页

续表

概念提出者	主要观点	资料来源
何哲	治理最终是基于个体心理空间的治理。"善治的最终实现和评价,并不是基于抽象的指标和个别个体的评价,而是由实际社会中的每一个体具体的感受与评价综合汇集形成的。"社会治理能形成普遍的好的评价,就需要实现对个体心理空间的复杂需求结构的满足,包括信仰层面、自由层面、信任层面、公正层面、秩序层面、生存层面等六个层面的治理满足	何哲:《"善治"的复合维度》,《公共管理与政策评论》2018年第5期
李连江	广义的治理是通过人为干预恢复自然秩序,是实事求是地求善。狭义的治理是社会政治治理,即治国、治世、治官、治民,是求善政,善政是公平、正义、长久的秩序	李连江等:《中国基层社会治理的变迁与脉络——李连江、张静、刘守英、应星对话录》,《中国社会科学评价》2018年第3期
张静	真正有效的治理,存在一些深层的问题,即社会结构的平衡如何建立的问题。一个社会的基本秩序,需要有一些基础关系的配置和平衡,有了这种配置和平衡,则不需要过度的管理	李连江等:《中国基层社会治理的变迁与脉络——李连江、张静、刘守英、应星对话录》,《中国社会科学评价》2018年第3期

资料来源:笔者整理自制。

西方学者对治理作出了许多新的界定,我国俞可平教授对西方学者的观点进行了总结,认为治理是指"在一个既定的范围内运用权威维持秩序,以增进公共利益"[①]。大多数学者对治理的理解和阐述都是基于宏

---

① 俞可平:《治理理论与中国行政改革(笔谈)——作为一种新政治分析框架的治理和善治理论》,《新视野》2001年第5期。

观角度，或者从经济维度，或者从政治维度，或者从文化维度，或者从社会价值维度，或者从社会结构平衡维度等对治理进行阐释，但近年来随着学界的深入研究，也有学者提出基于社会个体的角度对治理进行理解，认为"治理最终是基于个体心理空间的治理"[①]；有学者提出，治理的目的是寻求"社会结构的平衡"[②]。综合各位学者的观点，一般认为，治理具有以下主要特征。

（1）治理权威：治理作为一种政治管理过程，也需要权威，才能保证维持正常的社会秩序。但这个权威不一定是政府部门，这与统治不同。治理是依靠合作网络的权威。它强调在公共管理领域内，政府与其他社会组织共同构成了相互依存的治理网络体系。该网络体系的运作逻辑是以谈判为基础，强调行业主体之间的对话和协作，通过持续不断的对话，产生的交换信息，增进了解，加强沟通，降低冲突，增进合作。从而突出了"治理"的民主功能。

（2）治理主体：治理的主体应是多元的。

（3）权力运行的向度：不同于以往"统治"中单一的、自上而下的权力运行向度，"治理"中权力运行的向度是多元的、上下互动的。

（4）治理的方式：正式的强制管理和民主协商谈判妥协并存；正统的法规制度和非正式的措施、约束条例共同作用。

（5）治理的目的：从宏观角度来讲，治理的目的是"求善"，追求"善政"，实现社会发展和公共利益的最大化，实现社会结构的平衡。从微观角度来讲，即从公民个体角度评价治理，认为"治理最终是基于个体心理空间的治理"，治理的最终目的，是让每一个公民过上自己满意或者幸福的生活，宏观的治理状况无非是无数国民幸福和满意的叠加，最终，也只有无数的普通公民能够评价治理好坏。[③]

（二）治理、元治理与国家建构

治理理论从兴起到现在的 20 多年间，其理念和主张并非一成不变

---

① 何哲：《"善治"的复合维度》，《公共管理与政策评论》2018 年第 5 期。
② 李连江等：《中国基层社会治理的变迁与脉络——李连江、张静、刘守英、应星对话录》，《中国社会科学评价》2018 年第 3 期。
③ 何哲：《"善治"的复合维度》，《公共管理与政策评论》2018 年第 5 期。

的。早期的治理理论的创始人之一罗西瑙提出"没有政府的治理",认为管理活动的主体不一定必须是政府,也未必需要依靠国家的强力来实现管理。① 政府在治理中是否应该处于可有可无的状态呢?治理理论的兴起是对国家失败和市场失灵的反思。市场失灵和国家失败在现代社会中都是难以避免的,既不可能有全能市场,也不可能有全能政府。而治理正是在国家和市场之间的不完善的结合之外的一种新选择。治理强调的多中心参与,其参与力量出现了多元化和分散化。不同于传统的公共行政在具体的组织内关注政治—行政二分,治理将大量存在于组织和行为主体间的复杂关系作为关注的焦点。② 在治理的多元主体中,国家与其他治理主体的地位和作用并非完全平等。杰索普提出了"元治理"的概念。"元治理"即"治理的治理",旨在对市场、国家、公民社会等治理形式、力量或机制进行一种宏观安排,修正各种治理机制之间的相对平衡,并且重新调整它们的相对分量,重新组织和重新整合治理机制之间的复杂合作。③ 在元治理中,政府的重要性并没有被削弱,而是要求重新建构国家和政府在社会治理中的作用,以便形成能够实现多中心治理的制度环境。在元治理中,国家要积极发挥以下这些作用:建立并维护治理体系的规则和秩序,设计各种治理主体需要共同遵守的规章制度;搭建协商对话平台,组织公开、公正、透明、有效的决策网络;建立信息交换与反馈机制;在多元治理力量对治理目标产生争议和治理过程中产生冲突时充当"上诉法庭",并组织由其他治理主体构成的"陪审团";多元治理力量产生冲突时政府要倾向性地代表"弱势方"的利益;等等。"国家要在治理和元治理中发挥作用,必须废黜自身在社会中的最高地位,在反思中向公民社会和市场放权,与其建立起一种合作伙伴关系。"④

(三)治理理论的民主观点

治理理论的民主论点未遵循政治与行政的两分,它突出了民主的

---

① [美] 詹姆斯·N. 罗西瑙主编:《没有政府的治理》,张胜军、刘小林等译,江西人民出版社 2001 年版。
② [英] 杰瑞·斯托克、楼苏萍、郁建兴:《地方治理研究:范式、理论与启示》,《浙江大学学报》(人文社会科学版) 2007 年第 2 期。
③ 郁建兴:《治理与国家建构的张力》,《马克思主义与现实》2008 年第 1 期。
④ 郁建兴:《治理与国家建构的张力》,《马克思主义与现实》2008 年第 1 期。

行政功能，可以说，是对传统的代议制民主的一种矫正，在传统的代议制民主的框架内增加了"直接民主"的成分，并将民主的功能扩大到了行政领域。① 治理的实践活动也表明，行政不一定与民主相排斥，②治理的民主功能可能会提高政府有效管理的能力。③ 治理理论强调公民参与，描述了多中心、多层次的民主参与图像及运行机理，其参与式民主模式更能渗透到行政过程中，更加具有现实性。治理理论的民主观点主要包括以下四个方面。④ 第一，民主的核心制度并非民族国家。民主的实现需要地方、区域、民族国家乃至国际层次的协同实践。在公共服务中，中央政府应扮演推动者、规制者和标准设定者。第二，公共服务提供必须是多元的。第三，民主的组织形式既可以是全国性的也可以是区域性的。第四，问责是一种更全面的过程。人们应该有更多的机会与公共服务的提供者进行直接的对话，并对其进行有效监督。⑤

（四）治理理论运用于基层社会治理的适用性

治理理论起源于欧美发达国家，西方治理概念中的多元治理、第三部门等也是以西方的民主自由的观点为理论根基的。治理理论在中国是否适用？治理理论对中国的基层社会治理是否适用？

随着经济社会的发展、公民民主意识的觉醒、信息技术的快速进步，社会事务治理面临着前所未有的复杂性和多样性，如果再沿用传统的自上而下发号施令的单一的强制管理方式，将会面临着社会管理的失败和混乱。在这样的环境下，必须寻求一种新的柔性的民主的多元治理方式。基层社会治理是面向基层民众的治理，治理的好坏，不光影响着民生质量、政府的公信力，也影响着社会的安定与和谐。在现代政治学中，"治

---

① P. Frissen. Politics, *Governance and Technology: A Postmodern Narrative on the Virtual State*, MA: Edward Elgar Publishing, 1999. p. 122.

② J. Pierre and B. G. Peters, *Governance, Politics and State*, New York: St. Martin's Press. 2000. Chapter 7.

③ B. G. Peters, "Governance and Comparative Politics", in J. Pierre, ed., *Debating governance*, New York: Oxford University Press. 2000. pp. 36 – 53.

④ 王诗宗：《治理理论与公共行政学范式进步》，《中国社会科学》2010 年第 4 期。

⑤ P. Hirst, "Democracy and Governance", In J. Pierre, ed., *Debating Governance: Authority, Steering, and Democracy*, New York: Oxford University Press, 2000. pp. 13 – 35.

理（governance）还包含有方式、方法和技巧的含义"①，治理是需要技术的。基层社会治理中，强调"参与""谈判""协商"，这种新的治理方式与当前基层社会治理的需求是一致的。治理提倡的法治精神、多元和宽容意识、公民参与等现代化要素②也是我们基层社会治理所需要的。

治理理论中的"元治理"概念，也强调了政府的重要地位。有人认为，治理理论在中国是有局限的，其中一个重要原因是中国不像西方那样有发育良好的公民社会，民间组织独立性缺失，社会与国家的关系依然是"弱社会—强国家"的关系。元治理理论认为，虽然政府不再是社会治理的权威，但他在社会治理中仍然承担着主要的作用，承担着建立共同规则和制度的重任。"元治理"的理念对当前中国的社会治理是很适用的。当前及以后很长一段时期，政府在基层社会治理中都会承担着重要作用，但治理内涵的多元主体、参与、谈判、协商、民主等理念都会融入今后的基层社会治理之中。中国基层治理可以用一段时间实现"善政"向"善治"的转变。

善治的实现离不开个体的评价。如果每个公民都能过上自己满意或者幸福的生活，无数公民满意或幸福的累加，则是国家的"善治"。公民的幸福，既是基于客观的要素如财富、安全，也是基于主观的要素，如公平、自由、民主、友爱等。如果基层社会得到了良好的治理，则公民的幸福感会得到提升。在基层社会治理中，时刻让公民感受到公平、自由、民主、友爱、受尊重的氛围，在某种意义上就是基层"善治"的反映。

国家层面的治理与基层社会的治理既有共性，也有个性。共性是：都体现在治理有效、民主参与、公平正义、廉洁高效等方面。个性是：位于基层的城乡治理，更关注秩序性、参与性、成本性与稳定性。要实现善治，一定要有公民的参与和民主协商。要实现城乡社区的善治需要

---

① 何俊志：《权力、观念与治理技术的接合——温岭"民主恳谈会"模式的生长机制》，《南京社会科学》2010年第9期。

② 薛澜、张帆、武沐瑶：《国家治理体系与治理能力研究：回顾与前瞻》，《公共管理学报》2015年第3期。

公众的参与，与政府、社会组织等主体就公共事务进行民主协商。当前，基层社会的许多改革和治理转变，也正是围绕着多元政治参与、协商民主、公平正义等理念开展，有望经过较长一段时间的城乡社会治理探索，实现基层社会的善治。

张静的治理观点，强调社会结构的平衡，一旦实现了一些基础性关系的配置和平衡，则不需要过度的管理。将协商机制嵌入基层社会治理，其实也是在寻求一种基层社会结构的平衡，使"协商会""民主恳谈会"等作为一个基层机制来平衡利益冲突问题，实现城乡基层社会的和谐治理。

综上所述，治理理论是适用于基层社会治理的。

二 协商民主理论

（一）协商民主理论的代际传承与多元流派

西方协商民主理论产生于 20 世纪后期，是伴随着对自由主义民主理论的批判及参与式民主、政治治理等理论的兴起而发展起来的。20 世纪后期，由于西方社会本身的发展，以及各种社会问题的此起彼伏，西方民主理论发生了"以投票为中心"向"以对话为中心"的民主转向，协商民主成为民主理论的新发展。1980 年，约瑟夫·毕塞特发表了《协商民主：共和政府中的多数原则》，他在文中提出了"deliberative democracy"的概念后，学界诸多领军人物如哈贝马斯、罗尔斯、乔恩·埃尔斯特、大卫·米勒等人都开始关注协商民主并且不断拓展其研究内容和研究范围，协商民主研究炙手可热，并在化解道德冲突、实现社会整合、创新社会治理模式、提升民主品质等方面表现出强大的优势。[①] 随着西方协商民主理论经过近 40 年的发展，协商民主理论体系不断拓展，研究内容不断丰富，研究脉络和流派渐趋庞杂多元。学界普遍认为，协商民主大致经历了三代研究者，在研究者的代际传递中不断丰富和向纵深拓展；各种研究流派错综复杂，观点多元。

表 2-2 简明列举西方协商民主经历的三代研究者及其主要观点。

---

① 夏晓丽：《代际传递、理论延展与政治实验：西方协商民主研究三十年》，《西南民族大学学报》（人文社科版）2017 年第 5 期。

表 2-2　　　　　　　　协商民主研究的代际传承

年代划分	主要贡献及不足	代表学者	代表著作
第一代协商民主（1980—1990年）	构建协商民主理论的哲学基础和研究范畴，争论协商民主的规范和正当性、对该理论的组织以及该理论的必要组成要素。但未考虑到当代社会的复杂性	约瑟夫·毕塞特，尤尔根·哈贝马斯，安东尼·吉登斯，约翰·罗尔斯，伯纳德·曼宁，乔舒亚·科恩	《协商民主：共和政府的多数原则》（毕塞特）、《民主的三种规范模式》（哈贝马斯）、《超越左与右》（吉登斯）、《公共理性观念再探》（罗尔斯）、《论合法性与政治协商》（曼宁）、《协商与民主合法性》（科恩）
第二代协商民主（1990—2000年）	着重讨论西方社会的现实多元挑战及协商民主制度化等问题	詹姆斯·博曼，丹尼斯·汤普森，艾米·古特曼，约翰·德雷泽克，爱丽丝·杨	《公共协商：多元主义、复杂性与民主》（博曼）、《民主与分歧》（汤普森）、《协商民主及其超越：自由与批判的视角》（德雷泽克）、《交往与他者》（爱丽丝·杨）
第三代协商民主（2000年至今）	重点研究协商民主制度化问题并探索其可操作性的具体政治实验。尝试将第二代协商民主理论运用到不同的政治情境中	詹姆斯·菲什金，伊森·里布，马克·沃伦，亨利·米尔纳，约翰·盖斯特尔，巴伯，巴特莱特，帕金森，欧佛林	《协商日》（菲什金）、《民主理想的实验：协商民意测验与舆论》（菲什金）、《设计协商民主：英属哥伦比亚公民大会》（沃伦）、《民主与协会》（沃伦）、《加拿大哥伦比亚省的选举改革与协商民主》（米尔纳）、《协商民主手册：21世纪有效的公司参与战略》（盖斯特尔）

资料来源：夏晓丽：《代际传递、理论延展与政治实验：西方协商民主研究三十年》，《西南民族大学学报》（人文社科版）2017年第5期；[英]斯蒂芬·艾斯特：《第三代协商民主（上）》，蒋林、李新星译，《国外理论动态》2011年第3期。

第一代学者如哈贝马斯和罗尔斯，主要对协商民主进行理论建构，阐释协商民主的理论内涵和宏观构想，但未考虑到社会的复杂性。他们认为，理性交流最终会带来统一偏好的改变，最终达成共识，是唯一可行的交往形式。他们对协商民主只是一种理想化的预设。

第二代协商民主理论者，如詹姆斯·博曼、艾米·古特曼、丹尼斯·汤普森等，在对协商民主制度化设计时着重考虑了多元文化和社会现实的复杂性，以应对协商民主理论和实践层面面临的各种挑战，他们试图将理论与实践融合起来，以应对协商民主发展中的各种质疑。第二代协商民主研究者认为，人们是受自身利益驱使的，不同的利益虽然能够在协商中暂时调和，但却难以根本解决。假设公民接受由此产生的多数人的决定并继续参与协商，那这样的讨论就是公开的、有效的。博曼称之为"多元共识"（Plural agreement），古特曼和汤普森称之为"协商分歧"（deliberative disagreement）。

第三代学者如詹姆斯·菲什金等将关注的重点转向制度安排，开始重视协商民主的技术性和经验研究，具体探索协商民主制度化及可操作的政治实验。詹姆斯·菲什金做了"协商日"政治实验和"协商式民意调查"；亨利·米尔纳和马克·沃伦跟踪加拿大英属哥伦比亚的公民大会的政治实践；罗伯特·巴特莱特等注重协商民主理论在不同的场域中的运用。第三代协商民主也注重解决特定情景下的具体问题，如巴伯和巴特莱特，关注跨国协商民主，帕金森关注协商议程的设置，欧佛林则关注如何构建一个包容性国家身份的问题。[①]

协商民主理论作为一个发展中的理论，有着多个流派，各个流派之间也存在着争论和分歧。[②] 如英国学者卡多·布劳格（Ricardo Blaug）从政治学的角度将协商民主理论分为共和主义的协商民主、后现代的协商民主、普遍主义的协商民主等三种类型。[③] 安德烈·贝希蒂格（Anrdre

---

[①] ［英］斯蒂芬·艾斯特：《第三代协商民主（下）》，蒋林、李新星译，《国外理论动态》2011年第4期。

[②] 钱再见、唐庆鹏：《国外协商民主研究谱系与核心议题评析》，《文史哲》2015年第4期。

[③] Ricardo Blaug, "New Developments in Deliberative Democracy", *Polotics* 16（2）（1996）: 71–77.

Bachtiger）等人以哈贝马斯的思想为分水岭，将协商民主理论派分为"新哈贝马斯主义者"的类型Ⅰ和"超哈贝马斯主义者"的类型Ⅱ，前者注重协商过程，后者注重协商结构和产出。① 诺埃里·麦加菲（Noelle McAfee）将协商民主分为三种类型，即以哈贝马斯和罗尔斯为代表的支持规范研究的"理性的程序主义协商民主理论"、以博曼为代表的注重解决具体问题的"综合协商民主理论"和以菲什金等为代表的注重实际行为的"以偏好为基础的协商民主理论"。② 此外，还有学者将协商民主理论分为以罗尔斯思想为基础的"英美主义"和以哈贝马斯思想为基础的"欧洲大陆主义"两种研究路线。③ 这些流派观点多元、互为补充。

（二）协商民主的概念和内涵

协商民主概念的提出，经过了一个不断拓展和丰富的过程，协商民主研究者赋予了其不同的内涵。协商民主从政治体制、政府形式，拓展到治理形式、决策机制等，这个过程使协商民主概念和内涵越来越丰富。

总结以上这些对协商民主的理解，陈家刚认为："协商民主就是基于人民主权原则和多数原则的现代民主体制，其中，自由平等的公民，以公共利益为共同的价值诉求，通过理性的公共协商，在达成共识的基础上赋予立法和决策合法性。"他还提炼出了协商民主的一些主要特征：多元性、合法性、程序性、公开性、平等、参与、责任、理性等。④

（三）协商民主理论运用于基层社会治理的适用性

西方协商民主的发展本身也是跟社会治理联系在一起的。协商民主经过第二代、第三代理论家的发展，也更关注协商民主可操作的政治实验。大量的协商政治实验，证明了协商民主的巨大潜能，认为协商民主"能够有效回应文化间对话和多元文化社会认知的某些核心问题，尤其强调对公共利益的责任、促进政治话语的相互理解、辨明所有政治意愿，

---

① André Bachtiger et al., "Disentangling Diversity in Deliberative Democracy: Competing Theories, Their Blind Spots and Complementarities", *Journal of Political Philosophy*, 18 (1) (2010): 32 - 63.

② 谈火生编：《审议民主》，江苏人民出版社2007年版，第48—58页。

③ 李强彬：《国外协商民主研究30年：路线、视角与议题》，《教学与研究》2012年第2期。

④ 陈家刚：《协商民主与当代中国政治》，中国人民大学出版社2009年版，第24—28页。

以及支持那些重视所有人需求与利益的具有集体约束力的政策"①。

当前,我国处于社会转型期,人们呈现出多样化的利益诉求,同时由于民主意识的深入人心,人们的权力意识已然觉醒。如果他们的利益诉求不能通过正当渠道得以表达,则可能通过非正当渠道进行表达,这时就可能采用极端行为进行表达和抗争。基层社会是与群众利益密切联系的地方,也是社会矛盾最为集中的地方。随着城市化的推进,征地拆迁、分红、环保等问题不断涌现。如何建立一个尊重和包容不同利益、集聚意愿表达的有效的制度,同时又不触动政治基础、维持社会稳定,协商民主在基层社会治理中的作用开始凸显,多元主体对社会公共事务的协商共治成为社会治理趋势。

---

① Jorge M. Valadez, *Deliberative Democracy, Political Legitimacy, and Self-Democracy in Multicultural Societies*, Colorado: USA Westview Press, 2001, p.30.

第 三 章

基层社会治理的现实挑战与变革诉求

第一节 农村基层社会治理的历史演变与实践探索

一 我国农村基层社会治理的历史演变

国家与社会关系是学界研究社会变迁的主要视角，也是理解中国农村社会治理的主要视角。这一理论范式来源于西方，是植根于西方社会发展的历史中的，洛克和霍布斯的国家与社会学说影响深远。国家与社会关系范式自20世纪90年代引入中国后，学者们对中国国家与社会关系进行探索，所持观点大致有三种[1]。一是附属说。附属说又包括两种观点，即认为国家高于社会，或社会高于国家。这种观点在本质上都是肯定一方而否定另一方。二是对立说。认为国家与社会的关系是后者对前者的对抗，但又认为试图夺取集权政府权力或试图分享这个权力是没有意义的，生活在集权体制下的人民在处理国家和社会关系时可以持消极回避的态度，让专制国家成为一种"空壳"[2]。三是互动说。即建构国家与社会间良性互动的关系。这种良性互动能够更好地应对各种社会问题和社会风险，避免重蹈各种失灵——市场失灵、政府失灵、社会失灵的

---

[1] 杨向鹏：《"国家—社会"关系视角下的当代中国民生建设研究》，博士学位论文，中央财经大学，2018年，第14页。

[2] 邓正来：《国家与社会：中国市民社会研究》，北京大学出版社2008年版，第12页。

覆辙。① 也有学者在此基础上提出了共生型国家社会关系。认为"随着国家对社会治理的日益重视，中国的国家社会关系开始呈现出新形态，即共生型国家社会关系"。国家与社会的关系并非是"此消彼长的，而是形成了专业主导、嵌入共生和党建引领基础上的良性互动"②。

从国家与社会互动和共生的视角研究中国农村社会治理是有积极意义的。农村社会治理是国家治理的一个重要方面，如果常住人口接近6亿的农村社会实现了善治，那么国家实现善治则来日可期。农村基层社会治理的模式是伴随着农村重大的经济体制改革而进行的，也在一定层面上反映了不同时期国家与社会的关系。回顾中国农村的基层社会治理历程，国家与农村社会的关系一直难以形成良好的互动，反而呈现此消彼长、力量互斥的结果，割裂了两者的合意。③ 当前，农村基层社会治理中，国家权力的边界在哪里？农村社会的责任和探索方向是什么？应如何发挥国家和农村社会二者的合力，促进其良性互动？本节拟从"国家—社会"关系视角对以上问题进行探讨。

（一）传统时期：国家权力难以渗透乡村社会

一般认为，古代中国乡村社会治理奉行"皇权不下县"，国家权力一般只到达县这一级，国家对乡村社会既不干预，也不为其提供服务。虽然行政权力的触角想伸向社会各个角落，但又想回避高昂的社会管理成本及可能带来的负面影响，最佳选择便是在一元行政体制框架下，依托以亲缘、地缘和业缘为纽带的家族、乡里坊和行帮等社会基层组织进行治理。④ 乡村社会的流动性不强，村庄是熟人社会关系网络的载体。乡村社会人的行为遵从费孝通先生说的"社会公认的合式规范"，乡村社会通过制定家法族规和乡规民约规范组织成员的行为和日常生活秩序，避免违法或不良行为，调处成员间的纠纷等，从而进行自我管理。非正式制

---

① 杨敏：《"国家—社会"的中国理念与"中国经验"的成长——社会资源的优化配置及公共服务与社会治理的创新》，《河北学刊》2011年第2期。

② 宋道雷：《共生型国家社会关系：社会治理中的政社互动视角研究》，《马克思主义与现实》2018年第3期。

③ 孙强强、李华胤：《乡村弹性化治理：一个概念性框架及其三重维度——基于"国家—社会"关系历史演进的考量》，《南京农业大学学报》（社会科学版）2021年第1期。

④ 窦竹君：《传统中国农村基层社会管理及其现代价值》，《河北学刊》2012年第2期。

度和家族、宗族及乡村精英在传统乡村治理中发挥了较大的作用。

（二）人民公社时期：国家对农村社会全面控制

人民公社成立后，打破了农村的自治功能，取缔了宗族和士绅在乡村治理中的政治地位，通过村社组织的行政化使国家权力向农村社会全面渗透。这种政社合一的人民公社体制，其实是一种"政府全权统治模式"[1]，人民公社是社会主义政权在农村中的基层单位。国家对农村社会主要是"汲取"关系。政府基于国家发展战略，通过汲取农业剩余资本发展工业，"在无法获取国外资源的前提下，人民公社为完成中国工业化的原始积累立下了汗马功劳"[2]。当时农民这种严重的负担却被人民公社这种制度所掩盖，因为是通过农村集体组织间接征收，农民的感受反而不那么深刻。[3]

人民公社时期的农村社会治理，也主要是基于政府的单一权力和单向度的权力运行模式，国家权力深入农村基层，对农村社会实行一元化领导。国家与农村社会的关系即为国家与集体的关系，国家对乡村社会牢牢控制，农民被紧紧束缚在集体村社。从当时国家总体的社会治理状况来看，我们的社会呈现出"政府管控"的局面，国家与社会高度重合，呈现出国家—社会一体化的特征。农村社会亦不可能例外。在党的十一届三中全会以前，国家与农村社会的关系都是这种人民公社制度下的强控制关系，即"强国家—弱社会"的关系。国家权力的过度扩张，破坏了农村社会的内生权威，造成了农村社会对国家的全面依附。

（三）农业税时期：靠征收税费与农村社会密切联系

1978年党的十一届三中全会召开，在会议精神的指引下，农村实行了以家庭联产承包责任制为内容的农村经济体制改革。之前的政社合一的人民公社体制由于与新的经济体制相抵牾而解体。1982年《宪法》改变了人民公社政社合一的体制，重新规定乡、民族乡、镇为我国农村基层政权组织。中国农村开始"政社分开"，建立乡政权，农村的政治体制

---

[1] 于水、杨萍：《"有限主导—合作共治"：未来农村社会治理模式的构想》，《江海学刊》2013年第3期。

[2] 贺雪峰、苏明华：《乡村关系研究的视角与进路》，《社会科学研究》2006年第1期。

[3] 吴理财：《中国农村社会治理40年：从"乡政村治"到"村社协同"——湖北的表述》，《华中师范大学学报》（人文社会科学版）2018年第4期。

由"政社合一"的人民公社体制转变为"政社分开"的"乡政村治"格局。所谓"乡政村治",即国家的基层政权建立在乡镇一级,乡镇以下实行村民自治。①"乡政",即国家政权到乡镇一级为止,意味着国家权力从村级治理中退出;"村治",即村级管理实行自治,实现乡村社会的自我民主管理。乡政村治是国家与农村社会关系的重新调整。理论上讲,"乡政村治"将国家的宏观管理与村民的自主管理结合起来了,既能保证国家的有效管理,又能使农民以制度化的方式进行政治参与,化解矛盾,避免冲突。这场改革是国家对乡村社会强控制的治理方式转变,家庭制度重新回归,"乡镇政权成为国家控制农村的中枢"。但是,国家下派乡村的事权有增无减,乡镇政府为了完成大量的经济社会管理职能,设立了"七站八所"。赋权后的乡政在财政上并未赋能。乡村两级为了维持正常运转,行使行政职能及履行必要的公共服务职能,不得不对农民进行摊派、集资、罚款等以获得财政汲取。因而,在农村改革后,人民公社制度解体,人民公社掩盖下的农民负担问题日益显现,20世纪80年代逐渐沉重。除了上缴给国家的农业税收,农民还必须承担上交给行政权的公积金、公益金和管理费等"三提"及上交给乡镇政府的教育附加费、计划生育费、民兵训练费、乡村道路建设费和优抚费等"五统"费用,以及其他收费。乡镇政府因收取各种税费而保持着与农民的较为"密切"的联系。国家政权与农民关系仍然紧张。村干部为了完成各种收费,充当了乡镇政府的代理人,在村民自治中的权威也日益下降。在行政权力的侵蚀下,村民自治有名无实。

(四)税费改革初期:国家权力悬浮于农村社会

21世纪以后,中国的城乡关系发生了根本性的变革。2002年,党的十六大首次提出"统筹城乡经济社会发展"。党的十六届三中全会把统筹城乡发展作为科学发展观的重要组成部分,放在"五个统筹"之首。党的十六届四中全会作出我国总体上已经进入以工促农、以城带乡发展阶段的重要判断。

从2001年开始,为了进一步减轻农民负担,规范农村收费,农村税

---

① 徐勇:《论中国农村"乡政村治"治理格局的稳定与完善》,《社会科学研究》1997年第5期。

费改革逐步在部分省市进行试点。2006年，在全国范围内全面取消农业税。农村税费改革后，取消了"五个统筹"和农村教育集资，调整了农业税和农业特产税等，农民的负担大大减轻，农民也不再成为地方政府财政的主要来源。相反地，国家不断扩大了对"三农"的投入，形成了以良种补贴、种粮直接补贴、农机具购置补贴、农资综合直接补贴等农业四项补贴为主，涵盖增加收入、生产发展、流通领域、社会保障、社会事业、基础设施等各种类型的补贴政策体系。[1] 以农业为主的县乡，其财政收入以中央和县乡的转移支付为主，农村公共事业的支出责任也在调整和改革中逐渐上移到县级政府。可以说，农村税费改革后，国家与农村社会及农民之间的关系发生了根生性的转变。国家解除了对农业的直接贡赋，加大了对农村的财政投入，提供了更多的农村公共服务供给，为乡村两级提供了财政保障。

国家力图通过税费改革将国家和农民的关系转变为"服务型"关系。然而，这一转变并未顺利实现，以乡镇政府为中心的基层政府因为不再收取农业税而割断了与农民的联系，也没有成为为农村提供公共服务的主体，基层政府"悬浮"于乡村社会之上，乡村治理成效不佳。[2] 国家权力虽然离场，但农村自治力量却并未兴起，社会自主性没有得到充分发展。而且税费改革的一个意外后果是加剧了农民个体与村庄集体和农村基层政府的疏离，以及农村社会的"空心化""个体化"[3]，这为农村社会治理提出了新的难题。

（五）新时期：国家权力内嵌于农村社会

新时期，国家对"三农"问题越发重视。农村工作是全党工作的重中之重，没有农村的现代化，就没有全国的现代化，没有农村小康社会的全面建成，就没有全国小康社会的全面建成。从2010年起，中央在连续九年的一号文件中，突出了统筹城乡发展主题。2013年，习近平考察湖南湘西时首次作出了"精准扶贫"的重要指示。2014年，中办规制了

---

[1] 时文彦：《充实和转变职能　强化乡镇财政管理的探讨》，《财政研究》2010年第2期。

[2] 周飞舟：《从汲取型政权到"悬浮型"政权——税费改革对国家和农民关系之影响》，《社会学研究》2006年第3期。

[3] 吴理财：《中国农村社会治理40年：从"乡政村治"到"村社协同"——湖北的表述》，《华中师范大学学报》（人文社会科学版）2018年第4期。

精准扶贫的顶层设计，使精准扶贫思想落地。2017年，党的十九大将乡村振兴战略作为国家战略提上党和政府的重要议事日程。2018年，中共中央政治局会议审议了《国家乡村振兴战略规划（2018—2022）》。国家用战略规划的方式来发展农村，农村不再是实现国家现代化的阶段性手段，而成为发展目标本身。① 农村治理革命到来了。

党和政府加大了对农业的投入，加大了城市对农村的"反哺"，国家对农村社会不断进行资源输送、人才输送。"国家权力以项目、下派第一书记、加强农村基层党建、财政支付村干部报酬等方式全面进入农村社会。"② 村党支部书记、村干部的基本报酬由财政支出，并将部分村干部纳入乡镇干部管理模式中。同时，通过乡镇干部任村党支部书记和代理村委会主任，向村庄下派第一书记、输送大学生村官等方式，向农村外部输入村干部。在党政体制的背景下，国家通过基层党组织建设来治理乡村社会，将党和国家的意志贯彻到乡村社会。同时，新时期，党和国家对农村社会的大力投入也通过资源、项目等方式源源不断地输往农村，以夯实农村基层社会治理的基础。新时期的介入是以促进农村发展为目的的介入，是以激活农村发展活力为目的的介入。国家与农村社会之间保持适度的弹性，为农民参与和村民自治留有适当的空间。

二 农村基层社会治理中的民主探索

一方面，农村社会治理是与农村经济社会发展要求相适应的，是伴随着农村的重大体制改革而进行的；另一方面，农村的社会治理又是与国家的整体治理变迁逻辑相统一的。

党的十九大报告在加强和创新社会治理领域，提出要建立共建共治共享的社会治理格局。党的十九大将农村社会治理问题置于乡村振兴的战略高度，在党委领导、政府负责、社会协同、法治保障的框架下加以开展。中国社会治理的新目标应定位与经济发展水平相匹配，与建设社

---

① 景跃进：《中国农村基层治理的逻辑转换——国家与乡村社会关系的再思考》，《治理研究》2018年第1期。

② 景跃进：《中国农村基层治理的逻辑转换——国家与乡村社会关系的再思考》，《治理研究》2018年第1期。

会主义强国的要求相协调,与依法治国相匹配,与国家治理现代化相适应。面对乡村社会治理中的各种困境,各地进行了多样化的探索。

"乡政村治"格局下,村民自治有了较大的发展空间。虽然自治的探索是一个漫长的过程,但不可否认,在各地的探索中也涌现出了一些典型案例,取得了一定的经验。村民自治的核心内容是"五个民主",即民主选举、民主协商、民主决策、民主管理、民主监督。村民自治的探索和创新主要是围绕这些方面开展的。

(一) 农村治理中的选举民主探索

农村治理中关于民主的探索从未停止。比较典型的民主探索有早期的推选村党支部书记的"两票制""两推一选""公推直选""海选"制度等等。

"两票制"最初是山西省河曲县城关镇党委在群众强烈要求下启动的村党支部选人机制。由全体村民选出信任的党员,确定为党支部候选人,再召开党员大会正式投票选举。[①] 该民主方式缓解了紧张的干群矛盾,密切了党群关系,化解了社会矛盾,促进了社会稳定。后来,"两票制"的选举方式不仅在山西省广泛推广,还在全国其他地方如内蒙古、河南、河北、安徽、四川、广东等地逐渐推广。

后来,有些地方的实践中,创造出了"两推一选""公推直选"的党支部选人机制。该机制在 2000 年中共中央办公厅下发的《关于在农村开展"三个代表"重要思想学习教育活动的意见》中受到了肯定。"两推一选"分别由党员和村民民主推荐党支部的候选人,经上级党组织考察后进行党内选举。"公推直选"是通过党员自荐、党员群众联名推荐及党组织推荐三个环节产生支委候选人,再由全体党员选举产生。"海选"是指由村民直接提名候选人并根据提名得票多少按照差额选举的原则确定正式候选人。这些民主选举方式一时间在全国农村党支部选举中广泛推广。

甚至,仅仅在村级党支部选举中的民主选举已经不能满足村民的民主参与要求。1998 年,四川省遂宁市步云乡还举行了"乡长直选",作为

[①] 董江爱:《"两票制"、"两推一选"与"一肩挑"的创新性——农村基层党组织执政能力建设的机制创新》,《社会主义研究》2007 年第 6 期。

基层政府首脑的乡长由民主选举产生，一时轰动全国。

诸如此类的选举民主创新，在全国还有许多其他方式，都曾经轰轰烈烈地存在过，但最终都无疾而终。究其原因，大致有制度设计本身可能存在缺陷；创新缺少内生动力，主要由领导单向推动等原因。选举民主能决定谁来治理，但却不能保证他如何治理。在很多时候，民主选举之后的村务决策、管理和监督几乎无人问津，基本上都是精英按照自己的意愿进行。① 在以民主选举为重心的村民自治中，村民只是参与三年一次的选举，选举结束之后便退居"幕后"，由选举人变为被治理人，人民的权利受到了极大的限制。②

(二) 农村治理中的协商民主探索

如何实现农村基层社会的"善治"，单靠选举民主恐怕难以奏效。如何能在制度设计中，让"五个民主"即民主选举、民主协商、民主决策、民主管理、民主监督均融入其中，让村民切实参与村庄公共事务的管理？实际上，协商民主在社会治理中的决策、管理、监督作用都有所体现，而选举民主在协商代表的选取中也发挥了作用。为了便于理解，本书拟将地方农村基层治理中的协商民主探索大致分为决策型协商民主、管理型协商民主、监督型协商民主三种类型。③ 其实，不管怎样分类，各类协商民主之间的边界都非常模糊，互相交叉，常常混用，如民主恳谈会既涉及行政决策，也涉及行政咨询和协调，也用于行政监督，而行政听证模式既用于决策，也用于管理，等等。各地在基层治理中不断探索出各种协商路径，为群众参政议政开辟了渠道。

1. 决策型协商民主

政府决策的正当性来自它的公共性，政府决策应当以公共利益为目标。公共选择理论认为，作为决策者的政府官员也有经济人的一面，也要追求自身利益，其在决策时，往往会借社会利益之名行机构私利之实，这当然就难以作出正确的决策，必然导致政府失效。公民参与是公共决

---

① 章荣君：《从精英主政到协商治理：村民自治转型的路径选择》，《中国行政管理》2015年第5期。

② 王可园：《协商治理：村民自治有效实现的路径选择》，《行政论坛》2017年第2期。

③ 朱凤霞、陈昌文：《地方政府治理中的协商民主：治理逻辑与现实可能》，《科学社会主义》2016年第6期。

策的本质属性——公共性的内在要求，是政治民主化、行政民主化发展的需要，也可以弥补政府决策的有限理性。决策型协商民主的协商路径很多。诸如：

民主恳谈会：创于1999年的温岭民主恳谈会有乡镇一级的民主恳谈会和村一级的民主恳谈会，是温岭市乡镇党委、政府与群众平等交流的渠道，恳谈会的内容是当地的重点工作及群众普遍关心的问题，如拆迁赔偿、村庄整治、公园建设规划、学校撤并等重大决策，都是通过民主恳谈会达成一致，形成决策的。民主恳谈会成为村民的生活方式和乡镇政府及村党支部及村委会的执政方式，老百姓的意见在决策中受到重视和尊重，决策过程公开透明，受到老百姓的好评。

村民会议：我国的《村民委员会组织法》规定了涉及全体村民利益的重要问题，应当提请村民会议讨论，并规定，年满18岁以上没有被剥夺政治权利的村民都有权参加会议。村民会议或村民代表大会协商的是基层单位的具体事务，如村集体经济所得收益的使用，村办学校、村建道路等村公益事业的经费筹集方案，村民的承包经营方案，宅基地的使用方案，等等。这样的协商民主具有直接民主的性质，协商的结果往往也会产生直接的社会效应。

村民决策听证：指在作出重大的、影响当事人权利义务关系的决定之前，听取当事人陈述、申辩和质证。听证会主要围绕着与基层社会生活关系密切的政府公共政策或政府解决各种社会矛盾的管理措施而展开，体现了政务公开、公民参与和多方协商的原则。这种听证会实际是政党、政府与基层群众之间的交流和协商。较大比例的听证都属于决策型协商民主，当然，在管理型协商民主和监督型协商民主中，听证也发挥了较大的作用。

2. 管理型协商民主

各地在农村基层社会治理的探索和创新过程中，探索出了许多基层公共事务或公益事业管理的民主参与制度，创造了多样的协商路径。诸如：

内蒙古自治区开鲁县委、县政府在群众上访较多、矛盾相对集中的吉日嘎郎吐镇试行嘎查村级事务民主管理机制，即"十步工作法"，取得实效，该镇由过去的上访大镇变为零越级上访镇，并获得"通辽市矛盾排查化解工作先进集体""开鲁县政法信访综治维稳先进单位"等荣誉称号。自治区将该协商管理模式称作"开鲁模式",并将其在全市所有嘎查村全面推开。① 贵州省福泉市以小区为单位,由社区党组织牵头,党员干部、物业公司、小区志愿者三方参与,组建以7—12人为一组的综合治理服务队106支,通过开展"小恳谈"、发放宣传册,广泛收集民情民意,弥补了网格员与居民对接的最后一米,让小区治理真正做到了"有人抓、有人管、有人理"。② 重庆市开县麻柳乡通过实行"八步工作法",推进了政府与村民的共同治理,顺利解决了"行路难""饮水难""上学难""通信难""用电难""看病难""看电视难"等实际问题,群众能够参与并监督乡村决策、实施和管理的全过程,充分调动了村民参与自治的积极性。同时还重建了政府的权威,也缓解了过去十分突出的干群矛盾。"八步工作法"不仅在重庆市乡镇一级得到广泛推广,而且被运用到县委、县政府的重大决策中。③ 四川仪陇县在村务管理中探索出了"五权模式",即强化村党支部的领导权,规范村民会议的决策权,落实村委会的执行权,保证村民小组的议事权,保障农民群众的监督权。"五权模式"使过去难以解决的村务管理难题如群众生产生活用水、沼气使用、新建乡村公路等问题依靠群众协商、凝聚民智、汇聚民力得到了解决,90%以上的村有了立村富民产业,农民的人均收入也有了大大的提高。④

由于与人民群众利益攸关的大量决策和管理工作,多发生在乡镇、村或街道、社区等基层,这些地方也是社会矛盾最突出的地方。如果村、乡镇一级的利益纠纷以及村民与基层政府的冲突不能得到有效化解,他们则可能选择非制度性的行为来表达自己的诉求,甚至爆发各种群体性事件。这也是基层政府不断探索出一些有效的协商路径的原因所在。

3. 监督型协商民主

监督型协商民主的协商路径也较多,列举如下。

---

① 《内蒙古开鲁县探索"532"民主决策监督管理机制》,载《基层协商民主典型案例选编》,人民出版社2015年版,第66页。
② 《福泉多元共治打造文明和谐小区》,《贵州日报》2022年12月1日第12版。
③ 《重庆开县农村八步工作法:问计于民造福于民》,新浪网2004年7月4日,www.sina.com.cn,2023年7月17日。
④ 《四川省仪陇县 推行村务管理"五权"模式》,《农村工作通讯》2009年第22期。

参与式预算：实施参与式预算改革是对政府预算引入民众参与和监督的一种探索。这样的探索，有失败的案例，也有成功的经验。2010年，四川省巴中市巴中区白庙乡启动"财政预算公开及民主议事会"，试图全面开展预算公开和公众监督，遗憾的是，这项改革阻力重重，迫于外界压力而流产。而云南省盐津县的乡镇参与式预算改革虽然是在县级实施、在乡镇级预算参与，但其是云南省财政厅在财政体制改革总体构思中的试点，所以，这一创新模式实际具有更大的支持平台和更广泛的扩展前景。[①] 云南省盐津县的试点，将政府基本运转以外的所有非指定的公共财力全部纳入公民决策和受公民监督，赋予了公民监督权实质性的意义，是一种值得继续探索、完善和推广的监督型协商民主路径。2006年，温岭市新河镇将"民主恳谈"与公共预算改革结合起来，"民主恳谈会"也从传统的"民主恳谈"走向了"参与式预算"，在温岭多个乡镇推广并坚持至今。

互联网公共论坛：互联网公共论坛已经发展成为实现民意表达的工具，在信息化时代的作用不可小觑。越来越多的网民通过微博、微信、博客、大型BBS等网络媒介，就某些社会热点问题、自身利益问题等展开讨论，引发关注，形成网络舆论。由于网络操作简单，不再局限于一时一地的时间或空间限制，网络论坛信息发布又具有即时性、公开性、互动性、匿名性等特点，参与者不论年龄大小、身份悬殊，在网络上都能平等表达，深受网民喜爱。随着网民权利意识的觉醒，越来越多的网民参与公共讨论，关注公共政策，监督政府工作，形成了一种新的政治势能。如果某网络舆论引发社会广泛关注和不断深挖，将可能引发国家的政治决策。网络公共论坛更多的是对政府治理发挥着监督作用。网络就是一个巨大的不同于传统的协商空间，网民通过在线讨论、网络投票、远程监督，与政府之间直接对话、即时沟通、频繁互动，表达自己的诉求和意见，这些诉求和意见在协商中被加工成公共意见，对政治组织施加着影响力，也发挥着监督作用。从某种程度上说，互联网公共论坛为政府与公众直接协商提供了可能，是监督型协商民主在新时代的一种实践方式。

[①] 贾西津：《参与式预算的模式：云南盐津案例》，《公共行政评论》2014年第5期。

4. 协商民主中的民主选举

在农村社会治理中，选举民主并非与协商民主对立和互不相干，其实二者还互为补充。选举民主在协商治理中的作用主要体现在协商代表的选取和协商结果的投票方面。如关于协商代表的选举，各地的探索已经进入技术层面，操作各不相同。有些地方的协商代表是通过选举产生的，如彭州市的协商代表是通过层层选举产生。5—15 户村民选举产生 1 名村民代表组成村民小组议事会，村民小组议事会再按规定比例选举村民议事会成员（一般为 20—50 人），村民议事会成员加驻村单位代表（每个单位 1 位代表）组成镇社会协商对话代表（20—59 人）。[①] 云南省盐津县为群众参与预算设计了一套完整的"推选+抽选"程序，"推选"指每个村分配 2 名群众议事员的名额，由村两委开会选举产生。[②]

综上，乡村社会对协商民主的探索，实际上是将民主选举、民主协商、民主决策、民主管理、民主监督等"五个民主"融入乡村治理中。协商民主对农村公共事务的治理及决策发挥了主要作用，同时，在协商代表的选举和协商决议的监督中也有民主选举和民主监督的影子。这就改变了之前以民主选举探索为中心的农村社会治理格局。而且，将协商民主引入农村社会治理，确实化解了许多社会矛盾，促进了村级公共事务决策的合法性、增强了村民政治参与的政治效能感，维护了社会的稳定。因而协商民主在农村社会治理中的探索并没有像选举民主一样轰轰烈烈一时后就沉寂下来，反而表现出了较强的生命力，并且在全国各地不断涌现新的形式。在协商治理中，村民成为村庄公共事务治理的参与者，而不是被动的决策接受者。

三　农村社会治理的转型逻辑

2020 年是我国全面建成小康社会的收官之年，拥有庞大人口数量的农村同步进入小康社会。2020 年 11 月 23 日，随着贵州省政府宣布 9 个

[①] 朱凤霞、陈昌文：《中层设计：基层协商民主的制度化探索——对成都彭州市社会协商对话的考察》，《行政论坛》2018 年第 5 期。

[②] 韩福国：《超越"指定代表"和"随机抽样"：中国社会主义复式协商民主的程序设计》，《探索》2018 年第 5 期。

县退出贫困县序列，至此，我国832个贫困县全部脱贫，但打赢脱贫攻坚战、全面建成小康社会并不是我们奋斗的终点。农村社会治理是国家治理的一个重要方面，没有农村社会治理的现代化，就没有国家治理的现代化，而我国乡村社会治理水平和能力还需要在探索中不断提升，以推动国家治理体系和治理能力现代化。

改革开放40余年来，农村取得的经济和社会建设的成就举世瞩目，但是诸多社会秩序发生了变化，人们社会交往中的差异性、多样性、不平等性增加，人们有着多样化的利益诉求。基层社会是众多社会矛盾的集聚地，随着改革开放进入深水区，各种矛盾纠纷和社会冲突不断显现出来。基层社会的矛盾纠纷日益多样化，并从传统的邻里纠纷、婚姻家庭矛盾、小额借贷纠纷等向拆迁安置、征地补偿、劳资纠纷、医患纠纷、交通事故维权、环境保护等社会难点和热点问题扩散，并且呈现出各类利益群体"抱团"的趋势。随着互联网的普及，网络空间围绕医疗、教育、环保等问题形成的网络围观、网络声讨等现象也不鲜见。伴随着40余年的改革开放历程和市场经济的推进，从国家全面控制下摆脱出来的公众权力意识开始觉醒，获得了一定的自主空间和自主决断能力，他们渴望参与公共决策。"如果政治体系无法给个人或团体的政治参与提供渠道，个人和社会的政治行为就可能冲破社会秩序，给社会带来不稳定。"[1]传统的刚性的自上而下的统治方式已不适应，柔性的协商式的互动的治理方式成为需要。

当前，随着乡村振兴工作的持续推进，农村经济社会建设均得到了较快的发展，农民收入不断提升，农民福祉不断增加，农村公共服务不断完善。但是，当前的农村社会治理也面临着一系列的困境。一是农村治理主体力量薄弱。改革开放以来，随着城市的快速发展以及户籍等壁垒的逐步破解，农村青壮年劳动力大量向城市流动。尤其是税费改革以后，地方政府与农民之间的最后的常规性联系被打破，人与人之间的关系倾向于原子化、松散化，村民成为自由流动的个体。尤其是大量青壮年和乡村精英外流，许多村庄人口结构失衡，剩下老人、妇女和儿童留

---

[1] [美]塞缪尔·亨廷顿：《变革社会中的政治秩序》，李盛平、杨玉生等译，华夏出版社1988年版，第56页。

守，土地撂荒现象严重，村庄日益空壳化。村民的大量离场，严重削弱了乡村治理主体，使乡村治理陷入主体缺乏的困境。二是公民社会成长缓慢，民间自治组织发展不足。"国家—社会"理论设定了公民社会发育的自发性，它假定随着国家从基层社会退出，公民社会必然随之形成。[①]党的十一届三中全会以后，乡政村治实行，尤其是税费改革之后，国家放松了对农村社会的管制，但农村公民社会并未随着国家权力的撤退而自然发育，而是一方面国家权力悬浮于社会之上，另一方面社会自身的自主性并未恢复，而村民自治也出现了结构性失衡。在农村社会，各地也涌现出了一些专业合作组织、趣缘组织、村民自治组织等，如猕猴桃种植协会、生猪养殖协会等民间经济自治组织和老年骑游协会、中老年腰鼓队、老年棋牌协会等民间娱乐组织等，这虽然在一定程度上增强了农民的凝聚力，加强了村民的认同感和归属感，活化了村民关系，激发了乡村活力，实现了乡村整合，但发挥的作用还远远不够，村民的参与也很有限。三是农村"地方性共识"丧失，公共精神消解。当前行政村的人口规模已经超出"熟人社会"的范围。大多数村民间只停留在"认识"的阶段，已经不像传统乡村社会血缘与地缘合一，村民沾亲带故、彼此熟识了。伴随着现代化的进程，农村社会也日益开放，农村的社会流动性日益增加，农村社会的社会生活边界不再清晰，农村社会不再是封闭的社会空间，农村社会的多元性和异质性增加，共同的价值认同弱化、舆论失灵、"面子"贬值，在"熟人社会"起着约束作用的"地方性共识"也逐渐丧失，以互惠、信任、社会关系网络为基础的社会资本不断消解，乡村公共精神日益消解。

历史的经验表明，农村社会治理既不能仅依靠政府的力量，使国家权力全方位强势渗透破坏农村的自主性，造成社会治理"内卷化"，也不能让国家权力"悬浮"于农村社会之上任由自治缓慢发展。应通过一种合理的方式，既保证当前农村治理主体力量薄弱、社会组织发育不足、农村公共精神消解的情况下，对农村社会实现价值引领、制度供给、公共服务供给，又要保证充分发挥农村社会的内生动力，有充足的自治空

---

① 杜鹏：《村民自治的转型动力与治理机制——以成都"村民议事会"为例》，《中州学刊》2016年第2期。

间。新时期，国家与乡村社会不应是你进我退的关系，而应是合作共治、良性互动的关系。有些地方对协商民主嵌入农村社会治理进行了探索，取得了良好的效果。协商民主，恰恰为农村社会治理提供了多元利益诉求合法表达的平台和渠道，它既不会威胁到现有政治制度，也为基层群众的政治参与提供了空间，也许"协商民主正是新型政府与社会关系的重构方式"①。可以尝试通过协商民主，重塑国家与乡村社会的关系，促进国家与乡村社会的良好互动、合作共治。

四 国家与农村社会关系的重构与良性互动

（一）国家的职责与权力边界

新时期，国家权力带着资源、资金、项目深入农村基层社会，是要形成国家权力与社会力量的合力，共同推动农村社会的善治和发展。国家权力的主要作用是要实现对农村的价值引领和共同体重建，实现对农村的制度供给、资源投入和公共服务供给，以及培育社会组织，同时又为乡村自治留有空间。

1. 实现对农村的价值引领和共同体重建

贺雪峰指出，农民对农村失去主体感，这种主体感即"农民与乡土的利益关联、情感眷恋和价值归属"②都在降低。郎友兴认为，农村社区是最具有滕尼斯意义的共同体，这个"共同体"是"基于共同的历史、传统、信仰、风俗及信任而形成的一种亲密无间、温情脉脉、相互信任、默认一致的共同体"③。而现在，这个共同体却在不可避免地衰落。杨郁等指出，农民如果不能够被重新关联，农村共同体经过现代化的洗礼后如果不能蜕变重建，农村的社会治理将很难摆脱困境。④重建农村共同体，最重要的是对其进行价值引领和文化重建，这项艰巨的任务单靠农

---

① 韩福国：《作为嵌入性治理资源的协商民主——现代城市治理中的政府与社会互动规则》，《复旦学报》（社会科学版）2013 年第 3 期。
② 贺雪峰：《新乡土中国》，北京大学出版社 2013 年版，第 8 页。
③ 郎友兴：《村落共同体、农民道义与中国乡村协商民主》，《浙江社会科学》2016 年第 9 期。
④ 杨郁、刘彤：《国家权力的再嵌入：乡村振兴背景下村庄共同体再建的一种尝试》，《社会科学研究》2018 年第 5 期。

村社会自身很难胜任，需要国家权力发挥作用。

党的十八大以来，党中央高度重视农村基层党建工作。近年来，各地纷纷向农村派驻第一书记、党建指导员、驻村干部等，其目的在于向乡村治理中注入领导力资源，推动精准扶贫工作，提升为民办事水平和治理水平，加强农村基层党组织的领导地位，发挥基层党组织对农村的价值引领作用，促进村风改变。有些农村宗族势力、家族势力长期把持村务，有的农村村匪村霸、邪恶团伙危害一方，有的农村安于现状、小富即安、不思进取……越是贫困落后的农村越难以留住精英人才，越难以实现优秀领导力的内生，这就需要国家通过派驻驻村干部、加强党的建设等形式实现领导力的供给，帮助肃清农村的不稳定因素，传播先进的思想文化和价值观念，改变农村社会一盘散沙的局面，增强党组织的凝聚力和影响力，培养和挖掘村庄优秀人才和社会精英，促进村风改变，重新构建农村共同体。确立党在农村社会治理中的领导地位，有利于摆脱基于传统对抗性活动中产生的政治不信任关系，从而构建更加良性的"互动关系"。[①]

2. 实现对农村的制度供给、资源投入和公共服务供给

农村的制度供给是乡村社会稳定、农民安居乐业、社会管理有效的保障，而制度供给需要依靠国家权力来实现。国家对农村的制度供给主要包括：首先，经济权利的保障制度如土地产权制度、财产保护制度、农业产业扶持制度等；其次，国家应对社会自治提供有效的制度供给。[②]在中国基层的实践中，有些地方是由地方政府主动实现农村自治制度供给，有的地方是在总结地方实践经验的基础上将其上升为制度供给。总之，国家在社会治理中具有优势地位和决策优势，合理的制度供给能够为社会治理提供合法空间，实现国家与社会的良性互动。

目前，在乡村振兴的大背景下，国家需要对农村社会投入大量的资源、资金、项目等。为了使国家资源投入能真正用在刀刃上，发挥最大效用，可以通过协商对话、民主恳谈、参与式预算等基层协商民主方式，

---

① 宋道雷：《共生型国家社会关系：社会治理中的政社互动视角研究》，《马克思主义与现实》2018 年第 3 期。

② 任剑涛：《社会的兴起：社会管理创新的核心问题》，新华出版社 2013 年版，第 35 页。

实现国家资源与乡村社会的有效对接，使国家资源资金项目能真正惠及广大农民。

长期以来，由于财政资源的有限性以及城乡二元体制、农业哺育工业的制度安排，农村公共服务水平长期低水平发展，囿于总量不足、结构失衡的困局。目前，国家加大了对农村的投入，但农村的公共服务水平还是远远落后于城市。据学者调查，农民满意度排名靠前的公共服务主要是乡村道路建设、电力与通信设施建设、饮用水建设、基本医疗保障、基础教育等，但对养老、环境保护、农村合作信贷、文体活动、就业服务等公共服务满意度还比较低。[1] 国家需要构建出公共服务的有效供给机制，从而提升农村公共物品的质量，同时借助优质公共物品和公共服务的提供，将健康的现代化生活方式、生活理念引入农村社会，实现农民生产生活的全面现代化及农村治理的现代化。

3. 培育社会组织

由于"强国家，弱社会"的传统，我国基层社会组织长期发育不良。乡政村治后，农村公民社会并未随着国家权力的撤退而自然发育，社会自身的自主性并未恢复。推动农村社会治理，需要农村社会组织的培育和发展壮大。社会组织有利于聚集弱小者的力量，使其在参与公共事务的过程中更好地为群众的利益发声。国外发达国家和地区与社会组织的合作治理实践表明，社会组织在促进经济发展、提供公共服务、反映群众诉求、维护社会稳定等方面的作用日益重要，[2] 但我国农村社会组织发展缓慢，参与社会治理的能力严重不足。关爽、于建兴等学者指出，当前中国的社会治理可以称作"国家主导的社会治理"。由于当前社会力量参与公共事务的能力较为欠缺，社会成长所需的组织和机制建设都不健全，影响社会治理能力和治理水平的提升，因此还需要国家给予扶持和能力培育。[3] 笔者在调研中发现，有些基层政府正尝试引入和培育一些社

---

[1] 张立荣、李名峰：《满意度和需求度二维耦合视角下的农村公共服务现状研究——以湖北省为例》，《中国行政管理》2012年第2期。

[2] 唐奕主编：《基层治理之路——来自基层实践者的中国梦》，中央编译出版社2016年版，第273页。

[3] 关爽、郁建兴：《国家主导的社会治理：当代中国社会治理的发展模式》，《上海行政学院学报》2016年第2期。

会组织参与公共事务治理。① 当前，在社会尚不能自己"运转起来"的时候，应探索国家（政府）与社会多样化的合作方式，并通过国家（政府）的力量扶持和培育各类社会主体是有必要的。

（二）农村社会的责任和探索方向

1. 积极探索公共问题的协商机制和弹性治理形式

有效的切实可行的制度设计既不可能凭空构想，往往也没有现成的模式可以参考，通常需要基层社会在实践中探索出来。② 脱离了基层实际的制度设计也只能是空中楼阁。近年来，在"乡政村治"格局下，村民自治有了较大的发展空间，不少地方围绕"五个民主"即民主选举、民主协商、民主决策、民主管理、民主监督探索村民自治的有效形式。尤其是围绕"选举民主"的探索曾经如火如荼。比较典型的选举民主探索有早期的推选党支部书记的"两票制""两推一选""公推公选""海选"等形式，这些探索都曾经轰动一时并多地推广，但大都无疾而终，没能坚持下来。

而有些地方结合当地实际本着解决实际问题探索出的"协商民主"反倒表现出强劲的生命力。如浙江温岭于1999年创建的民主恳谈至今已有20余年的历史，仍然生机勃勃，它就是从泥土里生长出来的民主机制，经过长期的探索后由政府将其制度化。民主恳谈已经成为镇村两级的执政方式、当地解决实际问题的一种工作方式以及当地群众的生活方式。四川彭州的社会协商对话制度也是在之前已有的村民议事会制度的基础上将议事层面扩大到镇村两级，并加入了驻村单位，是村民议事会的扩大版。没有多年来对村民议事会的探索和经验累积，也不可能有协商对话制度。③ 乡村协商民主，实际上是将民主选举、民主协商、民主决策、民主管理、民主监督融入乡村治理中，农民成为农村公共事务治理的参与者而不是被动的接受者，这就改变了之前村民在民主选举结束后

---

① 朱凤霞、陈昌文:《中层设计：基层协商民主的制度化探索——对成都彭州市社会协商对话的考察》，《行政论坛》2018年第5期。

② 朱凤霞:《基层协商民主中的主体意愿与实践绩效——基于1002位乡镇干部问卷调查的分析》，《探索》2020年第6期。

③ 朱凤霞、陈昌文:《中层设计：基层协商民主的制度化探索——对成都彭州市社会协商对话的考察》，《行政论坛》2018年第5期。

便退居幕后，由选举人变为被治理人的状态。此外，还有的乡村对村规民约治理、乡贤治理、自治法治德治"三治融合"等的探索都取得了较好的成效。这些都可以看作对农村公共事务的协商机制，对国家与农村社会主体进行多样性合作和弹性治理的探索。国家（政府）对社会的介入不再是强势的干预和传统意义上的控制，国家与社会的关系转变为一种合作、协商的关系。

制度的完善是一个长期的动态过程，基层社会应在探索和实践中发现问题并不断完善，在此基础上由国家（政府）上升为制度安排，保证基层治理的有序化、制度化发展，避免因领导人员的变动而人走政息。完善的制度安排经过较长时间的运转后，政府少干预或不干预，社会也能有自己的内生动力，社会也能"自己运转起来"。

2. 农村协商主体的培育

当国家与社会的关系转变为协商与合作的关系，村民无疑也成为协商主体，在公共事务的决策中具有发言权。协商民主也强调参与协商成员的地位是平等的，强调他们拥有平等的话语权，同意或反对别人的观点是出于自愿而不受强制，同时自己所表达的观点也应受到同等的关注。然而，作为个体的协商代表在表达自己的意见时声音是微弱的，是难以受到重视的。碎片化的、个体化的利益表达很难引起关注。如果民众尤其是底层民众难以聚合成为共同的利益表达，当利益受损时，他们往往采用非制度化的表达方式进行抗争。"只有当参与者拥有同样的影响有效的社会自由的能力时，他们才真正具备了平等的地位；只有在这种平等的情形下，他们才有合理的期望来影响结果。"[1] 应当培育农村权力主体，聚合民众的力量与国家（政府）协商或合作。谁能聚合个体的利益表达为共同的利益表达呢？社会组织理应担负起这个职责。同时，农民由个体化转变为组织化，也能激发他们参与农村社会治理的积极性。培育社会组织不应只是政府的事情，更应是社会的事情。应培育各种形式的专

---

[1] James Bohman, "Deliberative Democracy and Effective Social Freedom: Capabilities, Resources, and Opportunities", Bohman and Rehg ed., *Deliberative Democracy: Essays on Reason and Politics*, MIT Press, 1997, 转引自陈家刚主编《协商民主与政治发展》，社会科学文献出版社 2011 年版，第 66 页。

业组织、行业组织等，这些都是农村社会建设的主体，应培养其参与公共事务的能力。

3. 释放农村社会的内生动力，重建农村共同体

农村共同体作为一种情感共同体、利益共同体和文化共同体，还在逐渐衰落。而农村共同体的重建、农村社会的发展归根结底还是要激发农村社会的内生动力，将原子化的村民组织起来，将衰落的乡村文化重建起来，将消解的公共精神重找回来。

不少村民即便离开家乡外出务工，对农村还是存在着难以割舍的社区感。目前社会科学对社区感的研究已经突破了将社区感视为一个有地理界线的概念，而更多地强调心理、社会与文化因素对社区感的影响。McMillan 和 Chavis（1986）指出社区感的形成和发展的四个关键成分，即成员资格、影响力、需求的整合与满足以及共同的情感联结。[①]"成员资格"指社区赋予成员在社区中的权利和义务，成员对社区具有归属感和认同感；"影响力"指成员和社区之间的相互影响；"需求的整合与满足"反映了人们能够从成员资格中获得的利益；"共同的情感联结"强调基于共同的历史、相似的经历等建立的社会联系。毫无疑问，有着相同的成长背景，受相同的历史、文化熏陶成长起来的村民有着地域、情感联系，以及相似的行为方式、价值观念等，他们对自己多年生活的农村社区有较强的归属感和认同感，因而他们之间有着难以割舍的社区感。

随着现代通信的发展，智能手机和社交媒体的普及使村民之间的信息交换极为容易，人们之间的交往早已突破地域的限制，虽然不能像外出务工前一样在村子里"抬头不见低头见"，但廉价的通信费用、便利的网络及社交媒体使人们即便在天涯也犹如咫尺。即便农村的社会生活出现了不同的面向，但仍有较大部分人员始终"面向村庄生活"。伴随着农耕季节和春节等时节，外出务工人员周期性地返乡，时不时见面，网上网下的联系使村民之间的交往得以延续。基于这样的背景，拓展社会公共领域成为可能。应构建农村公共话题的网络讨论平台，吸纳在外务工的村民参与农村公共事务的讨论，让网络成为加强村民情感连接，重塑

---

① McMillan, D. W. and Chavis, D. M. Sense of community: A definition and theory. *Journal of Community Psychology*, 14 (1) (1986): 6-23.

村庄共同体的重要平台。

（三）用协商民主促进国家与农村社会的良性互动

曹正汉等认为，国家与社会关系具有相当的弹性。所谓"国家与社会关系的弹性"，是指国家在制定政策、实施政策，以及在处理公务事务上，包括处理与民众有利益冲突的事务上，与民众进行沟通、协商与谈判的空间大小。① 正是这种弹性，为社会组织和公众参与地方公共事务留下了适当的空间。当前，国家对农村社会有了较多的介入，但是，国家与农村社会的弹性仍然较大，农村社会组织和公众参与公务事务的空间仍然较大。比如，以民主恳谈会、参与式预算、协商对话等形式的基层协商民主的蓬勃发展就是国家与农村社会弹性空间的表现，这种弹性也是维系政治和社会稳定的重要机制。②

当前，在社会力量薄弱、治理能力不足、不能靠自身运转的情况下，国家对农村社会治理有较多的介入也未尝不可。但国家仍需要把握好介入农村社会治理的度，把握好国家在农村社会治理中的边界，警惕国家权力扩张对农村自治权利的伤害。如前所述，国家在价值引领、制度供给、资源投入、公共服务供给、社会组织培育上的作为，并不会限制社会发展的空间、排斥社会发展的力量，反而能够实现自上而下的政府力量和自下而上的社会力量有效对接、良性互动。如果国家角色从直接的社会控制者转向制度提供者和协调者，较好地回应社会诉求，允许、引导和扶植社会组织的发展和民众的参与，让社会力量发挥更大作用，那么，国家与社会在应对社会问题、履行公共职能方面则能逐步确立起良好的合作关系，形成一种良性的互动关系和格局。同时，在国家的扶持下，社会力量在参与空间、行动空间和发展空间都能逐渐获得扩展，从而推动社会治理的发展。当社会力量成长到一定的程度，社会自身能够有效运转时，国家可以赋予社会更大的空间，让社会在治理中发挥更大的作用。国家与农村社会之间并非必然是你强我弱、非此即彼的关系。重构国家与农村社会的关系，重点在促进二者的良性互动，以实现国家与农村社会的力量互补，既将农村社会治理纳入国家治理体系的战略决

---

① 曹正汉：《国家与社会关系的弹性：1978年以来的变化》，《学术界》2018年第10期。
② 曹正汉：《中国上下分治的治理体制及其稳定机制》，《社会学研究》2011年第1期。

策，又充分激发农村社会的自治活力，最终实现农村社会的善治。

第二节 城市基层社会治理的历史演变与实践探索

城市基层社会治理是国家治理的重要方面，没有城市基层社会治理的现代化，就没有国家治理的现代化。城市基层治理的变迁是国家治理政策在微观层面的反映，也与当时的政治、经济、社会、文化等方面的大环境息息相关，是党和国家根据不同时期城市发展的形势和人民群众的需求变化不断调整的结果，也是各地在中央指导下的实践探索。

一 我国城市基层社会治理变迁历程

新中国成立以来，我国城市基层治理的制度变迁，经历了高度组织化的单位制、街居制改革，到单位制、街居制瓦解后的社区制探索，再到党的十八大以后的社区治理探索阶段。

（一）高度组织化的城市管制：单位制、街居制改革

这一时期指新中国成立到1978年改革开放前，是由行政指令引入实行的自上而下推动城市化进程。

传统中国社会的基层治理以建立在家族制度和伦理观念基础上的保甲制度为主。国民党统治时期，保甲制得以重建，并作为统治基层社会的工具。保甲组织的日常管理以征税、征粮和征兵为主，这种自上而下强加的行政体制并未能起到动员群众，实现国家与邻里结构的有效对接及解决民众基本的生活保障的作用；相反，其征税、征粮、征兵过程中显失公平的行为加剧了底层民众的痛苦，也滋生了腐败现象。因而中国共产党接管城市后，首先废除了国民党统治时期在各地设立的保甲制度，或者先利用保甲人员帮助完成城市接管任务，再着手改造和建立自己的基层组织。

中国共产党在多年的革命历程中认识到，要扭转中华民族被动挨打的命运，就需要把"一盘散沙"的人民群众组织起来，将其凝聚成一个强有力的整体，激发他们的积极性和主动性。基于这样的治理理念，从城市到农村，一个高度组织化的社会便逐步建立起来。

一方面,国家通过"单位制"这一组织形式将工厂、商店、学校、机关等有组织的居民管理起来,在新中国成立初期生产力水平低下的情况下,实现了较充分的就业、住房分配、劳保福利、子女入学等方面的计划和安排,甚至矛盾调解、思想教育均在单位内完成,单位人处于行政权力的控制之下,国家控制的一切资源都通过单位进行分配,国家权力的触角通过单位延伸到社会的每一个角落。单位不光承担着经济功能,同时还承担着政治功能和社会功能。[1] 不仅如此,单位作为治理的载体,还有着清晰的空间特征,还意味着一个相对封闭和固定的地理场所。工人下班后也不会脱离集体生活。[2]

另一方面,还有一部分无组织的街道居民,包括一些个体商贩、无业游民、家庭妇女等没有纳入单位的组织管理。于是,城市居民委员会便成立起来,成为城市基层治理的主体,并承担城市治理的组织化功能。

1949年10月23日,杭州市第一个居民委员会在上城区上羊市街选举产生,这是新中国的第一个居委会。[3] 之后杭州各区相继成立居委会和居民小组。1949年下半年,上海不少街道和里弄成立了各种居民福利委员会、福利会、互助会及行政委员会等相对较固定的基层组织。这些组织较好地发挥了发动群众和组织群众的任务。1950年11月,上海市通过开展冬防活动组成2020个冬防服务队,这些冬防服务队成为常设性居民组织,这便是上海市居民委员会的前身。[4]

1953年6月,彭真向毛泽东同志并中共中央递交了《关于城市街道办事处、居民委员会组织和经费问题的报告》,肯定了建立居民委员会的必要性,提出"即使是在现代工业较发达的城市中,仍有许多不属于工厂、企业、学校、机关的无组织街道居民,这种人口在有的城市中,甚至多至百分之六十以上",建立城市居民委员会的目的是"把街

---

[1] 路风:《单位:一种特殊的社会组织形式》,《中国社会科学》1989年第1期。
[2] 李威利:《空间单位化:城市基层治理中的政党动员和空间治理》,《马克思主义与现实》2018年第6期。
[3] 李皋:《基层治理七十年》,中国民主法制出版社2019年版,第45页。
[4] 郭圣莉、高民政:《建国初期上海市居民委员会创建的历史考察》,《上海行政学院学报》2001年第4期。

道居民逐步加以组织并逐渐使之就业或转业，为了减轻现在区政府和公安派出所的负担"；提出居民委员会的性质是群众自治组织，而不是政权组织，"它的任务，主要是把工厂、商店和机关、学校以外的街道居民组织起来，在居民自愿原则下，办理有关居民的共同福利事项，宣传政府的政策法令，发动居民响应政府的号召和向基层政权反映居民意见"①。1954年，第一届全国人民代表大会常务委员会第四次会议通过了《城市居民委员会组织条例》，首次以国家法律的形式确认了城市居民委员会的名称、性质和主要任务。该条例颁布后，全国各地城市都陆续建立、健全了居民委员会组织，到1956年，全国建立居民委员会的工作基本完成，正式开启了我国城市基层进入组织化的状态。新中国成立初期，城市基层社会的组织化包含双重递进的逻辑线路，即第一步通过建立基层群众组织将无组织的群众组织起来；第二步对这些基层组织实行全面统一领导。②基层社会实现了从保甲制向街居制的城市基层管理体制的转变，国家通过街居制这种高度组织化的形式，对"一穷二白、千疮百孔"的新中国进行工业化和现代化的改造。此外，中国共产党还废除了国民党统治时期的社会团体如旧市商会、旧工业会，并进行了新中国的人民团体如工商业联合会、工农妇青等职业团体的重建。这些重建的人民团体也被纳入国家治理体系，成为城市基层社会治理的重要力量。

由此，新中国成立初期，在城市基层社会管理逐步形成了以"单位制"为主，以"街居制"为辅的管理体制，国家通过这一组织形式管理单位职工、社会闲散人员、民政救济和社会优抚对象等，对当时积贫积弱、呈一盘散沙状的中国社会实现了高度的组织化，彰显了社会主义集中力量办大事的优势，集中了城市的人、财、物等资源进行工业现代化建设，同时实现了对城市全体社会成员的控制和整合，"达到了社会稳定和巩固政权的目的"③。这种城市治理方式，与当时中国的经济社会状况

---

① 彭真：《论新中国的政法工作》，中央文献出版社1992年版，第79页。
② 范逢春、谭淋丹：《城市基层治理70年：从组织化、失组织化到再组织化》，《上海行政学院学报》2019年第5期。
③ 何海兵：《我国城市基层社会管理体制的变迁：从单位制、街居制到社区制》，《管理世界》2003年第6期。

是高度契合的。一方面，在计划经济体制和全能型国家模式下，个人对单位具有高度的依附性，因而单位也对个人有较强的控制力。另一方面，强大的户籍制度、城乡二元分割制度、档案制度、就业分配制度等成为人口流动的壁垒，牢牢将人口固定在户籍地，阻碍着人口的自然流动。这种城市基层管理模式持续至改革开放前。

（二）单位制的解体及街居制的困境

改革开放后，单位制逐渐解体，街居制陷入困境。

中国的对内改革自农村率先突破，并随之迅速在全国经济领域内推行。改革开放后，中国社会发生了剧烈变迁。社会主义市场经济体制逐步建立，取代了高度集中的计划经济体制。以党的十一届三中全会为起点，中国人民进入了改革开放和社会主义现代化建设的新时期。

改革开放后，单位制失去了赖以生存的土壤，走向了崩溃与解体。一方面，高中集中的计划经济被打破，市场经济得以发展，资源配置方式转变，国家和单位不再是配置资源的唯一手段，资源配置由单位单一提供向单位、市场、社会等多途径转变。市场经济强调遵循市场规律和效率至上，国有企业建立现代企业制度，努力提高市场竞争力，事业单位改革管理体制，实行政企分开、政社分开。公有制经济不再是社会主义经济的唯一形式，非公有制经济得到了发展，私营企业者群体有较强的发展活力。另一方面，社会流动性加剧。改革开放后，随着社会保障制度、就业分配制度、户籍制度、档案制度等的改革和城乡二元格局的松动，我国城乡社会出现了前所未有的自由流动空间。大量的农民工从农村涌向城市务工；事业单位和企业之间、国企和外企之间也出现了大量的人员流动；出现了下岗职工、提前离岗职工等。在这样的背景下，单位制式微和解体。

城市基层的街居制也随着改革的大潮进行了一系的改革，实行党政分开、政社分开，取消了城市人民公社。街道委员会和革命委员会恢复为1950年中期的名称与组织方式——街道办事处与居民委员会。[1] 随着改革的深入和社会的转型，城市管理出现了许多新情况，街居制也面临

---

[1] 陈辉：《新中国成立60年来城市基层治理的结构与变迁》，《政治学研究》2010年第1期。

着不少新难题。① 一是职能超载。单位制瓦解后,其之前承担的政治行政和社会职能剥离出来,需要街居来承接。不仅如此,街居管理的对象和工作任务都大大拓展。随着人口流动加剧,外来人口的增加也为街居管理带来一定的压力,下岗分流人员、老龄化人口、无单位归属人员的增加也为街居管理工作增加了一定的工作量。工作任务也有较大的拓展,随着城市管理重心下移,街居管理增加了许多新的管理内容,如园林绿化、市容市貌、市场管理、民政福利、道路交通等。街居管理职能大大超载。二是职权有限,角色尴尬。街居管理的职能增加,职权却未相应增加。街居管理在财力和人力上受制于上级政府,而且没有独立的行政执法权和完全的行政管理权,这就造成街居组织处于尴尬的地位,居委会的地位尤其尴尬。实际上,居委会承担了区、街道各部门交代的繁多的工作任务,不堪重负,对上过分依赖,对下不能深入居民之中,获得居民的认可,导致其群众性自治组织的地位被虚化。"'行政化'的工作思维和运作方式必定导致城市基层管理部门公共服务功能不足。"②

因而,在市场化、城市化力量的冲击下,以"单位制"为主、以"街居制"为辅的"双重治理结构"③ 逐步走向瓦解。

(三) 社区制探索

该阶段为20世纪90年代至2012年党的十八大之前。

改革开放后,国家再不可能像之前通过"双重治理结构"将触角伸向社会的每一个角落,但客观上面临着社会发展的新形势新任务,基层社会治理需要寻求新的组织化方式,以街道和居委会为主体结构的基层政权正好担负起这样的历史责任。④ 单位制瓦解后,大量的社会管理任务从单位中剥离出来,下沉到社区。20世纪末,城市管理的资源、权力和责任开始向区政府及其以下层面移动,这是20世纪90年代以来国家治理

---

① 何海兵:《我国城市基层社会管理体制的变迁:从单位制、街居制到社区制》,《管理世界》2003年第6期。
② 陈雪莲:《从街居制到社区制:城市基层治理模式的转变——以"北京市鲁谷街道社区管理体制改革"为个案》,《华东经济管理》2009年第9期。
③ 张静:《中国基层社会治理为何失效?》,《文化纵横》2016年第5期。
④ 容志:《推动城市治理重心下移:历史逻辑、辩证关系与实施路径》,《上海行政学院学报》2018年第4期。

体系适应社会转型和社会结构变迁而采取的一种组织性调整。① 随着越来越多的人、社会矛盾和社会事务汇聚和沉淀到了社区，必须采取措施变革不适应要求的旧的管理和服务体制。② 基层管理体制改革的需求促进了社区建设的探索。

在这样的历史背景下，20世纪90年代中后期，各地城市基层社会治理开始了社区制探索。民政部首先选择在北京、上海、沈阳、武汉、青岛等地设立了26个"全国社区建设实验区"，通过几年的探索，总结出了几种典型的社区建设模式。③

上海模式代表了政府主导型的社会整合模式。其特征是行政覆盖式，将市区部分管理职能向街道让渡，扩大街道管理权限，加强街道的权力和作用，实现政府的行政管理重心下移。④ 1996年，上海市委、市政府召开了城区工作会议，提出了"两级政府，三级管理"的模式，即在市区两级政府的基础上，形成市、区、街道办事处三级纵向管理体制，扩大街道办事处的管理权限，授予街道社区事务的组织、领导、综合协调、监督、检查等行政管理职能。⑤ 如上海五里桥街道办事处就设立了市政管理委员会、社区发展委员会、社区治安综合治理委员会和财政经济委员会等四个工作委员会，使街道工作得到了延伸。

沈阳模式代表了居民自治导向的社会整合模式。其特征是通过行政授权，建立社区自治组织，并通过这一社会组织动员社会参与进行社会整合，形成"社区制"社会。⑥ 沈阳模式的第一项工作是重新划分社区，将城市社区定位于小于街道办事处，大于原来居委会的空间层面，将沈

---

① 容志：《推动城市治理重心下移：历史逻辑、辩证关系与实施路径》，《上海行政学院学报》2018年第4期。

② 詹成付：《关于社区建设的几个问题》，载《中国非营利评论》（第四卷），社会科学文献出版社2009年版，第123—126页。

③ 郭圣莉、张良：《改革开放以来中国城市社区制的形成及其推进机制研究》，《理论探讨》2020年第1期。

④ 郭圣莉、张良：《改革开放以来中国城市社区制的形成及其推进机制研究》，《理论探讨》2020年第1期。

⑤ 任远、章志刚：《中国城市社区发展典型实践模式的比较与分析》，《社会科学研究》2003年第6期。

⑥ 徐勇：《论城市社区建设中的社区居民自治》，《华中师范大学学报》（人文社会科学版）2001年第3期。

阳市内 5 个区原 2011 个居委会重新调整为 1295 个社区，并模仿国家政权机构设置，进行社区组织建构，设立了由社区党组织组成的领导层、由社区成员代表大会组成的决策层、由社区协商议事会组成的议事层和由社区委员会组成的执行层等四个层面的组织，形成了由党和政府领导，社会各方参与，群众自治管理区域化小社会。

江汉模式代表了政社合作导向的社会整合模式。其特征是通过政府主动转变职能，厘清政府与社区的关系，实现社区社会事务的自我管理。如江汉区满春街道办对原来社区承担的 40 项职能进行清理，明确了其中的 19 项由街道各部门承担，13 项由部门承担、社区居委会协助，8 项由居委会承担。明确了社区居委会的自治权力，政府部门面向社区，实现工作重心下移，做到工作人员配置到社区、工作任务落实到社区、工作经费划拨到社区、服务承诺到社区、考评监督到社区的"五个到社区"。

社区制的几种典型模式是城市在基层治理方面的探索，其对社区的定位、组织体系、运作方式各有不同，但在探索的过程中，不同模式之间相互借鉴和学习，也有融合的趋势。与单位制和街居制的管理不同，社区制在管理理念上，强调以居民为主，变管理为服务；强调治理主体和治理模式的多元化，由管理向治理转变。但从总体来说，这三种模式都代表了一种自上而下设计的，由政府主导的城市基层管理方式，"一般都是由政府发起，政府规划或参与规划，并由政府直接推动"[1]，因而在本质上大同小异，"模式之间的区别不具有实质性，所谓政府主导与自治之间的区别更多是出于理念上的期许"[2]。这些所谓成功模式无不与政府的协调和推动有关，同样，政府的控制和干预，也是社区建设和治理最大的掣肘。[3] 因此，这些模式并没有突破以"行政化"为主要特征的街居制在新环境下所面临的困境，仍然存在管理成本过高、管理绩效不佳、公共物品供给能力弱化、基层自治虚化等问题。

---

[1] 胡仙芝、曹沁颖：《加强城市社区建设 实现社会和谐发展——"城市社区建设"研讨会综述》，《中国行政管理》2002 年第 7 期。

[2] 郭圣莉、张良：《改革开放以来中国城市社区制的形成及其推进机制研究》，《理论探讨》2020 年第 1 期。

[3] 吴晓林：《中国城市社区建设研究述评（2000—2010 年）——以 CSSCI 检索论文为主要研究对象》，《公共管理学报》2012 年第 1 期。

(四)社区治理探索

这一阶段为 2012 年党的十八大至今。

党的十八大以来,城乡社区治理面临着新的背景。随着市场化改革的深入,人们的市场意识、产权意识、权利意识等不断觉醒,利益主体呈现多样化,而城乡社区共同体意识则日趋淡化;随着城市的快速发展,商品房小区、老旧传统小区、拆迁安置小区并存,对这些社区的治理难以适用单一的模式,社区的异质化对社区治理模式提出了新的挑战。

2012 年,党的十八大首次将"社区治理"写入党的纲领性文件,提出"在城乡社区治理、基层公共服务和公益事业中实行群众自我管理、自我服务、自我监督",党的十八届三中全会提出了"国家治理体系和治理能力现代化"的目标,城乡社区治理成为党中央的执政战略,被纳入国家治理体系和治理能力布局之中。有学者根据十八大以来决策层的相关论述,总结出新时期社区治理的总体要求,包括"以人民为中心""党建引领""重心下移""社会协同""基层群众自治""治理机制创新"等六个方面。[①]

民政部也先后确认了四批全国社区治理和服务创新实验区,以推动社区治理体系化实验。其中,2015 年 7 月,民政部发布了《关于同意将北京市西城区等 40 个单位确认为全国社区治理和服务创新实验区的批复》,其中 30 个单位的实验涉及"三社联动""多元共治""组织体系"等内容;2019 年,民政部同意将北京市石景山区等 31 个单位确认为全国社区治理和服务创新实验区,其中 16 个实验区的实验涉及"组织化""共建共治共享""三社联动"等内容。

在中央的指引下,各地对社区治理开始了深入探索,上海、北京、成都、杭州、武汉等地都推出了社区治理的政策体系,以创新改革破解基层治理的顽症痼疾,并总结出社区治理的一些典型模式。

如 2015 年 1 月,上海市委"一号课题""1+6 文件"发布,开启了新一轮基层社会治理改革的试验阶段。"1"是《中共上海市委上海市政府关于进一步创新社会治理加强基层建设的意见》;"6"是涉及街道体制

[①] 吴晓林:《党建引领与治理体系建设:十八大以来城乡社区治理的实践走向》,《上海行政学院学报》2020 年第 3 期。

改革、居民区治理体系完善、村级治理体系完善、网格化管理、社会力量参与、社区工作者的 6 个配套文件。新一轮社会治理改革通过区域化党建充分发挥党组织的整合优势,并在调整上下级政府的权力边界和分权模式上提出了新的改革思路,着力于厘清上下级关系和条块间权力配置,推动基层政府的职能转变,实现向社会领域的有序赋权,从而激发社会力量参与社会治理的热情,同时强化了公众和社区对基层政府自下而上的评价和考核,推动政府与社会公众之间的有序互动。[①]

又如北京市的"吹哨报到"机制。将党建引领和基层治理相融合,探索出了党建引领的"街乡吹哨,部门报到"的基层治理创新。该项创新坚持以问题为导向,以人民群众的需要和满意为指挥棒。对于反映公民强烈需求,以及公共管理的重点工作和具有现实紧迫性的问题,而依照法律授权执法范围,这些问题超出了属地街乡镇或单个部门拥有执法权限,基层或单一部门无法独立完成的事项启动"吹哨报到机制"。[②] 在发现问题方面,形成三个高质量的哨源:一是各区通过内部查找分析,梳理问题清单;二是通过小巷管家、社区工作者、群众组织和社区协商等途径,创造政府与公民沟通的良好媒介,鼓励公民表达需求;三是既通过电话热线、网络平台、微信微博、互动 APP 收集问题,也主动走访发现问题,第一时间收集民情民意。[③]"街乡吹哨,部门报到"改革本质上是立足于问需于民,以问题为导向推动有权机关协同履职;核心是党建引领,将"吹哨报到"改革纳入党建工作,列为"书记项目",以考核问责推进落实;前提是明晰权责边界,理顺职责关系,确保被吹哨的职能部门对公共事务有执法权,改变基层治理权责不匹配、条块分割相互推诿的痼疾。

各地在社区治理阶段的探索取得了一定的成绩,总结起来,其共同点大致有以下三点。一是治理理念发生了深刻变化,社会管理正逐步转变为社会治理。管理与治理一字之差,体现的是由自上而下的单一管理

[①] 李友梅:《对上海新一轮基层社会治理改革的思考》,《中国机构改革与管理》2015 年第 8 期。

[②] 孙柏瑛、张继颖:《解决问题驱动的基层政府治理改革逻辑——北京市"吹哨报到"机制观察》,《中国行政管理》2019 年第 4 期。

[③] 李昊:《基层治理七十年》,中国民主法制出版社 2019 年版,第 274—275 页。

方式转变为上下互动的治理模式,强调以人民为中心,重视公民的需求表达和考核评价。二是推动基层政府职能转变,厘清权责边界,强化向基层赋权。党的十八大以后,我国将基层作为社会治理的重心,城市社区又是基层治理的重点之一,尽可能将资源、服务、管理放到基层,使基层有职有权有物,更好地为公众提供有效服务。三是强化了党建对社区治理的引领作用,将党建引领与社区治理有机结合。办好中国的事情,关键在党,中国特色社会主义制度最大的优势是中国共产党的领导。基层治理,涉及体制、权力、利益等问题,只有在党的引领下才能实现实质突破。

当然,社区治理探索还有不少问题,如城市社区治理与居民需求之间还存在较大差距,对商品小区、安置小区、老旧传统小区没有提供差别化的公共服务,社会参与不足,社会组织发育不成熟等。

二 城市基层社会治理的转型逻辑

新中国成立后到改革开放前,我国以"单位制"为主,以"街居制"为辅的双重治理结构实际上是政府主导的行政型社区管理模式,这是在当时的整体社会结构下城市社区管理的必然选择,与当时的社会经济条件是一致的。单位作为协调资源调控和社会管理的一种形式,承载了社会管理的一切职能,在某种程度上与社会合二为一。在这样的背景下,即便《城市居民委员会组织条例》明确规定"居民委员会是群众性自治组织",但其却充当了政府部门的"腿脚",没有发挥自治组织的功能。这种整体性管理下的社会管理模式在充分发挥政府的动员能力,调动社会资源,集中力量办大事方面具有显著的优势,但不利于充分调动社区居民的积极性、主动性和创造性,及推动社会自治的发展。[1]

单位制、街居制解体后,随着街道和社区承担的社会职能日益增加,社会管理重心下移,政府不再是唯一的管理主体,政府由过去的大包大揽转变为城市社区建设的推动力量,注重发挥居民的主动性和积极性,推动社区的自治。在城市社区建设的探索中,涌现出了政府主导型、自治导向型、政社合作型等社区建设模式,虽然这些模式的总体差异性不

---

[1] 何绍辉:《政策演进与城市社区治理70年(1949—2019)》,《求索》2019年第3期。

大，都是自上而下设计的由政府主导的社区管理模式，但其管理理念已经发生了明显的转变，由管理转变为治理，由管理转变为服务，强调以居民为主、多元治理。2006年，国务院印发了《关于加强和改革社区服务工作的意见》，提出了加强社区服务体系建设的要求，要求建立覆盖社区全体成员、服务主体多元、服务功能完善、服务质量和管理水平较高的社区服务体系。城市社区建设的理念发生了巨大的变革。

2012年，党的十八大后，社区管理转变为社区治理。党的十八大首次把"社区治理"的概念写入党的纲领性文件，党的十八届三中全会将城乡社区治理纳入国家治理体系和治理能力现代化的改革布局。2017年，《中共中央 国务院关于加强和完善城乡社区治理的意见》颁发，强调"注重发挥基层群众性自治组织基础作用""进一步增强基层群众性自治组织开展社区协商、服务社区居民的能力""统筹发挥社会力量协同作用""增强社区居民参与能力"。该文件为新时期城市社区治理提出了总体要求，有利于实现党领导下的政府治理和社会调节、居民自治良性互动，全面提升城市社区治理法治化、科学化、精细化水平和组织化程度。十八大以来，党中央对城市社区治理提出了"以人民为中心""党建引领""重心下移""社会协同""基层自治""治理创新"等新的要求。党的十八大还首次提出"推进协商民主广泛、多层、制度化发展"。党的十九大提出，要统筹推进政党协商、人大协商、政府协商、政协协商、人民团体协商、基层协商、社会组织协商等七大协商。2015年7月，中共中央办公厅、国务院办公厅印发《关于加强城乡社区协商的意见》，指出"城乡社区协商是基层群众自治的生动实践，是社会主义协商民主建设的重要组成部分和有效实现形式"，并对城乡社区协商的总体要求、主要任务及组织领导等提出了指导性意见。其实，党的十八大以来在社区治理的探索中，"以人民为中心""社会协商""基层群众自治"等理念往往也体现在居民协商参与社区公共事务中。

的确，随着新型工业化、信息化、城镇化、农业现代化的深入推进，我国经济社会发生了深刻变化，利益主体日益多元，利益诉求日益多样化，而我们当前的基层社会治理还存在着治理机制滞后于实践发展的情况，存在着条块关系不清、职责重叠交叉、街道和社区承担的任务不断增加，但人财物等没有得到相应保障，社区自治和居民参与不足，社会组织力量发育不足，社区居民公共参与渠道缺乏，社区服务功能弱化等问题，这些都是基层社会治理中需要解决的问题。

在厘清条块关系和职能职责的基础上，如何保障社区居民参与公共事务，加强社区协商，化解矛盾纠纷，维护社会和谐稳定，通过基层协商宣传党和政府的方针政策，努力达成共识，汇聚力量，推动政策落实，促进基层民主健康发展将是下一步城市基层治理需要重点关注的方面。

三　城市基层社会治理的发展方向展望

（一）更强调以社区为单位的多样化精细化治理

习近平总书记指出，"社会治理的重心必须落到城乡社区"[1]。还指出，"城市管理应该像绣花一样精细"[2]。动不动整齐划一的大规划和整体规划显然不是精细化治理；一刀切式的店招、千篇一律的高楼大厦不是精细化治理；割裂了城市发展的历史，体现不出城市温度的治理也不是精细化治理。而不可忽视的是，城市的众多社区是与人们的生活息息相关的家园，也是城市的基本单元。2017年，党的十九大指出，"我国社会主要矛盾已经转化为人民日益增长的美好生活需要和不平衡不充分的发展之间的矛盾"。因而，城市的基层治理需要以更多满足人们对美好生活的向往为出发点和落脚点。归根结底，城市基层治理要回归到对人的服务，体现"以人民为中心"。"城市的活力在于差异化的街区空间营造和多样化的社区自治方式"，"精细化治理的城市路径是基于民众认同的精细化治理，它应该包括空间差异化和生活多样性的理念确立，建构现代城市治理主体之间的民主关系，促使城市规划转向社区规划"[3]。根据各个社区特点和居民的多样化需求设计出来的多样化精细化治理，能体现"以人民为中心"，体现城市的温度，激发城市的活力。

（二）更加突出党建引领下的治理

"政党的领导是中国特定的历史发展逻辑"，"它需要实现有效的国家

---

[1] 习近平：《论坚持全面深化改革》，中央文献出版社2018年版，第95页。
[2] 王丹丹：《"城市管理应该像绣花一样精细"》，《学习时报》2023年5月24日第5版。
[3] 韩福国：《回归空间差异化和尊重生活多样性——避免城市精细化治理走偏的两个核心支撑点》，《党政研究》2019年第5期。

治理也是历史发展所需，也是其执政的重要基础"[1]。党的十八大以来，我国社会治理坚持发挥党的领导核心作用。不少城市社区治理将党建引领贯穿治理的全过程、各个环节，取得了突出的成绩，总结出了许多成功的经验。如北京市、区、街三级党委把"吹哨报到"改革列为"一号改革"课题和"书记项目"，北京市委书记亲自挂帅。[2] 2017 年 9 月，成都市专门成立了中共成都市委城乡社区发展治理委员会，在党委领导下全面统筹城市社区治理推进工作。在社区治理中，成都市构建了"一核多元"的治理体系，"一核"即构建了能够承担起基层治理领导和统筹的基层党组织，"多元"则是指通过建立党组织领导的多元治理体系，包括社区自治体系、社区社会组织协同体系和社区居民参与体系。从各地的实践来看，社区党建做得好的地方，社区治理成效也更好。办好中国的事情，关键在党。中国特色社会主义制度的最大优势关键在党，"基层党组织在具有天然治理优势的情况下必须发挥引领作用，搭建网络化的社区治理体系"[3]。但在未来的社区治理中，如何进一步发挥党的领导优势，将党建工作嵌入社会治理？如何处理党和社会组织及其他治理主体的关系？如何通过基层党组织激发社会治理活力？这些都是在未来城市社会治理中需要进一步探索和思考的问题。

（三）注重探索"四治融合"的社区治理模式

面对日益复杂的社会治理任务和人文、社会治理的需要，过去主要依靠行政力量直接干预和统一规划进行治理的方式必须改变，政府将从过去行政干预的角色转换为引导的角色，探索自治、法治、德治和智治的"四治融合"模式，激发公众参与热情，重建社区公共精神。

社区居民自治是我国民主政治建设的主要任务，也是推动社区建设的主要方向。自治能够最大限度激发社区居民的内生动力，让居民的权利主体地位得到充分尊重。当前，有不少城市社区自治搞得较好，而有些社区居民却在自治参与中缺位。城市居民自治参与不足成为制约社区

---

[1] 韩福国：《社会主义政治发展的制度要求——现代中国社会治理形态的结构性营造》，《党政研究》2018 年第 1 期。

[2] 李垒：《基层治理七十年》，中国民主法治出版社 2019 年版，第 286 页。

[3] 姜晓萍、田昭：《授权赋能：党建引领城市社区治理的新样本》，《中共中央党校（国家行政学院）学报》2019 年第 5 期。

治理的"瓶颈"。法治强调按秩序规则办事，所有人的行为纳入法律体系的规范之下，是基层社会治理的保障。道德虽然没有强制性，但德治在基层社会治理中能够发挥道德引领、规范、约束的内在作用，增强自治和法治的道德底蕴，使治理效果事半功倍。"德治尤其能够最大限度实现城市治理对技术理性的超越"[1]，德治与其他城市治理维度相融合，能够积极引导城市情感再生产过程，协调居民关系，加强公共认同，促进公共参与，重建公共精神。[2] 互联网、大数据、云计算技术变革等科技力量为基层社会治理提供了技术路径，加速推进了社会治理现代化的进程，开启了社会治理的"智治"时代。当前，各地社区也陆续引进智慧社区、社区治安防控网、大数据等技术，在治理绩效和公共服务方面具有显著的优势。

在未来城市社区治理中，要探索"四治融合"模式，在党建引领下，在法律法规的框架下，充分激发居民参与的内生动力，搭建公共协商平台，拓展公共参与渠道，协调居民关系，加强公共认同，重建公共精神，同时依靠现代技术手段提高治理效能和公共服务的品质。

（四）更注重探索协商治理的民主程序和科学环节

协商民主本身就蕴含治理的因素，具有成为一种治理模式的天然倾向，而基层协商是中国治理体系的重要组成部分，是构建基层良好治理的重要途径。[3] 自治往往采用协商的方式，基层协商是城市自治的生动实践。当前，"协商民主"已写入党的十八大、十九大、二十大报告中，基层治理中对于协商民主的重要性已有较深刻的认识。但是，通过何种程序和制度设计，保障社区居民积极有效地参与公共事务的协商是需要重点研究的问题。中国的协商经历了从精英协商向大众协商的转变过程。人民政协的协商即为精英协商，基层协商为大众协商。精英协商转变为大众协商，需要解决的问题主要有如何使公众具有协商能力，及如何使公众具有参与协商的意愿等问题。从精英协商到大众协商需要一定的技

---

[1] 李锦峰、俞祖成：《现代城市化的"反向运动"与基层治理的中国逻辑——基于上海创新社会治理实践的理论思考》，《政治学研究》2021年第1期。

[2] 何雪松：《情感治理：新媒体时代的重要治理维度》，《探索与争鸣》2016年第11期。

[3] 张敏：《协商治理与美好生活实现：基层协商的归宿及其时代意义》，《党政研究》2020年第4期。

术手段来保障，否则，协商民主就会流于形式。① 当前，在城市社区治理中已涌现出大量的协商治理案例，但还需要总结和完善，并逐渐上升为制度，成为可操作化的实践程序。"离开可操作化的程序，没有真正的参与自由；离开可操作化的程序，没有真正的民主；离开可操作化的程序，没有真正的治理效率。"② 城市基层社会治理，迫切需要探索协商治理的民主程序和科学环节，以促进基层治理的效率，维护公众的民主权利，让公众在协商参与中逐渐培养社区精神。

---

① 谈火生：《协商治理的当代发展》，南方出版传媒、广东人民出版社2018年版，第11—12页。
② 韩福国：《复式协商民主实操手册——民主程序与科学环节》，上海人民出版社2021年版，第15页。

第四章

基层协商治理案例研究

第一节 嵌入人大制度的协商：
温岭民主恳谈

一 温岭民主恳谈的发展历程及制度基础

民主恳谈1999年诞生于浙江省温岭市松门镇，至今已经过了20余年的发展。目前，温岭市镇村各级每年都有对话型民主恳谈、决策型民主恳谈、党内民主恳谈、乡镇及市级部门参与式预算、工资集体协商等各种各样的恳谈会。最初这种由群众自发参与的协商对话平台，在发展的过程中逐步与政府的决策制度、人民代表大会制度等结合，公众广泛参与政府决策、充分自由表达意见，并监督政策执行。尤其是民主恳谈与参与式预算的结合，对于监督政府的"钱袋子"发挥了积极的重要的作用。

回顾温岭民主恳谈20余年的发展历程，大致经历了三个阶段[①]：第一阶段是恳谈作为一种思想政治工作方式。恳谈改变了之前每年召开的社会主义路线教育活动的说教的方式，将松门镇作为试点，尝试用"与群众双向对话"的方式来举办论坛，加强了基层政府与公众的对话和沟通。第二阶段是在第一阶段取得成效后，逐渐向经济、社会、文化、民生等领域推广，就民生实事问题开展恳谈，让公众参与政府决策。第三阶段是民主恳谈与乡镇人大制度结合起来，通过"参与式预算"监督政府的"钱袋子"，后来也将"参与式预算"与民生实事恳谈相结合开展。

---

① 王俊禄：《有事好商量，参与协商有力量》，《半月谈》2019年第5期。

参与式预算是民主恳谈发展和深化到一定阶段的产物,民主恳谈促进公共参与、优化公共决策有成效,又无所不能谈,那何妨把预算拿出来谈一谈?2005年,温岭在泽国镇和新河镇试点预算民主恳谈,拉开了温岭参与式预算的序幕。2008年向上延伸至市级部门预算,2010年在全市16个镇(街道)全面推广。[①] 以参与式预算为标志,温岭的民主恳谈进入更深入更稳定的阶段。

针对民主恳谈发展的三个阶段,每个阶段协商民主嵌入的制度基础有所不同。第一阶段,协商民主嵌入思想政治工作方式,改变传统的说教方式为"与群众双向对话和沟通"。第二阶段,协商民主嵌入自治制度,公众和政府就民生实事问题开展恳谈,但村级以上的民主恳谈结果仅供政府决策参考,而不能对政府起绝对的约束作用。第三阶段,民主恳谈发展到参与式预算,协商民主嵌入人大制度。政府在初步制定预算草案后引入民主恳谈吸纳民意,根据民意修改预算交人大表决通过,民主恳谈与人大制度结合后具有法定效力,基本实现了民主恳谈的制度化。与人大制度结合之前的民主恳谈有很大的"不确定性",很可能因人、因事、因时、因地而异。而预算的审查和批准是每年人民代表大会的必经程序,政府和公众都必须面对。因而,预算与人大制度的结合,就变民主恳谈的"不确定性"为"刚性"了。温岭的民主恳谈经过三个阶段的发展和提升,至今仍然表现出强劲的生命力。

二 温岭民主恳谈的运作方式及特点

温岭的民主恳谈模式经过20余年的发展,已经日臻成熟,参与式预算标志着民主恳谈发展到较深入的阶段。2008年,参与式预算已经向上延伸到市级部门预算,但乡镇级预算仍是参与式预算的主体部分。本部分讨论的温岭民主恳谈的运作方式及特点,主要是针对发展到现阶段的乡镇级的参与式预算及民主恳谈。

(一)谁来协商:协商代表的产生

协商民主有两个重要的支撑点:一是充分的协商,二是协商后的民

[①] 朱圣明:《民主恳谈:中国基层协商民主的温岭实践》,复旦大学出版社2017年版,第67页。

主决策。而这两个支撑点都依赖于第一个起始环节,即代表的选择程序。如果在参与者的选择上无法实现科学性和合理性,则其后的协商程序就失去了意义。① 西方的协商代表一般都通过随机抽样的方法产生。根据菲什金的观点,"协商民意测验将科学的随机抽样置于一个具有激励措施的条件下,从而有效克服了理性的无知"②。随机抽样能屏蔽掉代表的身份、地位、学历、财富、能力等一切因素,将每个公众置于一个完全公平的起点,都有同样的概率被抽选为代表的可能。因而,"随机抽样具有统计学意义上的代表性,能最大限度地体现民意代表的真实性、广泛性和公正性"③。但是,随机抽样也面临着参与能力不均衡的结构化问题,"无法吻合当前中国政治参与的社会结构基础"④。温岭的代表选择经历了"简单随机抽样"至"分层随机抽样"的发展过程,使代表的选取更科学、更能体现民意表达的多样性。

目前,温岭市人民代表大会逐渐建立起了普通的大众代表库、精英库和专家库。预算代表采取大众代表、精英代表和人大代表三结合的方式。其中,除人大代表为法定代表外,大众代表和精英代表均通过乒乓球摇号随机抽样的方式产生。大众代表库由全镇18岁以上的居民组成,通过乒乓球摇号的方式,按照千分之一的比例,分村居随机抽选产生。精英库人员由各办公室(各线)人员组成,主要包括村居民代表、共青团代表、妇女代表、新温岭人(外来人口)代表、纳税人代表和专业人士等。精英代表也是在每次恳谈会前通过乒乓球摇号的方式按比例抽选。专家库人员的组成主要是各类专家,如建设、审计、财政、中介等具有一定专业知识的人才。恳谈会根据需要,有时从专家库抽选一定的专家代表参与恳谈。专家参与的作用主要是保证决策的科学化,他们主要负责方案的可行性论证、技术标准解读、恳谈会上的答疑解惑等方面。

---

① 韩福国:《超越"指定代表"和"随机抽样":中国社会主义复式协商民主的程序设计》,《探索》2018年第5期。
② [美]詹姆斯·菲什金、[英]彼得·拉斯莱特主编:《协商民主论争》,张晓敏译,中央编译出版社2009年版,第12页。
③ 朱圣明:《民主恳谈:中国基层协商民主的温岭实践》,复旦大学出版社2017年版,第93页。
④ 韩福国:《超越"指定代表"和"随机抽样":中国社会主义复式协商民主的程序设计》,《探索》2018年第5期。

恳谈代表的分层抽选，兼顾了分层利益群体的代表性，使民意表达更充分，决策更科学，精英代表、专家代表的参与也提高了恳谈会的质量，在技术理性与公共理性、专家决策与公众决策中找到了平衡。

（二）协商什么：协商议题的确定

温岭的民主恳谈以解决实际问题为目的。在恳谈兴起之初，本质上是温岭松门镇的"农业农村现代化教育"的一种形式，恳谈的议题主要是围绕农业农村现代化建设这个主题，每期确定一个议题。如第一期的议题为"社会治安综合治理与现代化建设"，第二期的议题为"快速、健康、协调发展工业经济"，第三期的议题为"大力推进村镇建设，美化村容村貌"，第四期的议题为"推进科教兴镇，提高人口素质"，等等。

经过第一阶段的总结，这种恳谈的方式被松门镇村镇两级所采纳，并在其他村镇推广，用于讨论关系到本镇经济和社会发展全局的具有重大影响的问题，涉及本镇方方面面工作的问题，以及对上级部门的建议和意见。

发展到参与式预算后，恳谈议题主要涉及次年政府部门的全部或部分财政预算，同时，如对重大民生实事有问题的也可以作为议题提出，并可对政府部门作出现场质询。政府部门在做重大公共投资项目决策前也都需要召开民主恳谈会听取民意，以降低决策风险。

（三）怎样协商：协商的过程控制

泽国镇是温岭市最早实行民主恳谈和参与式预算的乡镇之一，是美国斯坦福大学菲什金教授参与技术设计的乡镇，也是国内协商民主研究者最为关注的地方之一。笔者于2019年1月22日下午和1月24日下午现场观摩了两场"泽国镇2019年度财政预算暨民生实事项目协商恳谈会"，对协商的过程有了较清晰的感受。

1. 多项举措保证信息的对称

公众在信息不对称的前提下做出的偏好只是"表征偏好"，而未必是自己的"真实意愿"。决策信息提前公开，有利于进行相关的信息收集、相互讨论和深思熟虑。温岭的民主恳谈主要通过三个方面确保代表获得充足的恳谈信息。

一是早编细编预算草案。每年10月，政府就着手编制下年度的预算，并尽量细化预算编制。例如，2019年度的预算草案中，9.67亿财政支出全年预算额被细化为16类77款600多个项目。支出项就在预算草案中占了46页，收入预算占7页。草案编制非常详细，很多项目还有备注说明，让人一目了然，即便是非财务专业人士也能看懂草案。

二是开展预算知识培训。每年，镇人大都会组织人大代表和选民代表召开财政预算知识培训会，邀请"温岭市阳光预算宣讲小组"成员作专题辅导，并由镇政府介绍预算编制情况及重点项目安排说明，促进代表和选民对预算草案深入了解，提高审查监督能力。培训对象全覆盖，参加收入预算民主恳谈、代表联络站预算征询恳谈、参与式财政预算民主恳谈的所有人大代表、选民代表至少轮训一次。培训内容分层次，除镇政府负责人详细解读预算编制说明外，镇人大加强了对预算审查和监督的培训辅导；同时配合《预算法》的实施，为市、镇人大代表增加了相关学习内容。培训师资渠道多样，有浙江大学公共管理学院性别预算研究课题组负责人、市人大常委会财经工委和市财政局业务专家，也有镇政府的相关负责人。

三是提前公开预算草案。每年人民代表大会前一个多月，将镇财政收支预算（草案）刊登在《温岭日报》和村居公示栏上，让广大群众了解镇政府今年的花钱打算。同时，将恳谈会时间、地点等也一并广泛告知，并在预算民主恳谈10天前及早将预算草案文本及预算编制说明印发给每位参会代表，让代表有充足的时间提前阅读了解草案，发现问题，想出议案。到恳谈会正式召开时，参会的代表一般都是做足了功课而来，有的代表还做了详细了笔记，列出了需要提出的问题。

2. 分组讨论与协商民意测验

恳谈会定于下午1点30分开始，1点左右，代表陆续到来，在前台签到。签到后，代表们会随机领到有编号的代表证，并按编号在会场找到相应位置就座。之后的分组讨论也是根据此编号分组，如1—25号为第一组，26—50号为第二组……随机编号排座的好处是，避免了熟识的人坐在一起情不自禁地闲聊冲淡了讨论的主题，同时也避免了某些同村、同业、同社团的群体抱团向持异见的人施压。

恳谈会采取集中—分组—再集中的方式进行。第一次集中是恳谈代表按随机抽取的座位号在大会议室集中入座，主持人介绍相关程序，财政局局长介绍财政预算编制情况的说明。然后进行分组讨论，每组25人左右，大约分成 5 个小组，各小组成员分别到各讨论室讨论。分组讨论的时间为一个小时到一个半小时。各小组代表就预算草案进行讨论。分组讨论接近尾声时，主持人会给每个小组成员发放一张大会发言抽签单和一张民意调查问卷（即前文说的协商民意测验）。大会发言抽签单用于填写刚才本小组讨论的重点议题，上面有组别、议题的提出人等信息。在小组讨论中提出议题并发起讨论的代表将抽签单填好后由小组主持人交给随后大会集中时的大会主持人。当大会主持人抽到谁的发言抽签单则议题提出人便站起来阐释。

小组讨论结束后，各位代表需要填写民意调查问卷，该问卷内容分为两部分，第一部分内容包括简单的个人信息，如答卷人的性别，以及"过去五年中，这是第几次参加民主恳谈"等信息。第二部分内容则是协商民意测验。协商民意测验（Deliberative polling）是美国斯坦福大学教授菲什金发明并在多个国家运用的一种民意调查方法。协商民意测验试图将民主的包容性（包容所有受政策影响的成员）和深思熟虑性（通过协商辩论，实现集体的深思熟虑性）两者有机结合起来。协商民意测验主要是基于协商过程会让人们的偏好发生改变的认识，因而协商民意测验通过协商讨论前后两次民意测验对比，确认参与讨论的个人对相关问题的态度是否发生改变。

测验问卷主要是让民意代表对 30 个左右的预算项目按重要程度优先次序进行排序。如 2005 年，温岭市泽国镇政府在听取各方意见后，提出了 30 个需要建设的项目，大约需要项目资金 13700 万元，而财政资金却只有 4000 万元左右，这就需要民意代表确定优先安排哪些项目。民意测验固然能表达民意代表的偏好，泽国镇选择在讨论前对民意代表做一次问卷，充分讨论后，再对民意代表做一次同样的问卷。之所以做两次问卷，在讨论前做的问卷可能只是表达了民意代表的"表征偏好"，而非"真实偏好"。随着讨论中对信息的充分交流和掌握，不同意见相互碰撞、充分博弈，经过几次小组讨论和大会交流交叉进行，民意代表可能听取和吸收各种不同的意见，并对自己的看法做出调整。在充分讨论后进行第二次民意测验，更趋于理性和公正。前后两次民意测验结果的不同，不仅反映了代表们偏好的转换，而且反映了他们在协商的过程中转换和交换了视角，达成了理解和共识，这正是协商的价值所在。"前后两次民意测验的变化,正是协商民主讨论的效果,第二次的问卷结果可以作为决策的根据。"①

近几年温岭有些乡镇在协商民意测验的过程中将程序有所变通和简化,由于菲什金将两次民意测验比较后认为,"协商之后其价值、经验前提(假定因果关联)和政策态度之间的联系较协商之前更为紧密"②,因而将两次协商民意测验改为分组充分协商讨论后只进行一次协商民意测验。通过协商民意测验量化评估公共决策项目和讨论公共问题。协商民意测验与民主恳谈的结合,是协商民主向制度建构和科学化、计量化方向发展的重要体现。

笔者所观摩的 2019 年度泽国镇民主恳谈的协商民意测验,列出了 35 项 2019 年度泽国镇公共项目,请代表在协商讨论后对这些项目通过勾选 0—10 的数字对这些项目的重要性作出评估。如果感觉该项目完全不重要,则圈 0;感觉非常重要则圈 10;没有看法,则圈 99。这些项目包括直排热水器整改补助、村级天网工程建设补助、见义勇为奖励、镇幼儿园装修改造、民办幼儿园安保补助、基础教育奖励基金、村级文化设施建设、污水处理厂提标改造、农村环境保护、农村公路建管养、沿河绿化工程、垃圾分类运行等。会后工作人员会将代表的打分进行排序,从而可以直观地看出老百姓认为当前最重要的工作和经费投入应该首先保障在什么地方。量化结果有利于促进政府科学决策。公共资源有限,一时不能提供所有的公共物品,公众能够理解,但可以由公众自己来决定先消费哪项,后消费哪项公共物品,他们不再仅被动接受政府提供的公共物品。通过民意调查问卷,实现了"政府提供菜单,公众自己点菜"的公共物品供给模式。③

---

① [澳]何包钢:《协商民主:理论、方法和实践》,中国社会科学出版社 2008 年版,第 89 页。
② 朱圣明:《民主恳谈:中国基层协商民主的温岭实践》,复旦大学出版社 2017 年版,第 82 页。
③ [澳]何包钢:《协商民主:理论、方法和实践》,中国社会科学出版社 2008 年版,第 89 页;朱圣明:《民主恳谈:中国基层协商民主的温岭实践》,复旦大学出版社 2017 年版,第 88 页。

3. 大会集中与政府现场质询回应

一个小时的分组讨论结束后,所有代表再次回到大会议室集中。各小组组长将刚才分组讨论的重点议题和本组已填写好的"发言抽签单"交给大会主持人,由大会主持人随机抽选各组的"发言抽签单",抽到哪个问题由问题的提出者发言,政府部门负责该项工作的相关工作人员(通常是分管领导)接受质询并现场回应。这样的质询和回应往往会给政府部门施加很大的压力。代表的质询常常直指问题,针锋相对,十分犀利,分管领导常常额头冒汗,小心应对。这等于是政府部门的工作在大庭广众之下接受公开质询和检阅,它对领导干部的语言表达、现场沟通、业务驾驭能力都提出了较高的要求。如果工作确实有做得不到位的地方,只有谦虚承诺下来落实或认真整改。正如有的干部会后感慨,"没有做群众工作的本领,就难过恳谈关,不精通政策法规,就无法当众回复群众的意见"。质询和回应的过程比较紧凑,能被抽中的议题较多,约占50%以上。大部分代表提出的问题都能得到现场回应,这让代表比较满意。

4. 主持人中立

不管是大会的主持人还是讨论小组的主持人,都经过会前培训,对他们的基本要求便是要"保持中立","努力营造一个让参与者相互倾听,无人掌控讨论的氛围"[①],保证小组的每个人都有平等自由发表观点的机会。在泽国镇恳谈制度设计之初,设计者担心如果恳谈会由地方官员来主持可能出现操纵会议和有意识地引导的情况,于是在中小学教师中培养及培训主持人,以保证主持人的"中立性"。因为中小学教师与协商结果无直接利益,更能保持独立性,教师本身也具备较强的会议主持能力,责任心也较强,经过培训后,能公正地主持恳谈会。

民主恳谈运行了近20年,恳谈基本上已经制度化,温岭的民主氛围已经非常浓厚,官员将民主恳谈当成一种工作方式,公众将参与恳谈发表意见当成自己理所当然的政治权利。要求主持人保持中立是必然的,

---

① [澳]何包钢:《协商民主:理论、方法和实践》,中国社会科学出版社2008年版,第89页;朱圣明:《民主恳谈:中国基层协商民主的温岭实践》,复旦大学出版社2017年版,第82页。

但却不一定让中小学教师来担任了,近年的恳谈会也有意培训一些新入职的公务员担当主持人。笔者 2019 年年初观摩的温岭市泽国镇的参与式预算与民生实事恳谈会中,大会主持人由人大干部担任,各小组主持人则是由一些新入职的公务员担任。这些新入职的公务员大都年轻,学历高,表达能力强,具备较好的主持能力,对他们加以培训,强调主持人在恳谈会中保持中立,并按照"罗伯特议事规则"主持会议,让参与者都有公正公平充分的表达机会,也收到了较好的效果。

(四)协商成效:结果的执行与监督

在恳谈会后,泽国镇镇政府相关部门根据恳谈会意见及协商民意测验结果,对预算草案进行初步修改,并将修改意见提交人大代表初审。初审可以说是在人大代表中进行的再一次恳谈会。之后在镇党委、人大主席团和镇政府联席会议上再对预算进行修改,最后将修改之后的年度预算报告提交人民代表大会,由人大代表表决通过。在对预算进行反复修改的过程中,对恳谈代表的意见进行合理吸收,并及时做好反馈工作。预算一经人民代表大会批准,便具备法律效力,不得随意调整。乡镇人民代表大会闭会半个月内,将通过温岭人大网、政务网、新闻网和政务、村务公开栏等多种方式公开镇预算及"三公"经费预算,广泛接受群众监督。人民代表大会闭会期间,由 9 名人大代表组成的镇人大财经小组负责监督预算的执行。泽国镇每年年中还要召开一次人民代表大会,专题审查上年度决算情况、本年度上半年财政预算执行情况和调整本年度财政预算,确保依法行使监督职权。

这样一来,参与式预算的结果就有了法定的约束力,对公共决策能切实产生影响。也只有自己的意见对公共决策能产生实际的影响,公众才有参与的意愿,这样的恳谈才能真正起作用,才能持续下去。如 2017 年 1 月 23 日通过一整天的预算协商恳谈,与会代表共提出 86 条建设性的意见和建议,镇政府充分吸收并对预算项目进行重新调整,其中调增预算项目 8 项,涉及预算资金 1875 万元,调减预算项目 7 项,涉及预算资金 5470 万元。在温岭,谁也不会怀疑这样的民主是"形式民主",公众在恳谈中不仅有充分的意见表达,而且其意见切实影响公共决策。

温岭新河镇的预算民主恳谈会与泽国镇略有不同。如 2005 年,新河镇在第十届人民代表大会第五次全体会议上召开预算民主恳谈,93 位人大代表参会，193位社会各界人士列席会议，他们根据细化后的预算草案与镇政府进行了恳谈对话。恳谈会后，政府与人大主席团、预算审查小组召开联席会议，对预算项目进行调整，草案的修改方案充分吸收公众代表的意见，并在第二天的人民代表大会上通过，产生法律效力。[①] 新河镇也在人民代表大会闭幕后，设立财经小组，负责对预算草案的执行情况进行监督。

泽国镇与新河镇的恳谈虽然制度设计略有差别，但都是将民主恳谈与人大制度接轨，将公众的意见转化为人大代表的意见，由人大代表与政府进行对话，最终使恳谈结果具有法律效力，从而对政府决策产生实质性的影响力。

三　温岭协商议题与公众话语权

（一）温岭的议题聚焦

温岭的协商恳谈议题涉及所有的重大民生实事项目及政府的全部财政预算。以2019年笔者观摩的泽国镇参与式预算暨民生实事恳谈会为例，协商代表提出的议题大都是针对提前发放给他们研读的2019年度预算草案中的项目。预算草案中，收支预算共58页，财政收入预算和财政开支预算明细都详细地罗列在草案中。其中收入预算包括本镇2019年拟出让用地及出让金返还收入明细、"三改一拆"后利用异地复垦成本收回明细、房屋租赁及场地使用收入明细、市场投资收益明细等。财政支出预算更是占了草案约三分之二以上的篇幅，用13个支出明细表详细罗列出了公共财政基本支出预算明细，涵盖政府及相关机构事务运行、文化体育与传媒支出、社会保障及就业支出、医疗卫生与计划生育支出、环境保护事务支出、农业林业水利支出、资源勘探信息支出、灾害防治及应增管理支出等方方面面。代表们会前都经过培训，并对草案进行了认真的研读，大家在分组讨论中踊跃发言，气氛十分热烈而有序。分组讨论中就讨论议题填写"抽签单"，分组讨论结束进行大会集中时，被抽中的议题由议题提出者作简短陈述，并对政府工作提出疑问和质询。而相关

---

① 朱圣明：《民主恳谈：中国基层协商民主的温岭实践》，复旦大学出版社2017年版，第108—126页。

政府部门分管领导须对质询作出现场回应。

表4-1中罗列出了2019年泽国镇参与式预算暨民生实事恳谈会中部分代表提出的议题和质询,管中窥豹,可见一斑。部分具体地址作了匿名化处理。

表4-1　2019年泽国镇参与式预算暨民主恳谈议题及意见举例

收入相关意见		1. 草案P6政府性公房出租,房租太低。××乡政府房租低,不及民间房租三分之一,还有大会堂、卫生院面积这么大,但房租太低,要增加房租。 2. ××城二期的100多亩地,剩下40亩是否已征收?若已征收,收入在哪里? 3. ××电厂对面国道南侧,原先民主恳谈会反复提及,有两间小屋(原农具厂)目前属于国有还是个人,如果属于国有,在租赁明细表中没有表明。 4. 草案P6提到"××山东边临时停车场地"租赁时间是2017.12.13—2020.12.12,既然2017年年底就已经出租,为什么2017年、2018年的预算本中无此项收入项目?2018年前的租金是否收取到位?若已收取,为何当年未列出?未列出的原因是什么?
支出相关意见	环境方面	1. 草案P33污泥处理及运费预算80万元,××污水处理厂承包给别人,处置运费等已外包,××污水处理厂是否也该减少?80万元太多了。 2. 草案P31农村卫生支出60万元,包括了除四害,另外P47病虫害控制中又包括了病虫鼠害防治,这里是不是重复了?完全可以合并的。 3. 草案P33污染源普查经费安排了200万元,具体用于什么? 4. 草案P41垃圾分类运行经费700万元,到底是给谁的?是否承包给第三方?这个经费是不是太多了?而现在村里打扫、清洁家园等都是村里妇女自愿、志愿开展的,建议增加妇联经费,发放工资。 5. 草案P40垃圾分类,各垃圾桶不同的垃圾都被倒入同一个垃圾车,垃圾分类变得无意义,这里新增资金是否浪费?建议对之前的各运输车进行改造。 6. 草案P41清理小广告预算5万元,是否有别的方法去除源头?小广告太多,要有有效的方法去整治。 7. 草案P37 ××镇级污水处理管网建设安排了1250万元,以前支付了868万元,但是污水回流到河道,河道反而更脏。想请问,这些投下去,工程款也付出去了,是承包给谁了?工程质量有保障吗?

续表

支出相关意见	道路交通	1. ××路反映多次，道路坑洼，需继续修复，但是财政预算中尚未体现，需增加修复资金。 2. ××景观桥2018年已经造了25万元经费，今年又造了25万元，目前桥已经封了，2018年的25万元修到哪里去了？ 3. 草案P43 ××大道南延道路附属非机动车道工程项目600万元，该非机动车道都畅通的，现在要建哪一段，是不是有必要？ 4. S1线和杭绍台高铁拆迁安置地指标费5500万元，付给了谁？具体用在哪里？可以去哪里了解具体明细？ 5. 丹山高家岭路没有路灯，希望增加相关预算，尽快配上灯。 6. 对城区公共设施建设有扫码公共停车位，联树、牧屿片区也应适当安排，多建公共停车场，化解乱停车现象，提升市容市貌。 7. 草案P44中的亮化设施，提到路灯安装170万元，安装在哪些道路，多少长度？
	食药安全监管	1. 草案P32食品药品安全方面，执法检查经费只安排3万元，建议增加。 2. 草案P32列有食品药品安全宣传、信息员劳务费，但自有网格员以后，该宣传是没有劳务费的，现预算上还有体现，核实后应核减。
	文体娱乐设施	1. 草案P43 ××山公园改造提升50万元预算，××管理区外来人口多，但相应的休闲活动场所少，××山公园改造提升需增加资金。 2. 草案P26现在市委提出美丽温岭、活力温岭、幸福温岭，既然环境搞好了，应该把公共体育方面再投入一点，农村运动设施全部都已老化，应该追加资金，提升维护。 3. 草案P54消防体验馆建设120万元，是不是太多了，目前消防体验馆建设进度是怎么样的？ 4. 草案P19文联活动费用与P26文体协会活动，运行经费是否重复了？
	居家养老	1. 居家养老补助上级拨48万元，镇只拨12万元，这属于民生工程，镇层面出资少，建议增加。
	农业补助	1. 草案P48提到早稻种植面积补助5万元太低，现在都鼓励老百姓种田，应增加这一块的补助。

第四章　基层协商治理案例研究 / 103

续表

支出相关意见	劳务支出	1. 建议增加村里办事人员如文书、便民、护村队员等的保险经费。 2. 草案 P11 统计代理人员劳务费安排了 50 万元，这 50 万元包含了市借用 8 人的劳务费，我认为该 8 人的劳务费不应该由我们镇来承担支付，而应该由市借用单位直接支付，或由市借用单位返还给镇里。另外，这样的借用是长期的还是临时的，多长时间了？
	学校教育	1. 草案 P24 ××中学搬迁改造维修费用 3000 万元，这么一大笔支出，应该列出具体明细，而且费用太多了，2018—2019 年两年的安排也不到 2000 万元，可把其余的 1000 万元用于新建的公立幼儿园。 2. 外来民工子女教育经费补助 5 万元太少了，需要适当加一点。因为泽国外来民工子女数目较大，如泽小三衢桥校区就有 300 人左右，这些补助分散到每个学生身上就太少了。可以减少报刊读物经费的开支，现在人人都用手机看新闻，没人看报纸，这笔费用可以补到外来务工人员子女教育经费上面。 3. 加强奖教的投入。建议在与浙师大联合办学经费中切一块用于浙师大附属泽国高级中学教师的奖教专项基金，用好合作办学经费，加强对人的投入。
	治危拆违	1. 草案 P52 治危拆违整治经费 800 万元，是不是可以节省一些，2019 年还有多少面积是应拆的？ 2. 草案 P52 治危拆违整治经费 800 万元，拆后整理补助及绿化要 800 万元，这两个项目能否合并，减少两个项目的总支出。而且在治危拆违的过程中，小工的效率低，监管还是不够，存在大量浪费，群众都看在眼里，这块的浪费太大了。
	天网建设	1. 天网工程建设服务费中，市公安局代建 735 万元，2019 年度天网工程一、二、三期都是在什么地方？预算中没说明，太笼统了，请说明一下。
	农田水利基础设施	1. 草案 P49 村级农田水利基础设施建设补助 2019 年项目支出预算 400 万元少了，应再增加 400 万元。

续表

支出相关意见	妇女儿童工作	1. 草案 P29 儿童福利支出 50 万元,具体用于什么地方了? 2. 草案 P18 妇联经费仅 15 万元,远远不够。妇女工作多、杂、累,是农村工作的主要方面,妇女代表也应该多出去考察、学习、交流,开阔眼界,开拓妇女上升的平台与通道,应增加活动经费。 3. 草案 P54 预备费 300 万元太多,可以调拨一些到妇联经费,使经费达到 25 万元。
	社区建设	1. 草案 P49 ××和××两个社区安排预算 60 万元,太多了,别的社区没有那么多,感觉每个社区 15 万元就够了。
	技能培训	1. 草案 P27 各类技能培训 5 万元,太少,应增加。
	党建支出	1. 建议进一步加大对"两新党建"专项经费的补助力度,两新党组织与其他基层党组织一样重要,当前两新党组织党建工作基础薄弱,需要树立样板示范推动。
	对草案编制疑问	1. 草案 P6—7 中 1—17 项的收入中,就有 10 处的"合同金额"与"年预算金额"不同,不同的原因是什么?计算周期与计算方式如何?建议针对此类情况,应主动在编制时加以补充说明,让我们看得明白。 2. 草案 P46 整治村工程,2019 年 60 个村 3600 万元,是如何使用的?2018 年 20 个村 1110 万元是如何使用的? 3. 建议把 2018 年度预算执行情况也罗列一下,增加去年的预算表,对比数据,好让代表们比较 2019 年度财政预算收支的科学性和合理性。

资料来源:笔者调研收集。

(二)温岭的公众话语权分析

财政预算是国家机器得以维系的基础,因而并不简单地是一个经济问题,而且是一个政治问题。一个治理良好的政府,必须有一个好的预算管理系统,政府的民主治理离不开公共预算的民主化参与。[①]

2014 年以前,泽国镇的预算恳谈主要是针对政府次年的开支预算。

---

① 桑玉成:《拓展全过程民主的发展空间》,《探索与争鸣》2020 年第 12 期。

2014年开始,泽国镇首次将政府次年的收入纳入预算恳谈中,以便量入为出,保障政府的财政收支平衡。协商代表讨论的收入以非税收入为主,即主要指国家资本经营收入、土地出让金返还收入、国有资源有偿使用收入等。其中土地出让返还金收入是主要收入,在政府收入中占较大的比例,如泽国镇2014年全部预算收入为5.757亿元,其中土地出让返还金收入为3.1亿元,占53.85%。[①] 将收入纳入预算恳谈后,政府部门的每一笔进账公众都了然于心,钱袋子被暴露在公众的眼皮下,再无暗箱操作的空间。

如表4-1所示,政府部门的支出预算主要涉及环境、道路交通、食品药品的安全监管、文体娱乐设施、居家养老、农业补助、劳务支出、学校教育、治危拆违、天网建设、农田水利基础设施、妇女儿童工作、社区建设、技能培训、党建支出,等等。这些项目是在政府开支预算中由制定预算草案的政府部门进行的分类,基本涵盖了公众关心的所有民生项目。在恳谈会中,协商代表讨论的议题也非常具体,几乎没有抽象的议题。由于涉及的是财政预算,如觉得哪方面应增加预算,在收支平衡的条件下,必然有些项目需要调减预算。不少协商代表在提出调增意见的同时,也会提出调减意见。如有外来农民工代表提出:"外来民工子女教育经费补助5万元太少了,需要适当加一点。因为泽国镇外来民工子女数目较大,单泽小三衙桥校区就有300人左右,这些补助分散到每个学生身上就太少了。"那么增加的这笔钱从哪里来呢?这位代表提出:"可以减少报刊读物经费的开支,现在人人都用手机看新闻,没人看报纸,这笔费用可以调到外来务工人员子女教育经费上面。"

在我们以往的印象中,政府部门的管理对公众来说就像个黑箱,体制外的公众很难了解,更别说对政府收入和开支"说三道四"。而温岭的预算恳谈不仅让公众"说三道四",而且恳谈会后政府部门将充分吸纳公众意见修改预算草案,然后提交人大表决。所做修正也会对公众进行说明。公众的话语权在恳谈中得到了充分的体现。

---

① 朱圣明:《民主恳谈:中国基层协商民主的温岭实践》,复旦大学出版社2017年版,第98页。

四　对温岭模式的评价和思考

（一）经济、政治、社会：温岭民主恳谈的生长条件

1. 经济：民主恳谈发展的重要条件

社会经济环境因素是影响基层协商民主发生和持续发展的主要原因之一。一般认为，"民主与经济发展的水平相关，经济发展越好，民主就越能持续"[①]。经济发展程度、社会结构等都会影响基层民主治理及其绩效。[②]

温岭市地处浙江东南沿海、长三角地区的南翼，其经济状况自不必说了，曾获得"全国农村综合实力百强县（市）""中国明星县（市）""全国农民收入先进县市""国家级可持续发展实验区""中国工业百强县""综合实力百强县"等称号。2018年11月，温岭市入选2018全国"幸福百县榜"，入选中国县级市全面小康指数前100名。2018年12月，还入选"全国县域经济综合竞争力100强""投资潜力100强""中国最佳县级城市30强"等。从这些荣誉可以看出，温岭市的经济实力确实很强，其私营经济非常发达，这里也是中国第一个股份制经济的诞生地。温岭民营经济的高速发展为培育和发展基层民主准备了合适的土壤，市场经济的洗礼使广大群众思维活跃，民主意识强，要求在基层公共事务的决策和管理方面有更多的发言权。[③]

2. 政治：在一定民主存量基础上的渐进发展

协商民主的手段应用于基层社会治理，需要渐进的改革，并在试点和渐进改革的过程中不断调适，以避免激进改革带来的政治风险。激进改革的案例，我们不是没有，如巴中市白庙乡，2010年就因政府业务经费开支全部"裸账"（在互联网和公示栏中全部公开）成为"全裸乡政府"而在一夜之间全国闻名。这样激进的单兵突进的改革让自己在当时

---

① Seymour Martin Lipset, "Some Social Requisites of Democracy: Economic Development and Political Legitimacy", *American Political Science Review* 53. (1) (1959): 75.

② 肖唐镖、孔卫拿：《中国农村民主治理状况的变迁及其影响因素——2002—2011年全国村社抽样调查数据的实证分析》，《经济社会体制比较》2013年第1期。

③ 朱圣明：《温岭恳谈文化之生成逻辑与本质特征》，《中共杭州市委党校学报》2010年第1期。

种种"潜规则"和陈规陋习的包围中成为一座"孤岛"并最终沉没。而梳理温岭民主恳谈 20 年的发展历史,可以看出,温岭基层协商民主的改革是在一定民主存量的基础上渐进改革的。"实验和调试给传统社会管理模式留下了缓冲的余地,降低了风险,在当前基层社会治理转型过程中更容易被领导接受,也更容易实现制度化。"①

初始阶段——作为思想政治工作的新载体。1999 年 6 月,温岭松门镇创造性地通过民主协商的方式举办了四期"农业农村现代化教育论坛",改变以往训导式思想政治教育模式为公众与官员面对面的亲情式交流和对话,取得了成功。领导干部开诚布公地与群众进行交流,群众也知无不言、言无不尽,从乡镇的投资环境、村镇建设规划到自来水价格、邻里矛盾等都成为他们提问和质询的对象。恳谈取得较好成效后,各乡镇根据实际情况定期或不定期举行。这时的民主恳谈会还只是思想政治工作的一种新的方式和载体。

发展阶段——作为基层民主的一种原创形式。2000 年 12 月,温岭市委与浙江省委宣传部、浙江日报社联合召开的"用民主方法加强和改革农村思想政治工作研讨会"上,与会专家在观摩后,其关注点不约而同由农村思想政治工作转向了基层民主。2001 年 6 月,牧屿镇政府通过召开"牧屿山公园建设民主恳谈会",让 100 多位自愿参加恳谈的群众就景点的设计、命名、布局、周边污染治理等进行了讨论并提出建议,其中 17 条被采纳。2008 年温岭镇政府召开"江厦学区校网调整民主恳谈会",拟将青屿中学撤并到江厦中学,可由于群众反对较多,最终政府放弃撤并。这些都是扩大基层民主,群众参与公共决策、管理和监督的案例。民主恳谈成为村镇和政府职能部门重要决策事项的前置程序,成为公众参与基层治理的一个重要平台。

成熟阶段——发展到高级形态的参与式预算。2005 年年初,泽国镇政府就年度城镇建设项目提出了涉及道路、桥梁、旧城改造、环保设施等 30 个需要建设的项目,这 30 个项目共需资金 13692 万元,而政府预计可筹集的资金仅为 4000 万元。于是政府部门采用民主恳谈的方式,通过随机抽样,从 12 万人口中随机抽取 275 名代表,就这 30 项投资的轻重缓

---

① 李姚姚:《基层协商治理的生成逻辑与演进机制》,《社会主义研究》2016 年第 3 期。

急进行投票，选出总投资为4000万元的若干个重点项目。2005年，参与式预算在泽国镇的试点拉开了温岭参与式预算的序幕，后上升至市级部门预算并在全市推广。参与式预算与乡镇人大制度结合起来，将民主恳谈推进到更深入更稳定的阶段，参与式预算成为民主恳谈的高级形态。

温岭的民主恳谈是逐步推进的，每次推进一点点，逐步扩大，也是在实践中不断完善和成熟起来的。

3. 社会和文化：民主恳谈的催化剂

（1）文化和观念驱动

温岭三面环山，一面濒海。"负山枕海"的地理环境造就了温岭人性格中的"硬气"和"敢为天下先"的精神。"有硬气、不张扬、敢冒险、善创造"是温岭传统人文精神的集中体现。[1] 何俊志在总结基层民主成长的因果机制时，提出这种受文化因素影响的模式叫"观念驱动模式"，观念驱动模式认为当地在历史上形成的"硬气"和自强自立的精神，延续至今天形成了较强的主人翁精神，是民主恳谈的催化剂。[2] 这种模式对于我们理解温岭民主恳谈的产生有一定的帮助，但难以用其解释基层协商民主的可持续发展。

（2）专家和新闻媒体推动

在温岭民主恳谈持续发展过程中，专家和媒体对协商民主的推动功不可没。学界和新闻媒体关注得越多，对其持续发展的监督越强。

2000年年底，为了表彰成功的试点、总结成功的经验，台州市委宣传部、温岭市委和《浙江日报》共同举办了一次经验总结大会，会议邀请了中央党校等科研单位的专家参与。有专家提出"论坛已经超出了思想政治工作的范畴，是一种新的民主形式"，民情恳谈会变为"民主恳谈会"，之后温岭市委宣传部也正式将这项工作定位为一种新的民主形式。

温岭民主恳谈在经历了几次有学者参与的会议和新闻媒体的大量报道之后，得到社会的重点关注。2004年8月，在杭州召开的以"协商民主"为主题的学术研讨会上，温岭官员被邀请参与。美国斯坦福大学的

---

[1] 朱圣明：《中国基层协商民主的温岭实践》，复旦大学出版社2017年版，第4页。
[2] 何俊志：《权力、观念与治理技术的接合：温岭"民主恳谈会"模式的生长机制》，《南京社会科学》2010年第9期。

政治学系教授詹姆斯·菲什金教授介绍了他所力倡的"协商民调"（deliberative polling），即倡导主要通过随机抽样的方式产生代表，并通过代表之间的沟通与协商，以在一些规模不大的群体中制定重要的公共政策时形成一致的决策。① 之后，菲什金应邀两赴温岭泽国镇，亲自主持问卷设计，协商民调在温岭泽国镇得到了较好运用，泽国镇也成为协商民主理念与实践的前沿。之后，温岭的民主恳谈会便被诸多的学者以"协商民主"理论进行阐发。在中国知网上以主题为"协商民主"并含"温岭"进行检索，从 2007—2019 年 4 月，知网共收录论文 110 篇。学者前赴后继从全国各地甚至世界各地奔赴温岭观摩、研究这一新的基层民主形式，并召开各种研讨会研讨，形成学术论文发表，从而引发更多的学者关注……民主恳谈与学术界、新闻界的频繁互动，使其全国知名，这种互动积极地推动了民主恳谈的持续发展和完善，即便换了领导，也不能轻易地将其废除。

（3）公众热情参与和公共精神的培养

在城市化和工业化的过程中，征地拆迁等引发的社会问题越来越多，如果继续用传统的刚性的管理方式，有可能会造成群体性事件等体制外的抗争，影响到执政"合法性"。"一个政治权威是否具有'合法性'取决于它是否具有生成和维持被统治者信任的能力，即'合法化'的能力。"② 政府需要树立起治理权威和政治"合法性"，而老百姓需要在涉及自身利益的公共决策中有利益表达和决策参与。民主恳谈便为公众提供了一个能够形成公共意见的开放的"公共领域"，即哈贝马斯所说的"一个关于内容、观点、也就是意见的交往网络"③。如果在新的治理方式中，公众没有感觉到充分被尊重，没有感觉到自己的利益表达在公共决策中有所体现，这种治理改革是很难持续的。"表演型协商"是不会得到群众的持续配合的。毕竟，"民主不是装饰品，不是用来做摆设的，而是

---

① 何俊志：《权力、观念与治理技术的接合：温岭"民主恳谈会"模式的生长机制》，《南京社会科学》2010 年第 9 期。

② 何增科、[德] 王海、[德] 舒耕德：《中国地方治理改革、政治参与和政治合法性初探》，《经济社会体制比较》2007 年第 4 期。

③ [德] 哈贝马斯：《在事实与规范之间——关于法律和民主法治国的商谈理论》，童世骏译，生活·读书·新知三联书店 2003 年版，第 446 页。

用来解决人民要解决的实际问题的"①。温岭的民主恳谈之所以持续了20余年之久,一个很重要的因素是得到了当地群众的支持,通过民主恳谈和参与式预算,政府在决策中充分尊重群众的意见,切实解决了群众想解决的问题,公共服务得到改善,公共利益得到增进,广大人民群众是最大的受惠者。

在笔者所做的调查中,有不少地方领导干部认为群众素质还太低,不太适合民主参与。而有些领导干部觉得"不好说",对群众的民主参与持怀疑态度。其实不必怀疑群众的协商参与能力,即便在经济比较落后,通常认为群众素质不是特别高的地方,群众一样具有较强的协商参与能力。有学者在对经济条件较为落后的盐津县群众参与预算的考察后认为,"民众完全有能力参与公共事务决策,并在这个过程中作出最符合大多数民众利益诉求的判断",民众议事员都具有公共性的考虑,也在这方面具有足够的辨别能力。②只要是实实在在的民主参与,群众自然会有参与的愿望和热情,如果再"经过一定的指导和训练,村民的民主参政潜力很大,是可以进行深入挖掘的"③。

温岭的协商代表在被抽选为代表后,刚开始也更多地关注个人利益和自己村子的局部利益,由于公共资源有限,所以,他们在恳谈会上为局部利益据理力争。但是,随着协商恳谈的不断深入,思想观念的不断碰撞和交锋,他们"会不知不觉进入一个特殊的场景,从而淡化了自己的特殊利益,而服从公共利益"④,私人空间的"个人自我"上升为公共空间的"公共自我",公共精神便得以体现。所谓公共精神,是指公民具有超越个人狭隘眼界和个人直接功利目的,关怀公共事务、事业和利益的思想境界与行为态度。人们逐渐换位思考,加深对事物本身的理解,然后重新掂量自己的选择,再修正自己的选择。这在菲什金教授在温岭

---

① 习近平:《推进人民政协理论创新制度创新工作创新,推进社会主义协商民主广泛多层制度化发展》,《人民日报》2014年9月22日第1版。

② 马骏:《盐津县"群众参与预算":国家治理现代化的基层探索》,《公共行政评论》2014年第5期。

③ 何包钢、王春光:《中国乡村协商民主:个案研究》,《社会学研究》2007年第3期。

④ 朱圣明:《民主恳谈:中国基层协商民主的温岭实践》,复旦大学出版社2017年版,第95页。

做的两次民意测验中都有体现。经过这样的民主历练,公众对公共利益更加关注,如更关注环保问题、安全问题,以及教育、社会救济、自来水工程等公共性的民生问题。公众在公共生活中意识到自己的利益与社会共同体的利益休戚相关,从而产生感性的公共责任意识。这种公共责任意识,正如帕特南所说,"与其说是代表了一种理想的利他精神,不如说反映了一种实用主义的未雨绸缪"[①]。

如今温岭的参与式预算,代表们在会上激烈辩论,针对预算收支草案提出意见,认真替政府看好钱袋子,督促政府把钱花在刀刃上。他们都是普通的代表,从事着普通的职业,未必都接受过财务方面的专业学习,他们大都通过乒乓球随机摇号被抽选为代表,有的也是第一次当代表。可见,民主是需要操练的,民主的习惯和文化是可以培养的。经过20余年的民主操练,温岭人已经逐渐培养成了民主参与的习惯和文化,他们有强烈的公共参与的意愿、也历练出了较强的参与能力。民主意识和民主文化的培养始终贯彻到温岭人的政治生活和日常生活之中。2019年3月22日,温岭箬横镇第十七届人民代表大会第六次会议听取和审查了《箬横镇人民政府工作报告》《箬横镇2018年财政预算执行情况和2019财政预算草案的报告》《2018年箬横镇重大民生实事项目完成情况》等,票决《2019年箬横镇重大民生实事项目》。会议特别邀请了箬横中学18周岁以上的学生代表参加旁听,在民主熏陶中成长起来的下一代,一定会是有政治参与意识和民主素养的现代公民。

(二)参与式预算是民主恳谈的高级阶段,标志着恳谈进入实质民主

温岭从民生事务恳谈发展到参与式预算,公众在政府决策,尤其是公共财政支出决策中发挥了切实的作用,这是超越了"公众参与",体现了协商民主的作用,即将协商过程中的意见自由表达与民主决策结合起来了。当前在基层社会治理中,凡有公众参与的地方,常被扣上"协商民主"的帽子,但却存在协商跟公共决策"两张皮"的现象,而且很多协商也只是有"民主化协商"过程而无民主决策,因而称上不是"协商民主"。公众提出的议题,政府部门只是选择性地选取很少一部分出来作

[①] [美]罗伯特·D.帕特南:《使民主运转起来——现代意大利的公民传统》,王列、赖海榕译,江西人民出版社2001年版,第161—126页。

为协商对话的议题，而很多议题可能因为不是当前的中心工作、政府关注程度不够，或者有些议题解决起来难度较大，或者有些问题的解决并不是迫在眉睫等原因，这些议题就可能就进入不了协商对话的平台。① 而有些议题，即便进入了协商对话平台，被提出来由公众参与协商，但公众的意见对公共决策而言只起参考性作用，仅供党委政府决策时参考，没有任何法律依据使政府部门必须采纳公众意见。

如果协商对政府的决策没有实质性的影响，仅作为一种"利益表达"而不是"权利表决"，对公共决策没有法定约束力，则这种协商民主的可持续性堪忧。很可能随着领导人的换届或者工作重心的转移而不了了之。有学者指出，"许多地方的协商民主，一旦跨越创新空白期后，创新内卷化现象普遍产生，造成制度在低水平上重叠设立，问题的治理绩效停滞不前"。② 温岭的参与式预算则充分体现了协商民主的"审慎讨论"和"决策参与"两个重要维度。民主恳谈跟公共决策联系起来、跟政府的钱袋子联系起来，民主恳谈才成为实质民主。温岭的民主恳谈经过了20余年运行，参与式预算也有19年的历史，它们在运行过程中制度设计不断完善和可操作化，因而表现出了强劲的生命力。

（三）将民主恳谈嵌入人大制度，是民主恳谈持续发展的关键

人民代表大会制度是中国的根本政治制度，人大及其常委会作为国家权力机关，拥有立法权、计划、预算的审查和批准权等权力。但是长期以来，人大代表的作用发挥不充分，没能充分行使人大代表审议议案权、提案权和质询权等权力，也未能充分联系群众、听取和反映人民群众的意见和诉求。

温岭的参与式预算，使体制外的民主恳谈与体制内的人民代表大会制度相联系，使人大的法定权力真正回归。参与式预算，虽是多方参与的（见图4-1），但人大起了主导作用。说是多方参与，是因为党委、政府、人大代表、公众和专家广泛参与、互相配合、各司其职，形成了强

---

① 朱凤霞：《基层协商民主中的公众话语权——基于扎根理论对成都J镇近年协商议题的分析》，《河南社会科学》2017年第10期。

② 韩福国：《超越"指定代表"和"随机抽样"：中国社会主义复式协商民主的程序设计》，《探索》2018年第5期。

大的合力。在参与式预算的运行机制中，党委处于领导位置，为预算绩效管理工作指明正确的方向。政府既是预算的编制者、执行者和预算责任的承担者，也是预算信息的主要提供者，需要向人大代表和公众代表报告和反馈预算的编制、修编、修正信息。而人大处于主导位置，着力推动预算绩效管理的工作进展，全程设计预算绩效管理的各个环节，全面推动人大代表、专家和公众参与。人大代表、专家和公众是预算民主的具体实践者。[1] 可以说，体制外的民主恳谈与体制内的人大制度的结合，畅通了民意表达的渠道，搭起了人大代表联系人民群众、反映群众心声的桥梁，构建了公众参与预算的有效途径。将公众的意见转化为人大代表的意见，由人大代表与政府进行对话，最终使恳谈结果具有法律效力，从而对政府决策产生实质性的影响力。

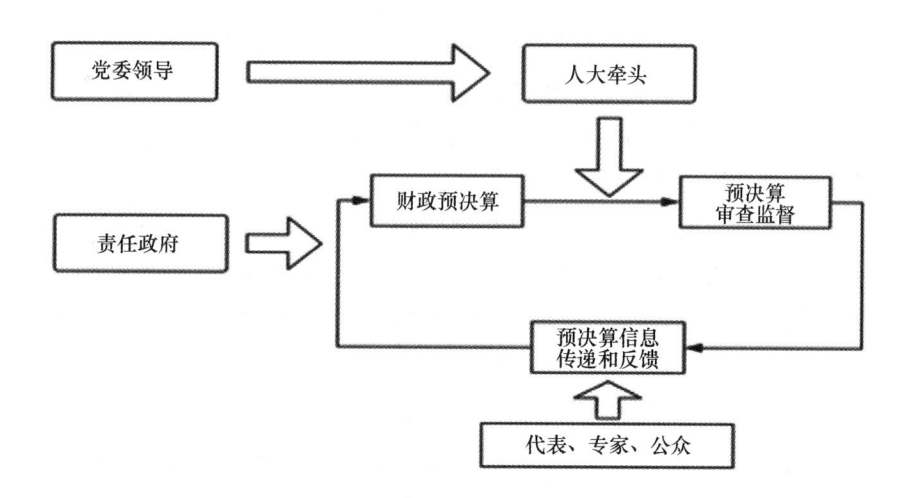

图 4-1 温岭参与式预算逻辑结构

资料来源：笔者自制。

此外，民主恳谈与人大代表制度的结合，将恳谈可能会因人、因事、因时、因地而产生的"不确定性"纳入制度化轨道，变为刚性的制度安排。将游离于体制之外的民主恳谈纳入现行的制度框架之内，并使之逐

---

[1] 王俊禄：《有事好商量，参与协商有力量》，《半月谈》2019 年第 5 期。

步走上制度化、程序化、规范化的轨道,这是民主恳谈能持续推行的突破口和关键环节。

(四) 制度设计需要在实践中不断加以完善

恳谈制度在实践中不断完善。温岭的恳谈制度主要是通过政府部门的一系列文件制定出来的,并且随着实践的深入,在实践中不断完善。截至目前,温岭市及其各个乡镇出台了《中共温岭市委关于在我市非公有制企业开展"民主恳谈"活动的意见》《中共温岭市委关于民主恳谈的若干规定(试行)》《中共温岭市委关于全面深化民主恳谈推进协商民主制度化发展的意见》《中共温岭市委关于党内民主恳谈的若干规定(试行)》《温岭市市级预算审查监督办法》《温岭市街道预算监督办法》《泽国镇参与式预算民主恳谈工作规程》《新河镇预算民主恳谈实施办法(试行)》《关于进一步完善和推进行业工资集体协商工作的意见》等20多个有关民主恳谈、参与式预算的办法、意见、规定等。这些办法、意见、规定的出台时间从2000年到最近的2015年,从某个侧面反映了温岭民主恳谈在实践中不断完善,并上升为制度安排的历程。

制度设计通常不可能一开始就非常完美,通常都是在实践的过程中不断修正和完善的。如代表的选举,从开始的随机抽样发展到后来的分群抽样。随机抽样各个阶段也有所不同,如2005年是按"户"随机抽样;2006年落实到人,在全镇18周岁的选民中随机抽样。2010年,开始在各办公室(政府各线)建立"精英库",2012年,泽国镇尝试普通选民、精英和人大代表三结合的方式进行分群抽样。

在预算草案内容方面,以前都是对财政开支进行预算,但从2015年开始,每年用半天时间开展预算收入专题恳谈,预算草案中也增加了"收入预算"项目,这对于明晰财力状况、保障收支平衡有积极的意义。

社会的发展是一个不断推进的过程,民主恳谈本也是一个不断摸索和创新的过程,其制度设计需要不断的经验累积和逐步完善。

第二节 人民政协协商的基层拓展:四川"有事来协商"

人民政协是国家治理体系的重要组成部分,是具有中国特色的制度安排。人民政协从"各党派的协商机关""民主协商机构"到"专门协商机构"的历史发展进程,承载着新中国70多年来的不懈探索。人民政协发挥专门协商机构的作用,在推动社会主义协商民主广泛多层制度化发展、实现国家治理体系和治理能力现代化方面具有独特的优势和地位。

作为我国的一项基本政治制度,中国共产党领导的多党合作和政治协商制度一直是政治学者研究的重要内容。近年来,在国家治理体系和治理能力现代化、全过程人民民主等概念被提出后,不少学者将对政协制度的研究与这些概念结合了起来。有学者指出,"人民政协是全过程人民民主的重要政治制度","人民政协提升了民主的品质"[1]。有学者论述了人民政协是全过程人民民主的重要制度载体。[2] 有学者指出,要落实"全链条"的要求,发挥人民政协在党治国理政中的作用,贯彻落实"全方位"要求,发挥人民政协在中国特色协商民主体系建设中的作用,贯彻落实"全覆盖"的要求,将"众人的事情众人商量落到实处",从而落实习近平总书记提出的全过程人民民主是"全链条、全方位、全覆盖的民主"[3]。有学者指出人民政协"能够通过组织的载体形式与职能的有效发挥,推进国家治理体系和治理能力现代化"[4]。

随着社会的发展,不少学者都认识到人民政协职能拓展的重要性,认为人民政协在基层治理中应发挥积极作用。有学者认为,人民政协的功能拓展是"人民政协对社会发展的回应",认为"人民政协在应对社会发展所导致的一些社会问题方面应该有更大作为"[5],应引导民众通过政协有序参与政治、表达利益诉求[6]。有学者指出,要"推动人民政协协商

---

[1] 江泽林:《"两会制"民主视域下的人民政协——全过程人民民主的重要政治制度》,《中国社会科学》2021年第12期。

[2] 周淑真:《人民政协:全过程人民民主重要制度载体——历史逻辑、方位体现与职能机制考察》,《当代世界与社会主义》2022年第2期。

[3] 谈火生:《发挥专门协商机构的作用 完善全过程人民民主》,《人民政协报》2022年1月5日第8版。

[4] 马雪松:《人民政协专门协商机构制度建设的国家治理逻辑》,《理论探讨》2020年第2期。

[5] 徐光兵:《社会发展与人民政协功能的拓展》,《江西社会科学》2011年第12期。

[6] 齐卫平:《民意汇聚:人民政协履行职能的新着力点》,《中国政协理论研究》2009年第3期。

嵌入基层社会治理，实现政协协商与基层协商的有效衔接"①。通常，人民政协主要在后台发挥智囊、监督的作用，并不直接参与社会问题的治理。②"政协是协商平台，不是协商主体。"③政协作为公共权威"构建可接近的公共空间，为人们的参与、表达和自组织提供有效的渠道和必要的支持"④。政协在其中具有超脱的地位，它不是任何利益主体中的一方，它通过搭建协商平台，制造一个新的治理空间，"倾听群众呼声，反映群众愿望，抓住民生领域实际问题做好工作，协助党和政府增进人民福祉"⑤。协商共识达成后，政协又依靠其政治影响力形成的"软监督"⑥督促职能部门履行承诺，使协商共识得以落实。人们通过政协搭建的协商平台，在与自身利益密切相关的公共决策中有广泛的参与权，权力的运行受到了人民的监督和制约。

在对基层协商民主具体实践的研究中，对近年出现的政协介入基层协商的案例研究屈指可数。在零星的研究中，有的学者分析了某市"有事好商量"平台案例，指出人民政协可以通过"治理空间生产"实现社会治理民主协商渠道的再建构。⑦有学者对某市"社会治理网格化＋政协云"微建议试点工作进行了考察，探讨了信息技术强化人民政协介入社会治理的内在机制。⑧有学者以某区政协助推跨村自治为案例研究了基层政协的"嵌入式履职"。⑨可见，地方政协职能有向基层拓展的趋势，并

---

① 蒯正明：《全过程民主视域下深化人民政协协商民主建设路径探析》，《学术界》2021年第6期。

② 林海彬：《治理空间生产：人民政协参与社会治理的新路径——基于G市"有事好商量"平台的分析》，《探索》2021年第6期。

③ 刘佳义：《专门协商机构论纲》，《中国政协理论研究》2020年第3期。

④ 杨雪冬：《基层再造中的治理空间重构》，《探索与争鸣》2011年第7期。

⑤ 习近平：《在中央政协工作会议暨庆祝中国人民政治协商会议成立70周年大会上的讲话》，《中国政协》2019年第18期。

⑥ 张峰：《论人民政协民主监督的协商式监督新定位》，《国家行政学院学报》2017年第6期。

⑦ 林海彬：《治理空间生产：人民政协参与社会治理的新路径——基于G市"有事好商量"平台的分析》，《探索》2021年第6期。

⑧ 韩莹莹、陈缘：《技术强化人民政协介入社会治理的内在机制——以Y市"社会治理网格化＋政协云"微建议试点工作为考察对象》，《行政论坛》2021年第3期。

⑨ 兰峻：《"嵌入式履职"：基层政协履职创新的路径选择——以丽水莲都区政协助推跨村自治为个案》，《丽水学院学报》2016年第4期。

且已经积累了部分经验。但总体来说，基层政协职能向基层拓展尚是一种新的实践，还需要不断总结经验教训。而学者在这方面的研究成果还不充分，在已有的零星研究成果中，正面肯定的多，反思的少，还缺少进一步的思考。尤其是对政协协商向基层拓展的优势是什么，政协协商与基层协商的边界在哪里，政协协商是否能够代替基层协商等问题，学界还缺乏研究。

四川省政协也通过搭建"有事来协商"平台将协商拓展到基层社会治理。本章以四川政协"有事来协商"为案例，管中窥豹，考察政协协商向基层拓展的优势是什么，政协协商与基层协商的边界在哪里。

一 四川"有事来协商"平台与基层社会治理

为深入贯彻习近平总书记关于加强和改进人民政协工作的重要思想，推进社会主义协商民主广泛多层制度化发展，2021年，四川省政协打造了"有事来协商"平台，并把"有事来协商"工作作为当年的一件大事来推进。人民政协开展的"有事来协商"工作，一般以乡（镇）、街道政协工作站以及各界别政协委员之家为依托，通过在乡（镇）、街道建立"有事来协商"平台开展与基层社会治理、群众生产生活息息相关的民生实事的协商活动，着力构建协商于民、协商为民新机制，形成党委领导、政府支持、政协搭台、各方参与、服务群众的协商民主新格局，实现政协与基层社会治理的有效衔接，努力打造党委政府"好帮手"、人民群众"连心桥"、委员履职"新平台"。[①] 2021年，四川省政协主席会议成员分别带队赴全省各市（州）开展专题调研和督导，推动"有事来协商"工作扎实推进。截至2023年1月，全省政协组织已搭建"有事来协商"平台20216个，组织小微协商2.5万余次，提出5万余条意见建议，解决基层治理和人民群众操心事、烦心事、揪心事共3万余件。[②] 推动了政协制度优势转化为基层治理效能，在治蜀兴川

[①] 徐光明：《探索政协协商同社会治理相结合的江苏实践》，《中国政协理论研究》2020年第3期。

[②] 田向利：《中国人民政治协商会议四川省第十二届委员会常务委员会工作报告》，《四川日报》2023年1月17日第3版。

大局中发挥了专门协商机构作用。

政协四川省委办公厅选取了全省 50 个"有事来协商"典型案例编辑成册，供相关部门学习借鉴。笔者对这 50 个案例研读后进行了总结归类，如表 4-2 所示。

表 4-2　　　　　　　　　四川省"有事来协商"案例总结

序号	协商案例	归类
1	优化公交线网	交通安全
2	道路交通安全隐患整治	交通安全
3	村道修缮、增设红绿灯、完善配套交通设施	交通安全
4	高山镇东巷道路硬化问题	交通安全
5	土地流转费用遗留问题	经济发展
6	烟站迁建，以解决烟农卖烟难	经济发展
7	解决双龙村生活用水问题	生活保障
8	解决尧坝古街群众用电安全和质量问题	生活保障
9	开通跨县区农村公交车	交通安全
10	盘活村级集体资产，助农增收	经济发展
11	解决广干渠道闸门、排洪河渠堤垮塌修复问题	基础设施
12	民宿带动文旅产业提质增效	经济发展
13	盘活塔水镇闲置资产	经济发展
14	建设公益性墓地，解决青莲镇乱埋乱葬问题	城镇规划改造
15	解决长卿镇"肥水养鱼"治理难问题	经济发展
16	天然气入户问题	生活保障
17	高速公路噪声扰民问题	环境治理
18	普安镇全镇老旧小区改造和管理（小区管网、美化墙面路面、配套设施、物业管理）	城镇规划改造
19	修复水渠功能，确保群众生产用水	基础设施

续表

序号	协商案例	归类
20	某老旧小区改造	小区治理
21	石牛村构树产业转型发展	经济发展
22	农村人居环境整治（污水、生活垃圾、改厕、环保意识）	环境治理
23	加快土地增减挂钩项目实施，推动货币安置补偿金发放	生活保障
24	遏制农村红白喜事铺张浪费，弘扬文明节俭新风	民风民俗
25	联建化粪池解决生活污水问题	环境治理
26	金鸿城小区西、北方向围墙下拓荒种菜问题	小区治理
27	旧城改造	城镇规划改造
28	治理车辆乱停乱放	城市管理
29	乡村公路安全防护设施和标识标牌建设	交通安全
30	古村落保护与开发利用	城镇规划改造
31	柑子镇桅子村云盘公路滑坡隐患	交通安全
32	村民饮水安全问题	生活保障
33	提升场镇集中供水能力	生活保障
34	解决广场无健身器材设施问题	生活保障
35	整治堰道，解决堰道堵塞问题	基础设施建设
36	解决工业园区工业用水问题	经济发展
37	解决庙岗村道路照明问题	交通安全
38	打通铁炉村"断头路"最后一公里	交通安全
39	解决水果销售问题	经济发展
40	老旧小区改造	城镇规划改造
41	校园周边环境整治（交通、食品、文化治安）	城市管理
42	解决县城停车难行车难问题	城市管理
43	汽车客运站交通狭窄，影响出行	交通安全
44	自助洗车中心噪声大，污水横流，影响出行安全	城市管理

续表

序号	协商案例	归类
45	协商解决经济适用房小区办证问题	小区治理
46	壮大集体经济增加群众收入	经济发展
47	解决黑青稞销售渠道	经济发展
48	其米沟河道安全问题	基础设施
49	移民新村和安置小区治理	小区治理
50	公园路社区环境综合治理问题	城市管理

总结这50个"有事来协商"案例，各市县政协在介入基层社会治理方面的做法主要表现在以下几个方面。

（一）创新协商形式，搭建协商平台

"有事来协商"平台，大都是利用现有的政协委员联络站、便民服务中心、社区服务中心、党群服务中心等社会公共资源而建设，探索形成的党委引领、政府支持、政协搭台、多方参与的基层协商议事平台。其协商形式不一而足，不拘泥于某种固定的形式。除了常见的会场协商，还有现场协商、院坝协商、广场协商、网络协商等多种形式。

有的地方召开坝坝会协商，协商现场完全开放，让社区居民全程自愿参与，并赋予群众充分的发言权，鼓励他们大胆发表意见，实现了"在群众中协商"。有的地方开展现场协商，如某地就交通安全隐患整治开展现场协商，将政协主席、政协专委会委员、政协委员、分管副市长、市公安局、交通局、综合执法局等相关执法部门，以及镇相关领导及村（社区）群众代表等组织到某路段现场，边走访、边调研、边协商，就道路交通安全、绿化植物选择、标志牌设置等提出意见建议。针对委员及群众代表提出的建议，相关部门负责人现场逐一作出回应。有的地方加强智慧政协建设，利用现代信息技术建立网上协商平台。有的地方依托政协街道工委与镇联络委的"小微协商平台"、界别协商会议、主席会议及全体主席会议成员和区委区政府分管领导参加的专题协商会议等议事平台，探索和实践了同一议题在不同层面协商的新形式。各地政协通过各种协商形式，实现了面对面沟通协商、线上线下互动协商、场内场外联动协商。

(二) 精选协商议题，提高协商实效

议题的征集，通常是通过政协委员收集，或者广泛征集政协委员或公众意见收集，或者通过微信公众号等网络平台收集。再从这些征集到的议题中，选择群众最关心最直接最现实的利益问题，或者群众反映最强烈最期盼的难点问题等进行协商。

笔者对50个协商案例议题进行了简单归类，大致可分为经济发展类议题、交通安全类议题、生活保障类议题、城镇规划改造类议题、城市管理类议题、基础设施建设类议题、小区治理议题、环境治理类议题、民风民俗类议题等，主要议题占比如图4-2所示。

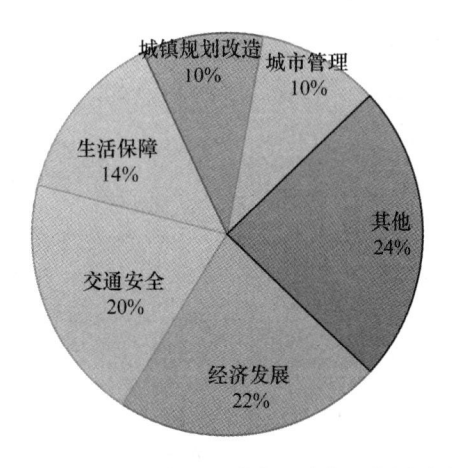

图4-2 四川省"有事来协商"案例议题分类占比

其中，与经济发展有关的议题较多，有11项，占22%，主要涉及土地流转费用遗留问题、烟农卖烟难问题、水果及黑青稞的销售问题、肥水养鱼的治理问题、产业转型发展问题、工业用水问题、如何盘活村集体资产问题、如何让民宿带动文旅产业提质增效问题、如何盘活镇闲置资产问题，等等。

交通安全方面的议题10项，占20%，具体涉及优化公交线网、村道修缮、增设红绿灯、完善交通配套设施、某路段道路硬化问题、道路交通安全隐患整治、乡村公路安全防护设施和标识牌建设、村道照明、"断头路"打通等问题。

生活保障方面的议题7项，占14%，主要涉及天然气入户、安全用水用电、广场健身器材添置等问题。

城镇规划改造方面的议题5项，占10%，具体涉及公墓建设、老旧小区改造、旧城改造、古村落保护与开发利用等问题。

城市管理方面的议题5项，占10%，具体涉及治理车辆乱停乱放、停车难行车难、校园周边及社区环境综合整治、城市噪声污染等问题。

环境治理方面的议题3项，具体涉及农村人居环境整治、生活污水处理等议题。

民风民俗方面的议题1项，涉及遏制农村红白喜事铺张浪费，倡导文明节俭新风等移风易俗方面的议题。

此外，涉及小区治理的议题4项，主要包括某老旧小区改造、某小区围墙下业主私自拓荒种菜问题、移民新村和安置小区治理、协调解决某经济适用房小区办理房产证等问题。

以上协商议题，均为与群众生产生活密切相关的议题，表明公众对于如何促进辖区经济发展、保障交通安全，以及水电气等生活保障问题都十分关注；对城镇规划改造、城市管理及环境治理等问题也密切关注；同时，随着生活水平的提高，人们也开始关注移风易俗等精神层面的提升。有的议题需要协调多个职能部门解决，如某地公交线路的优化涉及城管部门、公交公司等；有的议题甚至跨越了行政区域，需要与邻省邻县有关部门一起协商解决，如关于京昆高速川陕交界处噪声扰民的议题就涉及川陕两省，需要召集不同行政区域有关部门协商；有的议题涉及专业知识需要独立专家参与协商，如噪声的鉴定、里程的测量，等等。以上协商案例均达成了共识，解决了公众生产生活中的难题，一定程度上促进了经济发展，解决了交通安全问题，解决了公众用水用电用气问题，提升了城镇规划改造及城市治理中的科学性及民主参与度，倡导了文明新风尚。最重要的是，这些与公众利益息息相关的议题讨论都有公众的参与，即便部分公众的意见在整合中没有得到采纳，该项共识的达成也具有程序的正义性，能够得到公众的理解也便于执行。以上议题均为公共议题，即涉及辖区内多数主体一致的利益。此外，也有一部分议题如小区治理的议题只涉及部分特定公众的利益，这也暴露出部分小区自治能力欠缺，无法处置小区内部的治理问题，只有借助政协搭建的平台，依靠行政力量的介入解决自治难题。

（三）明确协商程序，促进成果转化

总体来说，政协介入的基层协商，从征集并确定协商议题、商前调研、制订协商计划、召开协商会议、共识达成、协商成果运用，到跟踪反馈都有一套较完整的程序，形成了政协委员协商履职的闭环管理。

协商议题确定后，一般将协商议题和议事安排进行公示。在协商议事活动前一周，逐一打电话对拟邀请的协商对象进行确认，请其做好前期调研及协商准备。

"有事来协商"案例，协商程序可能有细微的区别，但都明确了"商前调研"程序，坚持把做深做实做细调查研究工作作为开好协商会议的前提和基础。有的地方在协商议事会议召开前，组织政协委员、村社干部开展走访调研，听取群众意见建议，找准问题症结，为协商议事会的召开做好充分准备。有的地方成立课题组，组织界别委员、政府职能部门负责人、专家学者、群众代表、媒体工作者等联合调研，下沉一线开展调查研究，查实情、听民声，掌握第一手资料。有的地方针对具体议题如优化公交线路的协商议题，主席会议成员分别亲自乘坐公交车察看线路情况，组织政协委员专题视察区公交能源站，并多次召集城管局、公交公司等部门听取工作开展情况，政协委员收到协商建议后，当即组织委员走访村民，征求公众意见，并到相关部门了解相关规定等。

在充分调研的基础上，政协组织各方召开专题协商会议，研讨解决方案，凝聚共识。通常，参与协商的人员有政协委员、政府相关部门负责人、企业代表、群众代表和社会监督人士、独立专家等。有的协商会议上，政府分管领导和相关部门负责人还会现场解答、当场表态，对协商中持不同意见的群众，协商组织者及时做好解释说明工作。

协商会议后通常会形成协商专报，将协商建议意见报党委、政府研究参考，推动重要协商成果纳入党政督办事项。党委政府确定执行方案，制定责任落实清单，明确具体推进措施。政协搭台的工作并未到此结束，政协不仅重视协商会议的组织，也重视协商成果的落地实施。协商议事会议结束一段时间后，政协委员联络站会对议定的事项进行跟踪调查，具体了解办理落实的情况，搞好与职能部门的对口联系。有的地方还将协商成果转化与部门年底绩效考核挂钩，增强了承办部门的责任感和使命感，推动了协商成果有效落实。

同时，政协还加强与新闻媒体的联系协作，充分利用电视台、报刊网络等载体报道协商过程，宣传协商成效，监督协商成果的落地实施，让公众切实感受到公共问题解决过程中公众参与的力量，从而在社会中营造出浓厚的协商氛围，逐渐培育出协商文化。

二 政协协商向基层拓展的优势

相较于基层自治或社会组织等主导的基层协商，政协介入基层协商治理有其独特的优势。

（一）作为专门的协商机构，人民政协具有完备的组织和制度优势

人民政协作为中国共产党领导的多党合作和政治协商的重要机构，是专门的协商机构，在70多年的发展过程中，组织制度不断完善，机构有效运行，为畅通公众的利益诉求渠道、实现与基层协商的有效衔接提供了组织优势和制度依托。

2014年9月，习近平总书记在庆祝人民政协成立65周年大会上指出，"人民政协要发挥作为专门协商机构的作用"，这是首次将人民政协定位为"专门的协商机构"。相较于政党协商、人大协商、政府协商、人民团体协商、基层协商和社会组织协商等，政协协商不仅是一个重要的协商渠道，而且有专门的机构承担着经常性的协商任务。人民政协是中国政治体系中的正式组织，具有系统化的组织结构，建立了中央、省、市、县的四级制度体系。政协不同于国家权力机关，也不同于国家行政机关，它位于国家政权体系之外，处于一种超脱的位置，这为其搭建协商平台提供了组织优势。

宪法、《中国人民政治协商会议章程》，以及近年出台的《中共中央关于新时代加强和改进人民政协工作的意见》《关于加强人民政协协商民主建设的实施意见》《关于加强和改进人民政协民主监督工作的意见》《关于加强新时代人民政协党的建设工作的若干意见》等一系列法律和重要文件，都为新时代人民政协事业发展提供了有力的制度保障。如《中

国人民政治协商会议章程》对中国人民政治协商会议从工作总则、组织总则、委员权利义务、全国委员会及地方委员会设置等方面都作了详细的制度安排。《章程》还规定全国委员会和地方委员会应制订年度协商计划，专题议政性常务委员会会议议题、专题协商会议议题及其他协商形式的重要议题应列入年度协商计划；根据工作需要，设立若干专门委员会及其他工作机构；政协委员通过建议案、提案、社情民意信息和其他形式向国家机关和其他有关组织提出建议和批评等。中国人民政治协商会议在长期的探索和发展过程中形成的较完备的组织和制度体系为政协介入基层协商提供了组织和制度优势。

（二）作为广泛的爱国统一战线组织，人民政协具有充足的人才优势

人民政协是中国人民的爱国统一战线组织，人民政协委员是各个党派、人民团体、界别的杰出代表，由各方面协商产生，代表各界群众参与国是、履行职责。他们代表性广、包容性强，是党和政府联系群众、团结社会各界的桥梁和纽带。他们整体素质高、智力资源密集，是社会各界的精英分子，充分发挥政协委员的作用，有利于凝聚社会各界的智慧，为国家治理现代化建言献策、促进公共决策的科学化和民主化。

政协委员大多是兼职，这反而有利于政协委员更好地联系政府部门、联系群众。例如，在笔者的调查案例中，"有事来协商"平台的负责人、召集人通常是由乡镇、街道党委书记（兼任政协委员）担任的。他们本身就是党委和政府的干部，他们组织召开基层协商会议更易将政府相关部门和其他协商主体召集到一起，让政府相关部门能更直接地了解到具体情况及群众的真实想法和利益诉求，有时相关部门甚至能当场做出某些承诺或表态，对矛盾的解决产生直接的效果。即便不能当场解决的问题也能通过各种渠道将协商结果传达给相关部门和领导，并督促协商成果的采纳和落实。"政协的协商过程，既连接政协内部，也沟通政协外部特别是具有决策权的党政机关。"[①] 沟通具有决策权的党政机关是政协协商的独特优势。

政协委员有较强的履职能力要求和责任担当。2015 年，中央办公厅印发的《关于加强人民政协协商民主建设的实施意见》提出，应提高政

---

① 刘佳义：《专门协商机构论纲》，《中国政协理论研究》2020 年第 3 期。

协委员的政治把握能力、调查研究能力、联系群众能力和合作共事能力，这是对政协委员的能力要求。通过组织委员专题学习研讨党的路线方针政策和宪法法律，在履职的实践中提高运用科学思维、法治思维研究解决问题，增进政治认同，提高政治把握能力。通过坚持问题导向，改进调研方法，优化调研队伍构成，采用集中调研、分散调研、蹲点调研等多种调研形式摸清真实情况，提高调查研究能力。通过畅通和拓宽各界群众的利益表达渠道、密切政协各专门委员会与人民团体等界别的联系、推广委员联系点、委员网络信箱等多种联系群众的形式，引导群众有序表达合法诉求等提高委员联系群众的能力。通过完善工作机制、搭建更多合作平台、加强政协组织与党委统战部门的沟通协调、建立政协主席副主席联系各界别委员制度等提高政协委员的合作共事能力。当政协协商职能向基层协商拓展，"有事来协商"平台便成为政协委员们新的履职平台，政协委员们能充分发挥联系群众的优势，为各协商主体搭建协商平台，为其提供摆事实、讲道理、提建议的渠道，凝聚智慧，凝聚共识。

（三）作为国家治理体系的重要组成部分，人民政协有密切联系基层的优势

习近平总书记指出："人民政协是国家治理体系的重要组成部分，是中国特色的制度安排。"[①] 在中国共产党的领导下，人民政协积极投身建立新中国、建设新中国、探索改革路、实现中国梦的伟大实践，建立了历史功勋。[②]

人民政协的性质定位有一个不断拓展和完善的过程，其职能也有一个不断拓展的过程。1954 年第一部政协章程中，人民政协的性质被定位为"统战组织"，之后随着实践的发展，其性质被定位为"统战组织、多党合作和政治协商机构、民主形式"。2018 年，新修订的政协章程中又增加了"国家治理体系的重要组成部分、中国特色的制度安排"。人民政协的协商职能也在实践过程中逐渐完善为政治协商、民主监督、参与议政

---

① 习近平：《在庆祝中国人民政治协商会议成立 65 周年大会上的讲话》，《人民日报》2014 年 9 月 22 日第 1 版。

② 习近平：《在庆祝中国人民政治协商会议成立 65 周年大会上的讲话》，《人民日报》2014 年 9 月 22 日第 1 版。

及凝聚共识。而凝聚共识需要拓展平台，需要具有可操作性的方法和经验，基层协商正是汇聚各方面的利益代表，推动协商对话、资政建言、凝聚共识的平台和实践。

我国人民政协建立了中央、省、市、县四级制度体系。市县政协处在国家基层治理的第一线，具有联系基层的天然优势。同时，市县政协也处在防范化解矛盾风险的第一线，面临着突出的基层治理问题。基层社会往往是矛盾最集中的地方。随着城市化进程的加快、人口流动的加速、人们价值追求思维方式的不同，以及各自利益诉求的不同等多种原因导致基层社会矛盾突出，拆迁赔偿、土地流转、环境污染、噪声污染、交通隐患、用水用电用气安全、小区治理、物业管理等问题都可能引发社会矛盾，这些问题大都涉及群众民生热点、难点、焦点问题，如果这些问题得不到及时处理，就可能造成矛盾升级，影响基层社会的和谐稳定。在基层社会，更需要发挥协商民主的作用，化解矛盾，理顺情绪，表达诉求，凝聚共识，而市县政协在这些方面大有可为。市县政协可以把人民政协的制度优势，转化为在国家治理体系中参与基层治理的效能，推动政协协商向基层拓展，实现与基层协商的有效衔接，拓展基层群众的政治参与渠道，将其有序纳入基层治理的政治参与之中，既注重在基层治理中听取各方意见，建言资政，又努力凝聚共识，做到"双向发力"[1]。

三 协商平台与边界：政协职能拓展需要进一步讨论的问题

人民政协作为国家治理体系的重要组成部分，承载着国家治理的任务，而基层治理又是国家治理的重要内容。2015 年，中共中央办公厅印发的《关于加强人民政协协商民主建设的实施意见》中关于政协协商的主要内容就包括"国家大政方针和地方的重要举措以及政治、经济、文化和社会生活的重要问题"，并指出应"在实践中丰富协商内容"，"鼓励各级政协根据形势发展，围绕党和国家中心工作，结合实际丰富协商内

---

[1] 刘佳义：《专门协商机构论纲》，《中国政协理论研究》2020 年第 3 期。

容，拓宽协商范围"①。可以说，介入基层协商治理，是随着时代发展党和人民给基层政协提出的新要求，也是新时期基层政协的自我重新定位，是政协不断拓展协商内容，将协商平台延伸至基层的新形势。如上文所述，人民政协介入基层协商有其制度优势、组织优势、人才优势等，近年在全国各地政协介入基层协商的案例时有报道，取得了较为明显的成效，也能在一定程度上解决群众现实生活中的实际问题。

在四川政协搭建的"等你来协商"平台，市县政协通过各种小微协商，充分发挥了政协在基层社会治理中的作用。一是通过组织协商，化解了矛盾、凝聚了共识，解决了基层社会治理中依靠自治或社会组织难以解决的与当地发展或与群众利益息息相关的各种问题，并通过政协的跟踪反馈和监督保证了协商共识的落地实施。二是通过多次小微协商的组织，培育了协商文化，教育了基层干部和群众。一方面，基层干部认识到政务公开和基层协商是开展基层工作的良好方法，主动将涉及集体、群众切身利益的事务进行公示，邀请利益相关者或协商代表进行协商，主动接受群众的监督和批评，在协商中化解矛盾、达成共识，找到了解决问题的有效方法。另一方面，群众在参与协商的过程中，感受到自己得到了充分的尊重，自身的利益诉求得到了充分的表达，合理的意见也能得到重视，并最终对公共决策产生影响。在反复的协商实践中，协商文化便能得以形成，并反过来引领协商实践。

但是，政协协商拓展到基层，还有一些问题需要认真思考和厘清。如人民政协是作为协商主体还是协商平台？人民政协协商向基层拓展的边界在哪里？

通常，人民政协主要在后台发挥智囊、监督的作用，难以直接参与社会问题的治理。②"市县政协的主要任务就是搭好台，调动各协商主体参加协商的积极性。"因而，"政协是协商平台，不是协商主体"③。人民政协作为公共权威"构建可接近的公共空间，为人们的参与、表达和自

---

① 新华社：《中共中央办公厅印发〈关于加强人民政协协商民主建设的实施意见〉》，《世纪行》2015 年第 6 期。
② 林海彬：《治理空间生产：人民政协参与社会治理的新路径》，《探索》2021 年第 6 期。
③ 刘佳义：《专门协商机构论纲》，《中国政协理论研究》2020 年第 3 期。

组织提供有效的渠道和必要的支持"①。四川的"有事来协商"平台正是政协构建的将党委政府及其职能部门、企业、社会组织、社会公众等纳入同一个协商解决社会问题的新的治理空间，政协在其中具有超脱的地位，它不是任何利益主体中的一方，它通过搭建协商平台，制造一个新的治理空间，"倾听群众呼声，反映群众愿望，抓住民生领域实际问题做好工作，协助党和政府增进人民福祉"②。协商共识达成后，政协又依靠其政治影响力形成的"软监督"③督促职能部门履行承诺，使协商共识得以落实。

那么，人民政协将协商平台向基层拓展，其与基层协商的边界在哪里？人民政协协商是否可以替代基层协商？基层协商通常内嵌于城乡基层自治之中，是实现基层群众自治的重要方式。基层群众自治制度与人民代表大会制度、中国共产党领导的多党合作和政治协商制度、民族区域自治制度一起纳入了中国特色政治制度范畴。基层群众自治是宪法和法律赋予基层群众的权利。改革开放后，尤其是党的十八大以后，各地基层群众自治开展得如火如荼，取得了良好的治理绩效。但在不少地方，基层自治还面临不少难题，如有的地方自治乏力，基层协商流于形式；有的地方自治协商召集困难，代表缺乏协商参与的积极性；有的地方基层协商缺乏科学的程序，协商效果不尽如人意；有的协商成果落实需要统筹多个职能部门解决甚至需要跨行政区域有关部门的协调解决，自治力量难以企及；有的协商需要多个第三方机构提供专业帮助，自治力量无力协调；有的协商成果的执行无人监督，落实情况没有反馈……而人民政协介入基层协商将使这些困难迎刃而解。政协作为专门的协商机构，专事协商之职，对于基层自治难以解决的协商议题，可以纳入政协协商的平台，由人民政协推动自治机构公布议题，广泛征集公众意见，组织商前调研，搭建协商平台，组织各协商主体按科学的议事规则开展协商，协商共识达成后将协商成果汇报给党委政府决策实施，并利用其对党委

---

① 杨雪冬：《基层再造中的治理空间重构》，《探索与争鸣》2011年第7期。
② 习近平：《在中央政协工作会议暨庆祝中国人民政治协商会议成立70周年大会上的讲话》，《中国政协》2019年第18期。
③ 张峰：《论人民政协民主监督的协商式监督新定位》，《国家行政学院学报》2017年第6期。

和政府的影响力对协商成果的落地进行监督和反馈。

当然，对于自治本身能处理好的问题，或者依靠自治已经取得较好成效的固定议题等，政协协商最好不要介入。此外，对于仅涉及一小部分群体利益的事务，政协协商也应该谨慎介入。在四川政协"有事来协商"案例中，有几项议题都涉及小区治理，这本应属于自治的范畴。如某小区无人管理、无业委会和物管用房、排污管网堵塞、机动车位紧缺问题；某小区外人行道被小区居民随意占道种植问题；集中安置小区乱扔垃圾、随意饲养问题；等等。这些本应属于小区自治的问题却靠人民政协的力量介入进来，虽然问题最终得到了解决，但自治的能力没有得到提高反而被削弱。政协介入基层社会治理应对自身边界有个清晰的认识，对于应属自治解决的问题应让自治解决，对于能够依靠社会组织解决的问题应由社会组织解决，政协协商应谨慎介入。政协的协商平台向基层拓展，推动政协协商与基层协商有效衔接，不是为了代替基层协商，不是为了压缩基层自治的空间，不是为了削弱社会组织的治理能力，而是应与基层协商形成合力，互相促进，彼此呼应，相得益彰。

人民政协协商在中国特色社会主义协商民主体系中具有特殊的地位和作用，政协协商向基层协商拓展的最大优势便是其制度优势。各地通过不断积累政协协商向基层拓展的经验，从而不断完善政协协商的职能，并通过制度化的方式约定下来，不因人而协商，不因人走而政息，有利于政协基层协商的可持续发展。政协协商向基层拓展，应注重在以下三个方面进行探索。

一是注重协商议题的选择。协商的议题，首先应是社会治理的焦点问题，或者与群众利益息息相关、群众急难愁盼迫切需要解决的热点问题，以及社区工作的重点问题。同时，这些问题需是当前依靠自治力量和社会组织的力量难以有效解决的问题，或者需要协调多个职能部门才能有效解决的问题，或者涉及历史问题、法律问题、专业技术问题，等等。

二是注重构建科学的协商程序。包括协商前的调研程序及前期准备，协商中的主持、发言、表决及相关部门的意见、承诺等，协商后的成果向党政部门的报送、决议的落实及跟踪反馈等，并注重在协商中根据需要吸收独立专家、专业技术人员或社会组织参与。当前的政协基层协商案例中，已经构建了一定的程序，但还需要在实践中不断总结使其科学化，并可形成统一的制度向全国推广。

三是注重丰富协商形式并保持一定的协商频次。政协作为专门的协商机构，需要一定频次的各种协商活动来体现其地位和作用。[①] 这些协商活动包括界别协商、专题协商、对口协商、提案办理协商、双周协商、面对面协商、问题清单协商、公众开放日等，并在实践中不断将这些活动制度化，写进相关文件和条例，使其能够可持续地进行。同时不断探索现场协商、开放协商、网络协商、远程协商等多种协商形式，提高协商实效，形成良好的协商氛围。

人民政协是国家治理体系的重要组成部分，是具有中国特色的制度安排。政协协商向基层延伸，为公民参与基层治理搭建了一个新的平台，促进了政协协商与党委和政府工作的衔接，也有利于推动政协协商制度优势转化为国家治理效能。

第三节　村民自治中的协商：彭州社会协商对话

一　彭州社会协商对话的发展历程及制度基础

协商作为一种重要的人际交往方式，普遍存在于社会政治生活的各个领域、各级层面、各种活动之中。乡村社会虽然经历了重大的社会变迁，但仍保存了一种"无诉"甚至"厌讼"的文化传统。建立在血缘与地缘关系上的熟人社会使得纠纷的解决不轻易诉诸法律，"面子"对维系关系、构建秩序有着特别重要的意义。因而乡村社会更是常用协商的方式解决各种利益分配、公共决策、邻里矛盾等问题。基本上，各地都有人民调解委员会、大调解中心等机构担当"第三方"的调解职能，用协商调解村级社会矛盾，实现和维护好基层群众利益。从中国乡村社会治理考察，协商是传统乡村社会治理的重要方式，因而协商民主理念的引入，有其传统上的认同基础。

"社会协商是近代以来中国国家与社会关系变迁过程中整合社会力量

[①] 刘佳义：《专门协商机构论纲》，《中国政协理论研究》2020 年第 3 期。

与构建共享性社会秩序的产物。"① 近年来，农村社会的协商较多地反映在村民自治中。以 1987 年第六届全国人大常委会第 23 次会议通过的《中华人民共和国村民委员会组织法（试行）》为标志，我国村民自治至今已有 30 多年的历程。村民自治的内容包括民主选举、民主协商、民主决策、民主管理和民主监督等方面。在很长一段时间，村民自治对民主选举关注较多，而对民主协商、民主决策、民主管理、民主监督关注不够，自治取得的成效也十分有限。但近十多年来，村民自治在成都市统筹城乡发展和进行"5·12"灾后重建的过程中得到了较好的发展，其自治重心也转移到了民主协商、民主管理、民主决策和民主监督上面。例如，2007 年 6 月，成都市被国务院批准为统筹城乡综合配套改革试验区，在推进城乡一体化的过程中，需要对农民的承包地进行确权，以方便流转。但涉及的土地纠纷众多，镇村干部都感到难以着手，最终依靠农民自己推选出的村民议事会代表通过民主协商的办法得到解决。2008 年汶川大地震后，大量的灾后重建工作需要开展，如灾后重建的住房分配、灾后重建资金的使用等问题，如果由政府"替民作主"难以收到良好的效果，而通过村民议事会实现群众自治和协商解决，则取得了良好的成效。

2008 年 12 月，成都市委组织部出台了《关于构建新型村级治理机制的指导意见》，在意见中充分肯定了村民自治制度。2009 年，村民议事会在全市普遍推广，成都市所有村和涉农社区均组建了村民议事会和村民小组议事会。经过多年的实践，成都市的村民自治走在了全国前列，村民靠自治制度解决了农村社会治理中的诸多问题。村民自治中也有协商民主的一些基本要素，如自由平等的讨论、理性、民主决策等。

彭州市（四川省辖县级市，由成都市代管）的社会协商对话，正是在原有的村民自治制度的基础上发展扩大起来的，从村民小组、行政村到乡镇层面的公共事务，村民都有发表意见的平台和权利。实际上，近年在实践中，基层群众自治的范围有拓展的趋势，即向上延伸至乡镇自治，向下延伸至自然村自治、院落自治、门栋自治等。有学者指出："哪里有群众利益，自治就应延伸到哪里；哪里有公共决策，自治就应该延

---

① 王洪树：《社会协商：中国的内生缘起与理论探索》，《探索》2015 年第 1 期。

伸到哪里。"① 所谓社会协商对话，指领导和群众之间、这部分群众和那部分群众之间，通过对话来沟通情况、交换意见、平等协商，以便正确处理和协调各种不同的社会利益和矛盾，最终就问题解决形成最佳方案达成共识的协商活动。2013年4月，在彭州市委统战部的积极推动下，形成了《中共彭州市委关于构建社会协商对话机制的意见（试行）》。之后在彭州市的三个乡镇（通济镇、葛仙山镇、九尺镇）和一个街道（天彭镇东大街社区）开展试点工作。当年下半年，"社会协商对话"在彭州市的其他乡镇全面推广，积极探索构建镇、村（社区）协商的组织、主体、渠道、方式与程序，基层协商民主实践探索在彭州市如火如荼开展。

彭州市提出了社会协商对话模式，其社会协商对话呈现出县、镇、村"三级联动"的特点（如图4-3）。首先是市县级层面成立领导小组，设立社会协商联席会议，研究提出协商工作的指导原则和总体部署，办公室设在统战部；其次是乡镇（街道）层面建立乡镇（街道）社会协商会，讨论协商涉及群众切身利益和乡镇（街道）全局性的重大事项；最后是村（社区）层面借助村民（社区）议事会的平台，开展社会协商工作。从而构建了县、镇、村（社区）三级联动的社会协商机制，实现了协商民主的广泛多层制度化发展。

彭州市的社会协商对话，是将村民议事的范围从村级层面扩大到乡镇和县级层面，以乡镇和村级为主，这实际上是将协商民主嵌入了原有的自治制度，并通过专家设计和政府部门——统战部推动。村民自治制度是社会协商对话的基础。社会协商对话，也是在国家提出健全社会主义协商民主制度的背景下开展的，是受协商民主理念指导的具体实践，可以说是在中央对加强社会主义协商民主的"顶层设计"的框架下，以县为单位进行的"中层设计"，并且由各乡镇（街道）和村、社区推进和实践，并在实践中不断完善中层设计的一种模式。所谓中层设计，笔者认为，是在中央顶层设计的框架下，在不违背国家大政方针的前提下，以一定规模的行政区域为单位，根据本区域的经济、政治、社会条件等具体情况，系统地设计和完善实施细则和方案，从而实现顶层设计与基层实践的对接。中层设计根据情况，可以在省级层面进行，也可以在市

---

① 孙培军：《基层群众自治问题研究》，《理论视野》2013年第12期。

级或以下的层面进行。彭州市的社会协商对话，是以县为单位对基层协商民主进行的中层设计，一定程度上推动了基层协商民主的制度化发展。

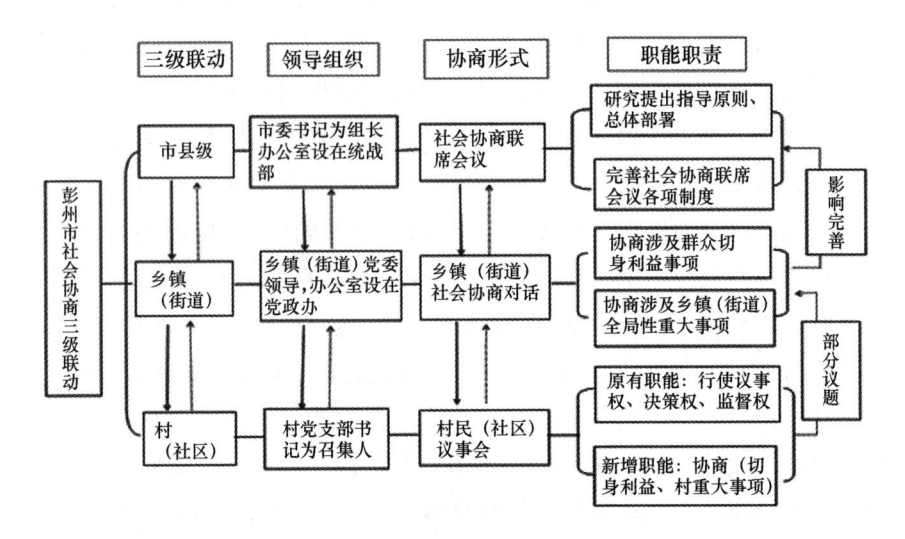

图 4-3 彭州市社会协商三级联动机制

资料来源：笔者自制。

社会协商对话把协商主体从"集中型"的乡村精英扩展到"分散型"的村民，以解决民生和协调社会利益、调和社会矛盾为主要内容，在公共领域的平台上，"协商不再是意见的单向传递，而是双向的乃至多向的交流、互动"[①]。

二 彭州社会协商对话的运作方式及特点

协商民主如何从一种价值理念转化为具体的制度安排，从而有效地通过协商对话解决具体的社会治理问题，需要良好的制度设计。社会协商对话，是协商民主嵌入农村基层社会治理的一种表现形式。彭州市各乡镇（街道）的社会协商对话的运作模式基本一致，都是在县级层面"中层设计"统一的制度设计下，以社会协商对话的形式开展的。其运作

---

① 张康之、张乾友：《现代民主理论的兴起及其演进历程——从人民主权到表达民主再到协商民主》，《中国人民大学学报》2011年第5期。

方式大体如下。

（一）谁来协商：协商代表的产生

受时间、场地、可操作性等限制，社会协商对话很难实现全民参与，只能选举协商代表参与，协商代表一般是层层推选产生。

村级层面的协商代表是推选出的村民议事会成员。其程序为：首先以村民小组为单位，每5—15户村民推选产生1名村民代表，再以村为单位，按每个村民小组2—4人的名额在村民代表中产生村议事会成员，如果有驻村单位（村办企业、学校等），则每个单位推选1人为议事会成员。此外，个人自荐和组织推荐也可产生一部分议事会成员，凡在本辖区有民主党派、非公有制经济、新社会阶层等五大类人士的，作为组织重点推荐对象。议事会成员总数一般为20—50人。

镇级层面的协商代表是推选出的镇协商会会员。其程序为：按每个村1—3人的名额在村议事会成员中协商产生镇协商会会员。镇协商会会员还包括部分镇机关干部、村民干部、驻镇企业、个人自荐和组织推荐人选。其中，镇机关干部不超过2名，村干部不超过25%。凡在本辖区有民主党派、非公有制经济、新社会阶层等五大类人士的，作为组织重点推荐对象。镇协商会成员总数一般为20—60人。以彭州市九尺镇为例，其2016届社会协商对话会成员共38人，其中每个村3人左右，镇政府2人，板鸭协会1人，中学、卫生院、公司、工商所等驻镇单位各1人。这38名对话成员中，男性31人，女性7人；党员18人，群众20人。

村民议事会代表和镇社会协商对话会代表每三年进行一次换届选举。

（二）协商什么：协商议题的确定

彭州市协商对话议题收集的程序如下：由村（居）民代表、村民议事会成员深入群众征求意见、收集议题，形成文字交到乡镇社会协商对话会进行汇总归类；经镇社会协商对话会及议题审查小组成员对上报议题分类审查后确定2—3个本次协商会议的议题，并报镇党组织备案。若遇重大分歧的紧急临时议题，可由10人及以上村（居）民联名提出。议题审查小组确定议题后，在召集会议前两天公示需要协商的议题。对于涉及村（社区）、镇重大利益的议题，也可由镇党委、政府提出并交社会协商对话会商议。

所确定的议题都是关于辖区公共事务的。一般都是涉及乡镇、村级发展和与村（居）民自身利益切实相关的事项，如道路改造、环境整治、拆迁安置、基础设施建设、乡镇产业发展等。以彭州市九尺镇为例，九尺镇被誉为"板鸭之乡"，九尺板鸭是当地传统名小吃。九尺镇2013—2016年共召开的13次社会协商大会中，许多议题都涉及板鸭行业发展及环境整治、打造美食文化广场等议题。具体而言，涉及产业发展及行业监管的议题共4项；涉及场镇改造、环境整治及基础设施建设的议题共6项；涉及农村专业合作社的议题1项；涉及养老服务的议题1项；涉及农民集中居住管理的议题1项。在村级协商中，有的村（居）民议事会讨论社区公务资金的使用安排，社区自聘干部的招聘打分等事项。如某社区拟招聘两名社区干部，在招录考核中笔试成绩占40%，村（社区）议事会打分占40%，社区干部打分占20%。社区居民在选举称心的社区服务人员中充分表达了意见。社会协商对话会议，除了讨论老百姓自己提出的议题外，还有三方面的固化议题：一是传达上级党委政府的决策部署和工作安排，通报镇、村（社区）近期工作重点；二是通报上次协商会议议决事项的办理情况；三是议题审查小组通报本次议题审查情况。

　　协商对话讨论的议题，也称作"动议"。按罗伯特议事规则，动议必须是具体的、明确的、可操作的建议。[①] 但是，收集到的议题往往是比较抽象的，协商对话时没法操作讨论。因而，在收集到议题后还需将议题分解为具体的动议后方可在协商对话会上分组讨论。例如，彭州市九尺镇2016年上半年的协商对话会收集到的主要议题有两个：群策群力搞好新农村建设及产业发展；规范九尺板鸭生产环节，守住食品安全底线。协商对话会将其分解为16个具体动议进行讨论，最终达成共识。

　　会前对议题进行广泛公示也是非常必要的，因为议题公示越广泛，参与的人越多，准备得越充分，对意见的充分表达、共识的达成，及决议执行效率等都有不可忽视的促进作用。社会协商对话对所确定的议题一般提前两三天进行公示，以充分酝酿，有助于协商对话的顺利开展。

　　（三）怎样协商：协商的程序

　　社会协商对话会的召开程序各乡镇和街道略有不同。

---

① 寇延丁、袁天鹏：《可操作的民主：罗伯特议事规则下乡全纪录》，浙江大学出版社2012年版，第122页。

有的乡镇将村民议事会议和乡镇社会协商对话会同时召开,每月召开一次,先进行村级层面的分组讨论,各组达成共识再上镇级社会协商对话会陈述并进行票决。

有的乡镇将村级层面的协商和镇级层面的协商分开,村级村民议事会每月召开一次,镇级社会协商对话会每半年召开一次。

镇级社会协商对话会流程如下:主持人报告上次社会协商对话会议题办理情况;通报本次议题收集审查情况;协商议事会成员介绍本次上会协商议题相关情况;分小组就各议题进行协商;各小组报告协商情况,汇总协商意见;对各小组的协商意见进行表决(以无记名投票方式表决,意见获得三分之二以上的赞成票即获通过),形成协商共识;宣布表决结果及协商共识的处理措施。

(四)协商成效:协商结果的执行与监督

在协商结果的执行与监督上,村级层面的协商议事,由于村民委员会具有决策职能,其决议一经表决通过便具有合法性,由村民委员会、村民议事会等组织实施,村务监事会等监督实施。根据《中华人民共和国村民委员会组织法》规定,村民委员会是村民自我管理、自我教育、自我服务的基层群众组织,实行民主选举、民主决策、民主管理、民主监督。而村民议事会是村级自治事务的常设议事决策机构,有决策职能,其成员具有表决权,会议表决事项获三分之二以上同意即获通过。

镇级层面的协商,镇协商会只有协商职能,其形成的共识呈报相关部门供决策参考,镇协商会只有建议权而无决策权。

对于镇级社会协商对话会的协商成果,一般须先进行分类,具体问题具体处理。一是涉及村(社区)的问题,由镇社会协商对话会报告镇党委政府,镇党委政府安排相关村(社区)落实,并传达落实情况。有的村(社区)成立了村(居)务监督委员会,与村民一起对村(居)委会执行决议的过程进行监督,对执行过程有关问题及时提出整改建议。二是属于镇级工作范围的,可供镇党委政府决策参考,并将采用情况向镇社会协商对话成员传达。三是需市级部门协商解决的,由镇社会协商对话会报告镇党委政府,由镇党委政府与相关部门沟通协商,并将解决情况及时通报。四是对于条件不具备,暂时无法实施的,需做好解释工作;对于违背法律法规和广大群众切身利益的,坚决不予采纳,由镇社会协商对话会报镇党委政府，由党委政府交相关办、所做好解释和引导教育。对会议形成的共识和意见建议的采纳情况通过镇、村公开栏张贴公示，对未被采纳的意见和建议在下届社会协商大会上陈述理由，做好解释工作。

三 彭州协商议题与公众话语权分析

以村民议事会等为载体的村民自治在全国的实践和探索已经有30多年的时间，但在乡镇层面开展协商对话，彭州等地可以说是走在全国前列。乡镇是一级政府，乡镇层面的社会协商对话，实际上是将公众与政府置于一个同等的对话平台，公众获得了与政府平等对话的机会。协商民主是以平等对话沟通为基础的。"对话与协商的结合能够促进相互理解并将个人与公共问题联系起来。人们利用这种协商对话建立关系，解决公共问题，以及处理政策议题。"[①]

但是现实中需要政府解决的公共问题很多，而彭州市乡镇级层面的社会协商对话会，每年仅召开两次，上半年召开一次，下半年召开一次，能在会上协商的议题非常有限。那么，公众最关心什么样的议题？究竟哪些问题能成为与政府对话的协商议题？公众与政府协商对话的议题能否成为政府的决策问题？议题由谁来发起？对协商议题的研究关系到公众话语权能否实现，关系到公众实际享有怎样的民主权利问题。

（一）基层协商民主中议题的发起与公众话语权

话语权从来都是民主政治不可或缺的组成部分。法国哲学家、思想家米歇尔·福柯（Michel Foucault）在《话语的秩序》一书中首先提出"话语即权力"[②]，认为话语和权力是密不可分的。斯瓦皮克（Spovak）在她的《弱势者有话语权吗？》一文中指出"强势群体享有充分的话语权，而弱势群体很少或基本没有话语权"[③]。何谓话语权？话语权，指的是说

---

① ［美］玛莎·麦科伊、帕特里克·斯卡利：《协商对话扩展公民参与：民主需要何种对话？》，载陈家刚选编《协商民主》，上海三联书店2004年版，第104页。

② ［法］米歇尔·福柯：《规训与惩罚》，刘北成、杨远婴译，生活·读书·新知三联书店1999年版，第28页。

③ Spivak, G. C. "Can the Subaltern Speak?", in williams, P. & Chrisman, L., *colonial Discourse and Post-Colonial Theory: A Reader*, Prentice Hall: Person Education Limited, 1993.

话权，即控制舆论的权力。在当代社会思潮中，话语权指影响社会发展方向的能力。本书中基层协商民主中的公众话语权，是指公众与政府的协商对话中，通过发起议题并平等参与协商，表达意见、影响公共决策、维护自身权益、参与社会治理的权利。

社会成员话语权分布是否平衡直接影响到社会的公平与稳定。现代社会中，任何一个成员或群体，要维护自身的利益必须要拥有一定的话语权。通常，弱势群体拥有较少的话语权，不能充分表达自己的社会权利，因而在占有主导地位的话语体系中难以发声，这也是造成他们弱势的一个主要原因。公众如何介入公共领域，以及如何在公共领域内逐渐发展壮大，拥有平等的话语权，这已经成为社会民主化进程中必须解决的问题，也是公共治理实现善治的关键。

彭州市的社会协商对话，为公众与政府搭建了一个对话的平台，为公众话语权的实现提供了场所和空间，这是基层政府用制度化的手段推动话语权结构的合法性重塑。在这个平台中，协商议题决定了协商对话活动中协商论辩的基本指向和范围，是基层协商民主中的民意诉求，并且也关系到公众在社会协商对话中的话语权的实现。协商民主理论正是以公民交往权力为基点，以公民话语权为核心，以平等对话交流为途径，将公民的民主权利从投票权扩展为话语权。话语权是表达诉求、协商讨论、批判反驳的平等交往权利。哈贝马斯指出，民众充分参与公共管理需要话语机会的均等。① 安东尼·吉登斯也曾说："不同群体以话语方式，形成表达其利益的政策或方案的能力，在现代国家管理中至关重要。"②

议题设置中的话语权应该包括两个方面：一是对议题的发言权，二是对议题的发起权。③ 社会协商对话，毫无疑问，公众应拥有发言权，对既定议题进行讨论、提出看法、意见，最终达成共识，这是公众在社

---

① ［德］尤尔根·哈贝马斯：《包容他者》，曹卫东译，上海人民出版社2002年版，第47页。
② ［英］安东尼·吉登斯：《民族—国家与暴力》，胡宗泽、赵力涛译，生活·读书·新知三联书店1998年版，第225页。
③ 薛冰、岳成浩：《行政决策听证议题形成中的公民话语权保障——基于协商民主理论的视角》《西北大学学报》（哲学社会科学版）2013年第5期。

会协商对话中的基本话语权。但是，基层协商民主中，公众的话语权不应仅仅表现为发表意见的权利，而且还要表现为议题的发起权，即对议题发起协商的权利。如果协商议题的发起权缺失，不管公众认为需要进行协商和决策问题如何重要与迫切，也无法成为协商议题从而进入政府的决策过程。不经公众发起的协商议题，也就很难表达民众的诉求，容易背离民意。博曼（James Bohman）认为："公民具有发起协商的能力，这种活动不仅需要对源自独立权威的动议做出反应的能力，而且还需要确定某种议程内容，以及因此确保自由以免受他人支配的能力"，"这种能力标志着公民与奴隶、具有特殊的政治权利及其缺失之间的特殊的民主差异"。[①] 因此，"对给定议题表达意愿的发言权只能是一种弱民主权利，而议题形成中公众具有的议题发起权，则是一种强民主权利"[②]。

（二）研究方法和数据来源

中国的政府管理中存在职责同构的特点，即地方各个层级的政府在纵向间职能、职责和机构设置上都与中央保持高度统一、一致。因而，各乡镇政府在职能、职责和机构设置上都大同小异。在这样的行政管理体制下，分析一个乡镇连续几年来的基层协商民主议题，了解基层民众最关心最想解决什么问题，无疑具有"解剖麻雀"的意义，可以管中窥豹，了解公众在基层协商民主中的话语权。

本节的研究数据为成都彭州市 J 镇 2013 年实行乡镇层面的社会协商对话以来，收集到的 2013—2016 年公众提出的所有社会协商议题共 140 条。相关文件规定，镇级层面的社会协商对话会每年须组织两次，2013年、2014 年镇级层面的社会协商对话会每年组织了两次，2015 年因故只组织了一次，2016 年组织了一次。本书研究属于探索性研究，更适宜采用质性研究方法，因而在研究方法上本书尝试着将扎根理论的质性研究方法运用于协商议题分析。

---

① [美]詹姆斯·博曼：《公共协商：多元主义、复杂性与民主》，黄相怀译，中央编译出版社 2006 年版，第 4 页。

② 薛冰、岳成浩：《行政决策听证议题形成中的公民话语权保障——基于协商民主理论的视角》《西北大学学报》（哲学社会科学版）2013 年第 5 期。

扎根理论是格拉泽和施特劳斯于 1967 年在《扎根理论的发现》(*The Discovery of Grounded Theory*) 一书中提出，主要以访谈问卷等方式进行信息搜索，并通过一套完整的信息编码处理形成一套对某个问题独特的见解并进行理论重构的过程，是质化研究方法的一种。[1] 扎根理论在发展过程中产生了三个代表性版本，即格拉泽和斯特劳斯的经典主义版本，施特劳斯和科宾的实用主义版本以及卡麦兹的建构主义版本。本书的编码主要借鉴了实用主义的三步编码方法。施特劳斯与科宾（Stauss & Corbin）提出，扎根理论的研究需要进行三个级别的编码，分别是开放式编码（open coding）、轴心编码（axial coding）和选择性编码（selective coding）。[2] 本书通过将收集到的公众协商议题进行开放式编码、轴心编码和选择性编码三个步骤对议题进行类属化，从而构建出协商对话议题公众聚焦模型和协商对话议题形成过程模型，并对模型进行理论阐释，得出研究结论。

本书主要是对 2013—2015 年的公众议题进行分析，2016 年的议题用作饱和检验。分析之初首先对收集到的 140 条公众议题分别赋予相应的代码。代码采用"年份 - 次别 - 本次协商对话会议题编号"的方式，如代码为"2013 - 01 - 02"的议题，指 2013 年第一次协商对话会收集的编号为 02 的议题。赋予每个议题代码后再对这些议题进行三步编码，分析过程中采用连续反复比较和归并的思路，并在过程中标注备忘录，不断提炼和修正范畴，直至达到饱和状态。

（三）范畴提炼和模型建构

1. 开放式编码

开放式编码（Open Coding）是对原始资料所记录的任何可以编码的句子或片段给予概念化标签，实现将资料概念化。开放式编码是一个将资料打散、赋予概念，然后再以新的方式重新组合的过程。编码时，我们对原始资料逐字逐句分析以进行初始概念化。为了减少研究者个人的

---

[1] Charmaz K., *Constructing Grounded Theory: A Practical Guide Through Qualitative Analysis*, Thousand Oaks: Sage Publications, 2006.

[2] Strauss, A. and Corbin, J., *Basics of Qualitative Research: Grounded Theory Procedure and Techniques*, Newbury Park: Sage, 1990, p.58.

偏见，我们将收集到的原始议题作为标签以从中发掘初始概念。一共收集到 2013—2015 年共 124 条原始议题语句及相应的若干个初始概念。由于每个议题基本就是一项主张，因此在这些初始概念的基础上，对每个议题形成了相应的 1—2 个类属，即形成了经营监管、特色产业、龙头产业、产业发展、产业提升、专业合作社、经营排污、环境保护、污染治理、环境治理、环卫意识、污水治理、修路、修沟渠、修公厕、基础设施维护、修桥、修河堤、旧城改造、城镇规划等类属。如表 4-3 所示。由于篇幅所限，表中只列出了部分内容。

表 4-3　　　　　　　　开放式编码及类属形成（部分内容）

类属	开放式编码	原始议题语句
经营监管	规范经营监管 违规经营整治	13-01-01 加强对本镇板鸭规范经营的监管力度，对 BLG（地名）和公路沿线违规经营行为进行整治
特色产业	草莓基地建设 铁扫帚基地建设	13-01-19 加快鹿鹤村草莓基地、铁扫帚基地建设
经营排污	排污　污水　水源污染　污水危害	13-01-02 规范板鸭经营的排污问题，汉彭路沿线板鸭宰杀户污水排在沟渠内造成玉源村 7、3、10、11、12、13 组沟内水源污染严重，枯水季节内生满红线虫、臭气大
下水道疏通	基础设施薄弱　水淹　财产损失　出行不便　清理下水道	15-01-18 我场镇基础设施薄弱，在暴雨季节整个场镇的大部分住户就会被淹，群众的财产遭受损失，出行受到严重影响。恳请政府立即采取措施清理下水道，还广大群众一个舒适安全的生活环境

2. 轴心编码

轴心编码的主要任务是发展和建立概念类属之间的各种联系，以表现资料中各个部分之间的有机关联。随着分析的不断深入，各项议题之间有了各种各样的联系，即各个类属之间的关系变得越来越清晰。通过不断比对、挖掘类属之间的逻辑关系，并且依据这种关系对各个类属进行联接、合并，以形成相应的主范畴。如将特色产业、专业合作社等类属合并后形成的主范畴为产业发展；将经营排污、污水治理等类属合并后形成的主范畴为环境治理；将修路、修公房、修沟渠、修河堰、修桥等类属合并后形成的主范畴为基础设施建设；将旧城改造、城镇规划等类属合并后形成的主范畴为城镇规划改造；将基层警务、社会监控、治安管理等类属合并后形成的主范畴为治安管理；将红绿灯、交通拥堵、道路设施等类属合并后形成的主范畴为交通出行，等等。对各类属联接、合并后共形成了17个主范畴，分别是产业发展、环境治理、基础设施建设、城镇规划改造、城市管理、就业保障、村级财务监管、新农村建设、农集小区管理建设、治安管理、教育培训、集体土地流转、卫生医疗、交通出行、镇村利益协调、生活用水、养老服务等。原始议题语句形成相应类属及轴心编码的形成过程如表4-4所示。在本书中，轴心编码的过程也相当于为公众所提出的议题进行了一个归类，经统计，关于基础设施建设的议题最多，占28.2%；关于环境治理的议题次之，占12.1%；关于产业发展的议题占10.5%；关于城镇规划改造和交通出行的议题均占8.9%；关于集体土地流转的议题占6.5%；关于农集小区建设的议题占5.7%；关于城市管理的议题占4.0%；关于新农村建设和教育培训的议题均占3.2%；其他方面的议题占比较小（见表4-5）。

表4-4 轴心编码过程

轴心编码	原始议题语句（相应类属）
产业发展	13-01-01 加强对九尺板鸭规范经营的监管力度，对BLG（地名）和公路沿线违规经营行为进行整治。（经营监管） 13-01-19 加快鹿鹤村草莓基地、铁扫帚基地建设。（特色产业） 13-01-20 发展龙头企业，加快农业产业园建设。（龙头产业） 13-01-21 加快种养产业发展，扶持龙头企业，加快新农村建设。（产业发展） 13-02-13 对农业产业化规模化种植进行引导，引进农业项目，增加农民收入。（特色产业） 13-02-14 蔬香路（天濛路）建设给我镇带来的发展机遇。（产业发展） 14-01-17 充分利用蔬香路产业规划，带动本村建设发展。（产业发展） 14-01-23 我镇农业还处于比较原始的状态，希望引进企业或公司，帮助改变农业生产落后的现状，在产业上提档升级。（产业提升） 14-02-06 如何依托蔬香路布局我镇产业发展。（产业发展） 14-02-07 蔬香路修通后给我镇带来经济发展机遇，希望政府加大双土段的农业投资建设。（产业发展） 15-01-01 我镇是农业镇，可以大力发展乡村旅游，美化生活环境。（产业发展） 15-01-15 随着农村劳动力逐步减少，农村土地种植越来越少，建议加强农村基础设施建设，改善种植条件，吸引种植大户承包土地，加快土地流转，避免土地荒废。（农业产业） 15-01-20 如何发挥农村专业合作社在农民增收致富中的作用？（专业合作社）
环境治理	13-01-02 规范板鸭经营的排污问题，汉彭路沿线板鸭宰杀户污水排在沟渠内造成玉源村7、3、10、11、12、13组沟内水源污染严重，枯水季节内生满红线虫、臭气大。（经营排污） 13-01-22 加强对农药包装袋的回收及管理。我镇是蔬菜大镇、农药等农资物资使用普遍，而其包装袋较小，使用后随意丢弃现象严重，对环境造成污染，可否回收统一处理。（环境保护）

续表

轴心编码	原始议题语句（相应类属）
环境治理	13-02-05　9号渠污染严重急需整治，制定相应的管理制度，加大宣传力度，9号渠源头镇把关做到无垃圾无污染，途经乡镇有专人负责，加强巡查，加大处理力度，河边放置严禁倾倒垃圾的警示牌。（污染治理） 13-02-08　如何发挥城乡居民在城乡环境整治中的主体作用。（环境保护） 14-01-01　9号渠污染严重，影响附近群众生产生活，建议通过加强管理、完善制度、加强与相邻镇的协调、制定奖惩"逗硬"措施等方式，加强9号渠的治理和管理。（污染治理） 14-01-02　制作板鸭产生大量烟雾，导致空气污染严重，危害群众健康，建议加强治理，实行无害化处理，维护群众的身心健康，这也是政府责任内的民生工程。（环境治理） 14-01-07　鹿鹤村6、7、12、13社板鸭加工户较为集中，经常从下午2点开始熏制板鸭一直到下午6点，造成严重的烟尘污染；加工鸭子的废弃物被倒进沟渠内，天气炎热时臭气熏天，严重污染了群众的生活环境，建议对我镇板鸭制作产生的烟尘和废物进行治理。（污染治理） 14-01-09　为进一步做好城乡环境整治工作，搞好社会治安综合治理，建议多组织联动行动，营造声势，取得实效，加大环境综合治理，建设幸福美丽家园。（环境治理） 14-01-21　农户处理农业垃圾的自觉性较差，生产垃圾阻塞河道、沟渠，需在全镇广泛宣传，加强农户合理处理垃圾的能力。（环卫意识） 14-02-03　每年排洪季节九龙泉的污水经常被冲进田里，造成农民农作物受损，希望解决九龙泉污水问题。（污水治理） 14-02-04　加强蔬香路两旁沟渠及九清路周边的环境治理。（环境治理） 14-02-18　鹿鹤村6组毛某某、7组杨某某两户在鹿鹤小区熏板鸭，产生的烟雾影响了小区住户的身体健康，希望镇政府加强整顿，还百姓一片蓝天。（环境治理） 14-02-21　板鸭经营户在加工制作中对周边环境造成严重污染，建议政府加大整治力度，实行板鸭生产的集中宰杀、加工。（环境治理） 15-01-08　因板鸭经营户排出的废物经常堵塞鹿鹤小区的污水沟，导致下雨天小区住户家里溢出污水，臭气难闻，希望政府帮助解决。（污染治理） 15-01-24　加大环境卫生整治的宣传力度，及时清运垃圾。（环卫宣传） 13-01-23　尽快解决华融化工污染造成的鹿鹤村6组（19户）、7组（27户）生活用水问题。（污染用水）

续表

轴心编码	原始议题语句（相应类属）
基础设施建设	13-01-03　加大场镇基础设施建设，在观音泉街建设一座公共厕所，依托观音泉把观音泉南街打造成九尺的文化餐饮一条街。（修公厕、城镇规划） 13-01-04　对川王宫巷、致富路路面硬化平整，对破损公房进行维修。（修路、修公房） 13-01-06　改造我镇下场鹅颈项道路。（修路） 13-01-09　改善九清路路面，拓宽我镇至双土小区的道路。（修路） 13-01-10　对从金鼓村徐家大院到张友富家的路、沟渠进行维修。（修路、修沟渠） 13-01-11　从金鼓村杨家园子到罗家庙子，从机械厂到3组、5组的路面整治。（修路） 13-01-12　金鼓村黄泥沟"三面光"建设，从15组到老街村、金鼓村15组到13组水泥路修建。（修路） 13-01-13　在沟渠等农村基础设施建设中做好相邻村的对接工作，鹿鹤村修建沟渠80厘米，只修到鹿鹤，玉源1组沟渠宽40厘米，两条沟没有衔接好，造成玉源1组部分农户农田长期被水淹。（修沟渠） 13-01-14　9号渠支渠（200多米）、魏家坝上游"三面光"建设。（修沟渠） 13-01-15　鹿鹤村13组境内5条农田灌溉沟渠（3200米）"三面光"建设。（修沟渠） 13-02-03　沟渠不通造成老百姓良田被淹，减产减收，百姓经济受损。道路不畅致使老百姓出行困难，运输困难。（修沟渠） 13-02-12　因桥面过窄造成交通堵塞、车辆碰撞，建议加宽九义路与9号渠交界的桥面。（修路桥） 13-02-21　鹿鹤村5、6、7社的狮子堰希望今年冬天进行维修。（修堰渠） 13-02-22　拓宽道路，方便高林村蔬菜运输。（修路） 14-01-04　蔬香路建成后有利我镇的发展，但是九尺至蔬香路的连接道路狭窄，经常影响交通，建议扩建九清路九尺至蔬香路段。（修路） 14-01-10　建议加大工作力度，进一步完善各村的沟渠、道路、水源等基础设施，加强治安防范工作。（基础设施建设） 14-01-11　希望党委政府支持高林村的道路扩建工作，尽量提前完成标准化草油路面建设。（修路） 14-02-05　土地整理项目实施后，建议政府加大工作力度，群策群力，共同管好道路、沟渠，使之更好地服务群众。（基础设施维护）

第四章 基层协商治理案例研究 / 147

续表

轴心编码	原始议题语句（相应类属）
基础设施建设	14-02-10 观音泉南街经改造已成为我镇的一个亮点，每天人流众多，镇政府也规划在此修建一个公厕，但至今未见动静，希望能尽快实施。（修公厕） 14-02-13 民乐巷是通向镇中心小学的必经之路，遇下雨天路段坑洼不平，雨水遍地流淌，老人接送学生怨声载道，都希望政府能硬化此路段。（修路） 14-02-14 上兴街整治已经完成，但上场市坝还有部分路面没有硬化，雨天道路泥泞，影响群众出行，居民多次提出社区也多次反映，希望政府能体谅居民的愿望整治上场市坝。（修路） 14-02-15 鹿鹤村8社、10社境内的魏家堰、九升堰、飘儿堰三个堰堰头部位的渠道急需维修加固，进行"三面光"硬化。（修水渠） 14-02-16 鹿鹤村8社陈祖章院子边的沟渠至林发全家前面的横大路处止，长度约300米，需进行"三面光"硬化。（修水渠） 14-02-17 鹿鹤村十三社杨善聪家前面有一条引水沟，灌溉面积约30亩，长约180米，附近几亩田因田底矮，沟底高，易被沟水渗透，导致田地无法种植，需对这条沟渠进行"三面光"硬化。（修水渠） 14-02-22 今年镇党委政府，为农民增收、产业增效，前期做了大量工作，希望在农历大年前贯通宝马、高林、天宝致富之路。（修路） 14-02-26 近几年，政府加大了对农村基础设施建设的投入，水渠通畅，原来修建的U型渠因为沟口小，造成水流堵塞，淹没良田，建议将YX村U型渠进行"三面光"改造。（修水渠） 15-01-02 建议对百通河两边加埂。（修河堰） 15-01-03 石灰洞子的拱已有破损，桥中间已产生裂缝。（修桥） 15-01-04 黄泥沟在降雨大时易造成河道堵塞，河水泛滥，建议进行河道清理疏通。（河道疏通） 15-01-06 希望对魏家堰、九升堰阴沟泉、河洪堰中段实施"三面光"改造（修河堰） 15-01-07 鹿鹤小区对面的水泥路有十几米没铺，影响小区住户出行。（修路） 15-01-09 黄土河永兴村3组段因年久失修，洪水损坏堤坝严重，已严重威胁永兴村3组近百亩农田，希望有关部门解决。（修河堤） 15-01-11 因谢家碾沟渠工程量大，常年未修，每年涨大水或下大雨都会把沟渠两边的粮食作物淹没，导致群众无法收粮。（修沟渠）

续表

轴心编码	原始议题语句（相应类属）
基础设施建设	15-01-18 我镇场镇基础设施薄弱，在暴雨季节当雨量达到30—20毫米，整个场镇的大部分住户就会被淹，群众的财产遭受损失，出行受到严重影响。恳请政府立即采取措施清理下水道，还广大群众一个舒适安全的生活环境。（下水道疏通） 15-01-23 乡村沟道和道路路基因年久失修，希望重新修缮。（修路）
城镇规划改造	13-01-05 加快旧城改造，可先选择部分点位进行改造。（旧城改造） 13-01-07 加快场镇改造，建设生态、休闲的镇域经济小镇。（场镇改造） 13-02-06 加强场镇风貌改造，加强基础设施投入。（场镇改造） 13-02-09 改造九尺下场街道。（修路） 14-01-05 J镇棚户区和老房子因年久失修，暴雨常导致部分居民房子被淹、下水道阻塞、街石淤泥堆积、出行受限等问题，建议加强棚户区和旧房改造。（旧城改造） 14-01-12 借助蔬香路修建契机，利用路旁双土苗木基地、玉源泉堰等修建休闲、娱乐、餐饮等农家娱乐场所。（城镇规划） 14-01-22 我镇菜市容量小、功能不全、流通性差，需在新市场旁建一个地磅（250平方米交易信息站或合作社），便于外运客户交易，解决买菜难问题。（城镇规划） 14-02-12 如何搞好特色小城镇建设。（城镇规划） 15-01-12 建议改造下场口，并加强卫生管理。（城镇改造） 15-01-13 我镇缺少集休闲娱乐、环境舒适、餐饮为一体的农家乐。（城镇规划） 15-01-14 我镇有悠久的历史文化和优越的地理环境，有蒙阳河和汉彭路绕城而过，还有各处泉堰。应充分利用有利的条件，科学规划精心设计，如将蒙阳、观音泉、九龙泉打造成花样式的蓄水瀑布、拦河天桥、凉亭式人行道、花园式街道，商铺统一成古色古香样式，开发成供游人吃住休闲的场所，逐步把我镇建设成景点式的商业古镇，这样才留得住游人，促进经济蓬勃发展。（城镇规划）

续表

轴心编码	原始议题语句（相应类属）
城市管理	13-02-16 九清路双土小区段商贩占道经营，影响道路通行和道路安全，建议将该路段纳入场镇道路管理，实施城管执法。（城市管理） 14-01-06 随着城镇化进程加快，镇上的市政设施不断增加，但因缺乏专人管理，导致设施出现问题且无人维护管理，如路灯、管道、绿化等公共设施，建议对社区的市政设施安排专门组织，落实专人进行管理维护。（市政设施） 14-01-16 老正街上卖餐饮的流动摊点存在卫生安全隐患，建议固定摊位，加强卫生管理。（城市管理） 14-02-11 我镇各街道的路灯已安装，但管理滞后，造成有的街道一天24小时长亮，有的十天半月也不亮，究其原因是各街道路灯均为智能表，欠费后就自动停电。群众向社区反映，社区说要找镇上，常常造成黑暗路段，也容易造成治安问题，应安排人员专管。（市政管理） 15-01-05 双土小区门口管理纳入镇城管管理范围。（城市管理）
就业保障	13-01-08 推动城乡剩余劳动力转移，加快城镇建设。（剩余劳动力转移） 14-01-15 多引进企业到我镇投资解决剩余劳动力就业问题。（就业保障）
村级财务监管	13-01-16 加强天宝村的基础设施建设和村级财务监管。（村级财务监管）
新农村建设	13-01-17 加快汉彭路L轴新农村建设。（新农村建设） 13-01-18 加快鹿鹤村新农村建设。（新农村建设） 13-02-18 加快鹿鹤村新农村建设，在现有基础上吸纳更多农户参与，改变整体面貌，腾出土地连片建设"一村一品"产业，做大做强产业规划。（新农村建设） 14-02-25 随着生活水平提升，上级有关新农村政策的大力宣传，群众对新农村建设的愿望日趋强烈，相当一部分群众房屋裂缝、漏雨，只能寄希望于新农村建设。（新农村建设）

续表

轴心编码	原始议题语句（相应类属）
农集小区管理建设	13-01-25 加强对集中居住小区的卫生管理，完善硬件设施。（小区卫生） 13-02-15 加强农民集中居住小区管理，在政策和资金上给予扶持。（农集小区管理） 14-01-19 农民集中居住区环境卫生有待加强，环卫、文化、体育活动基础薄弱，群众素质修养有待提升，希望政府加强引导，给予政策、资金扶持，改善农集区各方面建设。（农集小区建设） 14-02-09 双土小区是农民集中居住小区，入住户多，农户素质普遍不高，小区硬件设施较差，希望政府加大对小区的指导和扶持。（农集小区管理） 15-01-10 永兴村9组安置点从交保证金已两年多，部分群众家里严重渗漏破损，因考虑到要修新房就没敢维修，几户农房已拆除的群众更是苦不堪言，群众迫切希望尽快启动农集小区建设。（农集小区修建） 15-01-16 随着人们生活水平的提高，对生活环境要求也越来越高，建议加强小区配套运动设施建设，安装健身器材，修建小区围墙。（农集小区建设） 15-01-19 2014年因观音泉原广场及道路改造，体育设施被拆除，造成社区及附近群众无器材健身锻炼，群众迫切期盼重新安装一些健身器材和相应的设施。（农集小区设施）
治安管理	13-01-26 加强我镇社会治安及基层警务建设。（社会治安、基层警务） 13-02-07 在场镇安装天网，加强治安管理。（治安监控） 15-01-22 加强治安巡逻，保障群众的生命财产安全。（治安管理）
教育培训	13-01-26 关于在我镇广泛开展"读书有用论"主题教育的建议。（教育活动） 13-02-02 通过定期种植、养殖技能培训，提高农业产能，将农业合作社落到实处。（农技培训） 13-02-04 加强小区文化教育，提高住户文化思想素质。加强环境卫生，绿化整治。加强小区治安管理。（素质教育） 14-01-03 宣传敬老爱老理念，开展敬老爱老活动，营造敬老爱老的和谐氛围。（文化活动）

续表

轴心编码	原始议题语句（相应类属）
集体土地流转	13-01-27 调整修建农技站、育才路占地租金。2009年签的合同是1600元/亩，现在物价上涨，租金也应上调。（占地租金） 13-02-01 通过城乡一体化建设，将土地资源整合，集中流转，提高土地产出率。同时，将农村富余劳动力输出，提升老百姓经济收入。（土地整合流转） 13-02-17 2002年民宜牧场与村上签协议以来，因污染严重，群众意见大，且经营不善，多年来未交租金，村委会多次协商无果，建议拆迁民宜牧场。（土地出租流转，场镇改造） 14-01-08 民宜牧场于2003年同甲方代表J镇人民政府、YX村村委会签订30年合同，2008年过后就再没缴纳过租金。2010年民宜牧场污染严重，群众怨声载道，经相关部门介入，牧场内所有养殖肉牛全部搬走，但由于荒置集体资源，群众意见大，要求终止合同，重新按市场价格签合同，经多方协商未果。要求中止YX村村委会和民宜牧场的合同。（集体土地出租） 14-01-18 加大土地流转，特别是蔬香路建成后，对路两旁的土地有序有规模地进行流转，让农民增收。（土地流转） 14-01-20 因我镇建设需要租用玉源8组农户土地修建农技站、扩建育才路，现玉源村民提出要求政府尽快办理两宗土地的征地手续。（土地征用） 14-02-23 全镇通过各种方式开展农用地整治，特别是今年的整理项目投入了大量资金。建议镇上尽快制定出统一管理措施及办法，以利于工程长久不变。（土地整理） 14-02-24 YX村滑石粉厂占地5余亩，2004年承租给民宜牧场，因经营不善严重污染环境，给周围群众造成极大影响，且多年未交租金，造成集体财产流失，群众强令其关闭，一致要求终止合同，收回民宜牧场。（集体土地出租）
卫生医疗	13-01-28 关于改善我镇医疗卫生发展现状，促进医药体制改革的建议。（卫生医疗）
交通出行	13-02-10 汉彭路和九义路交叉口设置红绿灯。（红绿灯） 13-02-11 猫市巷到高林村的路口设置红绿灯，拓宽鹅颈巷道路，方便出行。（红绿灯）

续表

轴心编码	原始议题语句（相应类属）
交通出行	14-01-13 下场鹅颈巷经常拥堵严重，多年来一直未解决，希望政府拿出一个解决方案。（交通拥堵） 14-01-14 天宝村路口、金沙小区大门口人流量大，建议安装红绿灯，减少交通事故。（红绿灯） 14-01-24 因影响车辆和行人安全，建议清除街道边上的水泥墩子。（交通障碍） 14-01-25 晚上，汉彭路汽车很多，特别是大型运输车辆，建议在汉彭路镇城区边路段安装路灯，保障夜间行车安全。（路灯） 14-02-019号 渠道路拓宽硬化后，车流量与人流量逐渐增多，但路边的9号支渠没有安全护栏，存在很大安全隐患，希望安装护栏。（沟渠护栏） 14-02-029号 九义路的桥太窄，路段弯度大，经常出现交通事故，影响村民出行，建议整改。（道路整改） 14-02-08 2011年双土小区村民入住后，小区路段人流车流激增，九清路是J镇与新都区清流镇的重要通道，沿线过往车辆较大，逢赶场天该路段经常拥堵，同时也给城乡环境整治带来很大压力，希望镇政府将该路段纳入城镇化管理。（道路拥堵） 14-02-20 随着经济发展机动车增多，场镇路段路口多，人流量大，易发生交通事故，仅玉源就有3个村民在该路段出现交通事故，建议政府在汉彭路J镇路段原玉源小学至九义路设置机动车限速。（车辆限速） 15-01-21 高林村星源路电话线需要升高，各路口应安装减速带。（道路设施）
镇村利益协调	13-02-19 鹿鹤村境内的鹿鹤堰、魏家堰、九升堰、鲤鱼沱堰等4条堰的源头都地处S镇，群众要利用老堰开发新的水源，会牵涉一些利益，希望镇村出面协调。（镇村利益协调） 13-02-20 鹿鹤村9号支渠的引水闸经常被S镇村民堵住，鹿鹤村8个社的大部分村民农田需要灌水，请政府帮助协调解决。（镇村利益协调）
生活用水	14-02-19 2005年华融化工征地搬迁的4社、5社、6社的村民，到现在9年了还没安装自来水，还在吃井里的水，希望能够用上自来水。（生活用水）

续表

轴心编码	原始议题语句（相应类属）
养老服务	15-01-17 加强养老服务基础设施投入，提高养老服务水平。按2013年年底的统计数字，我镇应有60岁及以上老年人4470余人，65岁及以上老人2730余人，目前我镇敬老院仅有床位160张，占需求床位的0.036%，且老年人总数在不断增加。为了减轻社会及家庭负担，维护社区稳定及促进老龄事业发展，建议在J镇建立养老康护院。（养老服务）

表4-5　　　　　　　　轴心编码及其对应议题数量和百分比

名次	轴心编码	议题数量	百分比（%）	名次	轴心编码	议题数量	百分比（%）
1	基础设施建设	35	28.2	9	教育培训	4	3.2
2	环境治理	15	12.1	11	治安管理	3	2.4
3	产业发展	13	10.5	12	就业保障	2	1.6
4	城镇规划改造	11	8.9	12	镇村利益协商	2	1.6
4	交通出行	11	8.9	14	村级财务监管	1	0.8
6	集体土地流转	8	6.5	14	生活用水	1	0.8
7	农集小区管理建设	7	5.7	14	卫生医疗	1	0.8
8	城市管理	5	4.0	14	养老服务	1	0.8
9	新农村建设	4	3.2	合计		124	100

3. 选择性编码及模型建构

选择性编码是指选择核心类属，把它系统地与其他类属予以联系，验证其间关系，并把概念化尚未发展完备的类属补充整齐的过程。选择性编码是数据分析的最后一步，是在前两步编码的基础上的理论化过程。本书在选择性编码的过程中，通过对轴心编码所形成的主范畴进一步整合，形成了居住环境、经济收入、社会保障、文化生活四个核心类属，核心类属形成及所占议题比例如表4-6所示。

表4-6　　　　　　　　　　选择性编码分析

选择性编码所形成的核心类属	对应轴心编码形成的主范畴	议题占比（％）
居住环境	环境治理、城镇规划改造、交通出行、城市管理、农集小区管理建设、生活用水、新农村建设、治安管理	46
经济收入	产业发展、基础设施建设、集体土地流转、镇村利益协商、村级财务监管	47.6
社会保障	就业保障、卫生医疗、养老服务	3.2
文化生活	教育培训	3.2

在这些核心类属中，虽然没有出现"公共利益"这一概念或类属，但是，研究发现，不管是关于居住环境的议题，还是社会保障、经济收入、文化生活的议题，都是围绕着公共利益提出的。这也满足协商民主的原则，即协商民主中，应坚持"公共利益的原则"，即所协商的事务应是涉及公共利益，协商的结果也应以满足公共利益为原则。公共利益是一定社会条件下或特定范围内不特定多数主体一致的利益。德国学者纽曼（F-J. Neumann）将公益分为客观的公益和主观的公益。客观的公益是基于国家、社会所需要的重要之目的及目标，是指经正确认识的共同体利益，如和平的社会秩序维护，人类尊严和名誉的维护等。而主观的公益是基于文化关系之下，一个不确定之多数成员所涉及的利益。[①] 公共选择理论认为，人们对于能给自己带来利益之事会积极主张，而对于个人之外的大多数人的利益，则基于成本算计和"搭便车"的心理，希望其他受益人去主张。因而，有学者指出，在地方政府治理中，能有效协商的事务最好是涉及"主观公益"，即涉及一定范围内多数主体一致的利益。而对于"客观公益"的事务，则应由国家机关、国有企事业单位、

---

① 陈新民：《德国公法学基础理论》（上册），山东人民出版社2001年版，第185页。

社会公益组织等代表大多数人来主张。① 本书中收集到的所有这些社会协商议题，几乎都是关系到镇辖区内的主观公益的，都是围绕主观公益提出来的。

基于以上分析以及选择性编码形成的核心类属，本书建构和发展出了一个协商对话议题公众聚焦模型，如图4-4所示。

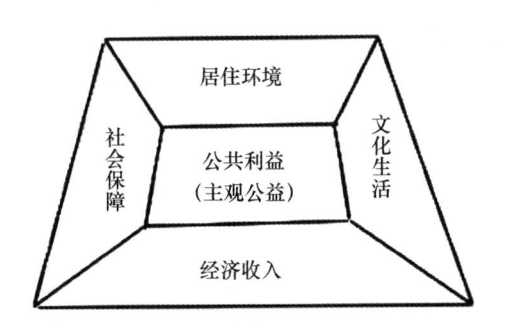

图4-4 协商对话议题公众聚焦模型

资料来源：笔者自制。

4. 理论饱和度检验

本书用作编码分析的是2013—2015年共三年的社会协商对话议题，而将2016年的社会协商对话议题用作理论饱和度检验。检验结果证明，各项范畴都已发展完善，对于影响社会协商对话议题公众聚焦的四个主范畴（居住环境、社会保障、经济收入、文化生活）均没有发现新的范畴，主范畴内部也没有发现新的初始概念。因此认为，通过扎根方法得到的"协商对话议题公众聚焦模型"在理论上达到了饱和。

（四）模型阐释及研究发现

1. 协商对话议题的公众聚焦

如协商对话议题公众聚焦模型所示，在成都市J镇镇级层面的社会协商对话中公众聚焦的议题，均是围绕本辖区内的公共利益（主观公益）提出的，议题主要与辖区内的经济收入、居住环境、社会保障、

---

① 朱凤霞、陈昌文：《地方政府治理中的协商民主：治理逻辑与现实可能》，《科学社会主义》2016年第6期。

文化生活息息相关。其中，关于经济收入的议题占47.6%，关于居住环境的议题占46.0%，关于社会保障和文化生活的议题各占3.2%。从议题比例来看，公众对如何增加经济收入关注较多，主要涉及产业发展、基础设施建设、集体土地流转、镇村利益协商、村级财务监管等；对于与自身居住环境密切相关的议题也比较关注，主要涉及环境治理、城镇规划改造、交通出行、城市管理、农集小区管理建设、生活用水、新农村建设、治安管理等；对就业保障、卫生医疗、养老服务等社会保障问题开始有一定的关注，并且随着物质生活条件大大改善，物质生活得到基本满足后发展出一定的精神文化需求，要求开展主题教育、小区文化活动等，其中某些需求是随着社会的发展而应运而生的，如对养老服务的需求等。

这些公众聚焦的议题中，有些议题比较实在，也比较好操作，易于解决。如基础设施建设方面的议题都比较具体，修哪段路、修哪里的沟渠、堰塘等都比较明确；交通出行方面的议题也比较具体，哪里需要设置红绿灯、哪个路段比较拥堵、哪里有安全隐患需要整改都比较明确；镇村利益协调、集体土地流转、农集小区管理建设、环境治理、城市管理等的议题也比较具体。但关于产业发展、城镇规划改造、就业保障、新农村建设等方面的议题都比较抽象，实际上很多并不是具体议题。如13-01-05议题"加快旧城改造，可先选部分点位进行改造"；13-01-07议题"加快场镇改造，建设生态、休闲的镇域经济小镇"；13-01-18议题"加快鹿鸣村新农村建设"；14-02-12议题"搞好本镇特色小城镇建设"；15-01-01议题"大力发展本镇乡村旅游，美化生活环境"等等议题，都比较抽象，不是具体动议。协商对话讨论的议题，也称作"动议"，按罗伯特议事规则，动议必须是具体的、明确的、可操作的建议。[①] 否则这样的议题在协商对话会上也很难达成共识。这表明了群众有发展产业、促进经济发展、促进就业、建设新农村和建设新型城镇的良好愿望，但却不知道从何做起，他们还是寄希望于政府能拿出具体方案，达到他们心中的愿景，这就给乡镇领导一定的压力和动力。

[①] 寇延丁、袁天鹏：《可操作的民主：罗伯特议事规则下乡全纪录》，浙江大学出版社2012年版，第122页。

还有一些议题是反复提出来的，这表明有些问题成为顽疾，始终没有得到较好解决。如 13-02-15 和 14-01-01 议题都提到"9 号渠"污染严重亟须整治的问题；13-02-17、14-01-08 和 14-02-24 议题都提到"民宜牧场"经营不善、多年未交租金、污染严重，群众意见大要求中止租赁合同的问题。

2. 议题的公众聚焦与话语权的实现

公众聚焦的协商议题未必会成为政府的决策问题。公众将聚焦和关注的协商对话议题表达和收集起来，只是实现了议题发起权的第一步。这些聚焦的协商议题能否成为协商对话会讨论的问题，还需要看其是否与政府部门的关切相一致。

笔者所调研的成都 J 镇乡镇层面的协商对话议题收集的程序如下：由村民代表、村民议事会成员深入群众收集议题，形成文字交镇社会协商对话会进行汇总，然后由镇协商对话会及议题审查小组对上报议题分类审查后确定 2—3 个本次协商对话会的议题。镇党委、政府认为涉及村、镇重大利益的问题，也可以直接交社会协商对话会商议。

镇协商对话会及议题审查小组如何审查及决定协商对话会的议题，相关文件上并没有明确的说法。笔者认为，代表政府部门的议题审查小组能否让公众聚焦的议题成为协商讨论的议题主要是基于以下方面的考虑：政府的关注程度，解决问题的迫切程度及解决问题的难易程度等。如果公众聚焦的社会问题恰巧是关系到党委、政府本段时间的中心工作、关系到经济社会发展的大局，关系到大多数人的利益；如果有些问题的解决迫在眉睫，如不解决可能引发社会不安定因素，引起社会矛盾甚至群体性事件，则这些公众聚焦议题成为社会协商对话会的议题以及政府的决策问题的可能性就比较大。在自上而下的考核体制下，为了完成考核指标，本级政府对不同的事务进行甄别，进行选择性的协商也是可能的。从彭州市 J 镇公众近年来反复提出的议题来看，或可推测出一些利益相关人不多、操作起来难度较大的议题或许就不太容易成为协商对话的议题。协商对话议题形成的过程模型如图 4-5 所示。

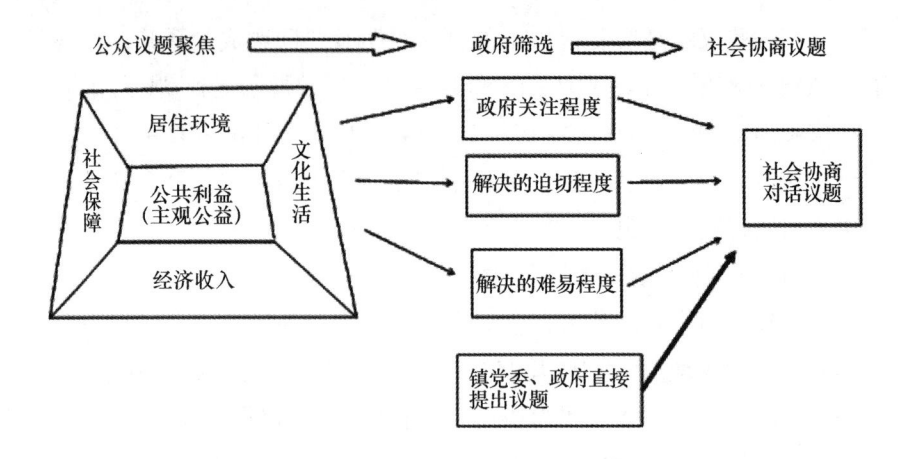

图 4-5　社会协商对话议题形成过程模型

资料来源：笔者自制。

四　对彭州模式的评价和思考

（一）经济、政治、社会条件：社会协商对话的生长条件

民主是现实的政治实践，民主的生长和发展离不开一定的条件。有学者指出，"首先是社会的经济发展条件"，"其次是文化条件"；[1] "基层民主直接反映着经济和社会发展"。[2] 在一定的经济、政治、社会条件下，基层协商民主才能更好地生长。基层协商民主尤其是乡镇层面的协商民主的种子首先在作为成都市的代管县级市之一的彭州市生长和发展，而不是在四川偏远乡镇落地生根，笔者认为有其必然性。彭州市社会协商对话的发展有其经济、政治、社会的生长土壤。

1. 经济：协商对话发展的重要条件

关于经济发展和政治民主之间的关系，20世纪60—90年代的许多量化研究认为，二者关系较为复杂，但大都得出肯定性相关的结论，即"经济发展的水平看上去是决定政治民主的决定性解释变量"[3]。亨廷顿认

---

[1]　陈家刚：《协商民主与国家治理——中国深化改革的新路向新解读》，中央编译出版社2014年版，第253—254页。

[2]　林尚立：《公民协商与中国基层民主发展》，《学术月刊》2007年第9期。

[3]　K. A Bollen and R. W. Jackman, "Political Democracy and the Size Distribution of Income", *American Sociological Review* 50 (1985) (August): 438-457.

为，经济收入达到一定的程度，传统的政治模式就会很难继续下去，就会要求产生新的政治制度来整合不断多元化的社会所提出的要求，并在这样的社会环境内执行公共政策。① 而李普塞特则认为，"民主与经济发展的水平相关，经济发展越好，民主就越能持续"②。

因而，经济发展是民主发展的重要条件之一，任何政治制度都不过是经济基础的反映。彭州市处于成德绵经济区中心、成渝经济区发展轴的西北区域合作中心以及成都半小时经济圈核心区，是成都市规划发展的四个新型中等工业城市之一和龙门山大熊猫国家森林公园生态旅游带的重要组成区域。曾先后荣获"中国县域经济竞争力百强""中国县域经济发展潜力百强""中国最具投资潜力中小城市百强""西部百强县""四川省十强县""中国家纺名城""中国休闲服装名城""四川最具投资价值潜力城市"和"国际友好城市战略发展奖"等称号。2021年彭州市农村居民人均可支配收入为28149元，城镇居民人均可支配收入为43337元。③ 2022年在四川省183个区县市中GDP排位18名。④ 由此可见，彭州市在四川的经济水平即便没有处于领先地位，也处于比较靠前的位置。村民生活比较富足，生存不再成为生活的第一需要，村民在满足基本的生活需要之外，产生自我民主管理的更高需要，愿意寻求更多的政治参与。

同时，由于地方财政比较宽松，能有较多的公共服务资金用于城镇公共设施建设、生态环境建设、文化建设等。乡镇基本上都完善了镇文化站基础设施，免费为群众开放，并且各村都开放了文体活动室、图书阅览室、文化培训室等。由于地方财政的宽松，也才能有更多的财力组织协商活动，为基层协商提供场地及活动所需要基本物质资料支持。

2. 政治：村民议事会的经验累积

在统筹城乡发展和进行2008年"5·12"地震灾后重建的过程中，

---

① S. P Huntington, "Will More Countries Become Democratic?" *Political Science Quarterly*, 99 (2) (1984): 193-218.

② Seymour Martin Lipset, "Some Social Requisites of Democracy: Economic Development and Political Legitimacy", *American Political Science Review* 53. (1) (1959): 75.

③ 《2021年成都市彭州市国民经济和社会发展统计公报》，http://sccbh.pengzhou.gov.cn/pzs/，2022年6月29日（2023年7月20日）。

④ 《四川GDP20强区县：武侯第一，翠屏超涪城，宣汉、金堂上榜》，https://m.163.com/dy/article_cambrian/HVKUVPOQ05561IDT.html，2023年3月12日（2023年7月20日）。

成都村民自治制度得到了较好的发展。自 2008 年汶川地震后，大量的灾后重建工作需要开展，如灾后重建住房需要分配、重建资金需要合理地利用和安排，趁着灾后重建的热情，成都社区（乡村）自治也就顺势如火如荼地发展起来了。各村都成立了村民议事会，村民议事会再推选其中的 5—7 人组成监事会，对议事会的运行进行监督。村民议事会负责人由村党支部书记兼任，负责议题审查和会议的召集。[①] 村民议事会每月开展协商议事活动商讨涉及村民切身利益的事项，基本实现了村民自治。成都全市农村形成了一套党组织领导、议事会决策、村委会执行、其他经济社会组织广泛参与的村级民主运行机制。成都市每年都会向每个行政村拨付一定金额的公共服务资金，这些公共服务资金均通过村民议事会讨论决定如何使用，成都市通过村民议事会的方式，实现了村级自治，取得了较好的效果。

彭州市社会协商对话制度就是对多年来村民议事会的整合与创新。社会协商对话制度将以前在村（社区）层面的议事会扩大到了村镇两级，加入了驻村单位，是原村（居）民议事会的扩大版。社会协商对话的制度设计是在村民议事会制度的基础上发展而来，并且通过彭州市在县级层面"中层设计"后统一推广并逐步制度化。没有多年来的村民议事会的经验累积，也不可能有社会协商对话制度。村民在政治参与中尝到了甜头，毕竟与自己切身利益密切相关的决策自己都有利益表达。随着政治参与热情的高涨，只讨论村上的事务怎么够？村民还期待参与讨论乡镇上的重大决策。经过多年来村民议事会"民主存量"的累积，在此基础上渐渐扩大为乡镇层面的协商对话便水到渠成了。

3. 社会：社会交往和社会媒体推动

费孝通先生认为，传统的乡村社会是"熟人社会"，经常的共同劳动和集中分配让人们彼此熟识，不仅信息对称，而且有公认一致的规矩，这种信息对称以外的公认一致的规矩，可以称为"地方性共识"。地方性共识包含的价值与规范，形塑着农民的行为逻辑，即乡土逻辑。而现在，一个行政村 200—300 户、1000—2000 人，这样的人口规模超出了熟人社

[①] 杜鹏：《村民自治的转型动力与治理机制——以成都"村民议事会"为例》，《中州学刊》2016 年第 2 期。

会的范围，同时村庄社会多元化、异质性增加，村民之间的熟悉程度降低。随着地方性共识的逐步丧失，村庄规范越来越难以约束村民行为。村民对村庄的主体感也逐步丧失，越来越难以依靠内部力量来维持基本的生产生活秩序。因而，有学者指出，进入21世纪的中国乡村社区已不同于费孝通时代的"熟人社会"，可以称为"半熟人社会"[1]。在这样一种"半熟人社会"，虽然不再有共同劳动和集中分配提供的使人们相互熟识的机会，但各种文化活动的频繁开展同样可以消解人们彼此之间的陌生感。彭州市利用各种节假日广泛开展丰富多彩的文体活动，如组织了"民俗闹春""音乐消夏""欢歌庆秋""劲舞暖冬""市民音乐节"等系列群众活动；开展"走基层"送文化下乡惠民演出、免费放映农村公益电影等活动，覆盖全市354个行政村（社区）；开展全民健身活动；开展元旦越野跑、风筝放飞、全市足球联赛、中小学生篮球联赛等群众体育活动。[2] 加上每月举行一次村民议事会，人们在彼此熟识的基础上，共同参与公共事务，进行基层协商，有利于重塑地方性共识和乡土逻辑，形成规范村民行为的价值规范，逐步培养出其公共精神。

此外，彭州市社会协商对话的兴起也与学者的推动分不开。2012年党的十八大召开前夕，四川省社会主义学院举办了统战部部长培训班，在对统战系统干部培训中开设了"中国特色协商民主理论与实践"专题培训课，直接启发和促成了彭州市基层社会协商实践探索的开始。在实践探索的过程中，成都各级统战部始终注重发挥协商民主专家学者的智力支持，或聘请专家学者为顾问，或聘请专家学者研究相关课题，或请专家学者直接参与讨论文件的修改与实施，使实践探索始终站在较高起点，把握理论前沿的基础上，更为理性稳妥地向前推进。全国的专家学者对彭州市社会协商对话案例的关注也较多，在中国知网上以"彭州"+"协商"进行搜索，有数十篇深入研究彭州市社会协商对话的论文。同时，新闻媒体也给予了一定的报道。事实上，学者和新闻媒体为推动彭州的协商民主实践起到了一定的作

---

[1] 贺雪峰：《新乡土中国》，北京大学出版社2013年版，第9页。
[2] 《二〇一五年彭州市国民经济和社会发展统计公报》，http://stats.scpz.cn，2016年7月16日（2023年7月20日）。

用。但由于温岭等地耀眼的光环吸引了更多学者的注意力，同时也因为彭州市社会协商对话还处于实践和经验总结中，学者和新闻媒体的关注度没有那么大，因而其对彭州市协商民主实践的推动和监督作用还不是特别明显。

（二）中层设计与基层实践的结合：协商制度化的一种尝试

党的十八大、十八届三中全会、十八届四中全会、十九大及二十大等会议多次对建设社会主义协商民主进行了强调和阐述。2015年2月，中共中央印发了《关于加强社会主义协商民主建设的意见》，明确了我国协商民主的内涵、本质以及七种不同的协商渠道，同时还对相关部门、地方各级党委提出了具体要求，即要求出台不同领域的具体实施意见。7月，中共中央办公厅、国务院办公厅印发了《关于加强城乡社区协商的意见》。这些报告和文件可以说是对社会主义协商民主、基层协商民主进行了高屋建瓴的顶层设计。顶层设计要求我们超越"摸着石头过河"，更加重视"总体规划、明确改革优先顺序和重点任务"，对改革的目标、路径、阶段、条件、困难和前景等有清醒的认识和总体规划与设计。[①] 国家对健全社会主义协商民主的顶层设计，主要从党和国家事业发展的全局出发，从党委政府的中心工作出发，为我国协商民主的发展设定总体目标和基本框架，对加强基层协商民主提出总体谋划，基层协商民主的实践和发展也应该遵循国家的顶层设计。

虽然中央对基层协商民主进行了顶层设计，但由于各地经济状况、文化层次、民主政治发展水平千差万别，不可能从国家层面出台非常细化的协商细则。有学者建议，中央和省级的设计只规定重大原则和程序，具体形式、载体、机制等设计要下放，以县（市、区）为单位进行顶层设计，不追求千篇一律。[②] 有学者认为，成都模式的协商制度设计，具有顶层设计和摸着石头过河相结合的指导理念。[③] 笔者认为，以市、县为单

[①] 陈家刚：《协商民主与国家治理——中国深化改革的新路向新解读》，中央编译出版社2014年版，第228页。

[②] 杨卫敏：《从"温岭模式"到浙江特色——浙江省各地探索基层协商民主的实践及启示》，《观察与思考》2016年第7期。

[③] 黄国华、成都市社会主义学院课题组：《基层协商民主研究——基层社会协商》，《中国政协理论研究》2014年Z1期。

位进行的设计不妨称作"中层设计"。

彭州市从县级层面进行基层协商的中层设计是合适的。因为一个县的经济、政治、社会、文化等条件基本具有同质性,有利于设计者把握总体情况,系统地设计基层协商民主的推进方案。而且在县级层面的中层设计,有利于搞好全县联动,牢固树立全县基层协商"一盘棋"的思想,各部门各负其责、各司其职,又密切合作、互相配合、整体推进,形成推动基层民主发展的强大合力。同时还有利于形成各乡镇相互比拼、追赶和相互学习的良好局面。中层设计还有利于促进基层协商民主的有序化制度化发展,避免领导的多头化和部门化,避免因倡导者和领导者个人的去留而人亡政息、中途夭折。实践表明,以部门或以单位的名义进行的基层探索和创新,其可持续性都难以保证。中层设计能够有效避免改革的碎片化,避免改革利益部门化、部门利益个人化、个人利益合法化。[①]

彭州市社会协商对话是在党的十八大健全社会主义协商民主的理念指导下设计的,是彭州市委和统战部推动的,被看作新形势下社会管理创新的一项重要制度安排。2013年4月,彭州市委发布《中共彭州市委关于构建乡镇社会协商对话制度的意见(试行)》,明确了社会协商对话的组织构架、协商成员、协商程序、保障措施等。2013年8月,彭州市委统战部又发布了《中共彭州市委统战部关于在全市各镇构建社会协商对话制度工作的通知》,决定在总结三个镇和一个社区试点工作的基础上,在全市各镇开展社会协商对话制度,并进一步明确了工作目标、工作内容、工作步骤和工作要求,并对领导机构和工作机构、村(居)民议事会成员和镇协商会成员的产生、议题的产生和公示、协商程序和协商结果的形成和应用有详细的制度设计。在领导机构上,明确了由市委统战部牵头负责全市的社会协商对话工作,在市(县)级层面成立了以市委书记任组长的领导小组,在乡镇层面明确了乡镇党委的领导,在村级层面明确村党组织书记为召集人,并要求各镇党委把该项工作列入党委的重要议事日程。这样,社会协商对话制度在市(县)级"中层设计"

---

① 陈家刚:《协商民主与国家治理——中国深化改革的新路向新解读》,中央编译出版社2014年版,第225页。

下,融入了乡镇、村党委的日常工作,并有了统一的制度安排。可以说,"中层设计"促进了基层协商民主的制度化和可持续发展。这一系列的文件,一方面,是实现社会协商对话制度化的途径;另一方面,通过这些文件,彭州市实现了在县级层面推广社会协商对话的"中层设计",通过"中层设计"实现了彭州市社会协商对话的制度化发展。

民主建设是个长期过程,不是一蹴而就的。彭州市社会协商对话制度虽说是在国家健全社会主义协商民主的顶层设计下及县级层面的中层设计下推动和发展起来的,但也是对多年来村民议事会的整合与创新。没有多年来的村民议事会的经验累积,也不可能有社会协商对话制度,再完美的制度设计,也不可能在没有任何民主生活的土地上生根发芽。

基层民主的发展有其自身的规律与逻辑,既需要顶层设计和中层设计,也需要顺势而为。顶层政治构建和中层政策创制提供了协商民主的价值安排和体制框架,然而如若缺乏微观层面的具体实践路径,则必然会导致价值与现实的扞格不入、计划与实施的凿枘难通。[①]"推进基层民主建设是实现政治稳定、社会和谐的重要保证,基层民主越健全,社会就越和谐。""没有因地制宜、灵活多样的原则,没有基层创造力的释放和先行先试,协商民主的顶层设计就会缺乏坚实的支撑。"[②] 事实上,民主总是会在价值与现实、制度与实施的互动关系中开辟自己的发展道路并找寻具体的实践形式。基层协商民主的发展,更要靠基层群众创新的勇气和智慧,鼓励各地的积极探索和首创精神。在统一规划的基础上,又因地制宜,各具特色。

(三)彭州模式的缺点与不足

社会的发展是一个不断推进的过程,社会的基层治理也应处于一个动态调整之中。更何况,基层协商民主本来也是一个摸索和创新的过程,需要不断积累经验和逐步完善。彭州市的社会协商对话制度虽然总体试行尚可,但还存在一些不足,还需要在实践过程中动态反馈,不断修正规则、完善制度,使其更具科学性和实效性。

第一,协商议题的拟定规则不清。《协商对话会工作流程》规定,镇

[①] 金太军、张振波:《论中国式协商民主的分层建构》,《江苏社会科学》2015年第2期。
[②] 陈家刚:《社会主义协商民主制度建设的重点与路径》,《党政研究》2017年第4期。

社会协商对话会成员深入村、社区收集议题，镇社会协商对话会对收集到的议题汇总归类，经镇社会协商对话会及议题审查小组确定会议议题。然而，收集到的议题可能名目繁多，即便归类后也可能存在较多的议题，而镇社会协商对话会讨论的议题却是有限的———一般为两个。[①] 那么，收集到的众多议题哪些上协商对话会讨论，哪些暂不讨论，议题的选择遵循什么样的规则？这在目前的制度设计中似乎没有明确规定，似乎议题的确定还比较随意。

第二，对不能达成共识的情况规定缺失。不是所有的协商都能达成共识。但是，从彭州市社会协商对话工作流程上看，似乎认为每次协商都会达成共识。其流程规定，议题获得到会成员三分之二以上的赞成票即可通过，并没有对不获通过的议题如何处理进行说明和规定。对于不获通过的议题，或争执不下的议题，是暂时搁置还是下次开会继续讨论？规则中并没有相关的规定。社会协商对话，如要不沦落为仅表达一种民主氛围，而是要切实协商解决问题，确实需要详细的规则。基层协商民主要想长期发展而不只是昙花一现，必须以制度化作保障。完善议事规则是协商制度化的前提。而议事规则的拟定，完全可以参考全球最高效实用的议事规范———罗伯特议事规则来拟定。

第三，"干系人健全"原则执行不足。例如，协商代表一般比较固定，三年换届。但某些协商议题，不排除其涉及的干系人不在代表之列。居民议事应遵循"干系人健全"原则，即把议题相关的干系人，无论是受益者还是受影响者，都尽可能请代表来参加，哪怕只是旁听。同时，还应进行"利益人公示"，即将邀请参会的干系人的名单进行公示，让参会者更好地成为各自群体的代表，也接受各方面的监督。

第四，协商共识的执行不力。社会协商，追求的是达成共识，老百姓希望看到的是决策的落实，而社会协商对话制度规定，乡镇层级的社会协商共识"提供给镇党委政府作决策参考"。如果只有协商而无执行，则可能使协商流于形式。对于协商共识的执行，制度还规定："对于条件不具备，暂时无法实施的，需做好解释工作；对于违背法律法规和广大

---

① 朱凤霞：《基层协商民主中的公众话语权——基于扎根理论对成都 J 镇近年协商议题的分析》，《河南社会科学》2017 年第 10 期。

群众切身利益的,坚决不予采纳,由镇社会协商对话会报镇党委政府,由党委政府交相关办、所做好解释和引导教育。"毋庸置疑,协商民主制度要求商谈的主体、商谈的问题、问题解决的路径和方式、问题解决的方案和结果等都要合情合理合法。[①] 为了避免协商结果不合理不合法,从而导致无法执行的情况,以上两个困境完全可以通过吸收政府职能部门人员和专业人士参与协商就能解决。政府职能部门工作人员参与社会协商对话,要以观察者、守护者、支持者的身份参与,对于不具备条件、无法实施的动议,当场给予解释和说明,而不是在协商会议达成共识后才告知无条件实施。同时,根据议题,邀请一些专业人士(如农技专家、建筑专家、律师等)参会,在讨论需要专业解答的时候适时解答,从而避免讨论共识违背法律法规及出现专业方案上的盲区。

第五,社会组织在基层协商中的作用发挥不足。近年来,社会组织作为公共治理结构的一部分受到越来越广泛的重视。从国际经验来看,社会组织是公民参与政治生活和社会治理的重要平台。国外发达国家和地区与社会组织的合作治理实践表明,社会组织在促进经济发展、提供公共服务、反映群众诉求、维护社会稳定等方面发挥着越来越重要的作用。[②] 但我们的社会组织一直发展较慢,社会力量参与国家治理的能力不足。在所有的权力主体中,政府无疑具有压倒一切的重要性,任何其他权力主体均不足以与政府相提并论。[③] 因此,当前中国的社会治理可以称作"国家主导的社会治理"。由于现阶段社会力量参与公共事务的能力较为欠缺,社会成长所需的组织和机制建设都不健全,影响社会治理能力和治理水平的提升,因此还需要国家给予扶持和能力培育。[④] 对彭州社会协商对话的调研也发现,社会组织参与协商的力量较弱,协商代表中仅有个别社会组织、行业协会的代表,社会组织的作用没有充分发挥。社会组织自身的力量弱,乡镇政府甚至正在尝试引入和培育一些社会组织

---

① 牟成文:《协商民主视角下的情理法关系分析》,《党政研究》2014年第6期。
② 唐奕主编:《基层治理之路——来自基层实践者的中国梦》,中央编译出版社2016年版,第273页。
③ 俞可平:《民主与陀螺》,北京大学出版社2006年版,第110页。
④ 关爽、郁建兴:《国家主导的社会治理:当代中国社会治理的发展模式》,《上海行政学院学报》2016年第2期。

参与社会事务管理。由于基层协商参与者个人可能存在着能力的差异、文化水平的参差不齐,表达能力的强弱有别而由此产生的政治影响力并不平等。决策的利益很难顾及力量弱小的一方。平等是协商民主的基本前提,但协商民主无法假设所有公民都处于同样地位、具有同样利用机会和资源的能力,而社会组织有助于确保政治平等,促进共同利益,保护"力量弱小者"的权益。聚集弱小者的力量,使其在协商过程中成为不可忽视的一方,从而弥补因能力差异导致的政治影响力的不平等。然而,在相当长的一段时间内,我们的社会治理还需要国家的主导,协商民主的发展还有赖于国家对社会组织的扶持和培育。

第六,民主化协商与民主化决策缺乏有效衔接,公众话语权未能充分实现。从前文对彭州 J 镇的议题分析可以看出,从公众中收集到的议题未必能成为社会协商对话的议题。即便是成为协商对话会的议题,也未必会成为政府的公共决策问题。在自上而下的考核体制下,本级政府部门对不同的协商议题进行甄别,如果公众聚焦的议题恰好是当前的中心工作,或亟须解决的问题,则政府部门可能进行选择性协商。同时,在乡镇层面,协商对话所达成的共识仅供政府部门参考,对政府部门并没有确切的约束力。

第四节 居民自治中的协商:
上海社区营造

社区营造始于英国,兴于日本,后风靡东亚。20 世纪 90 年代,中国台湾最重要的运动之一便是社区营造,学习社区如何自治,如何通过协商实现多元包容与和谐共处。这项运动对中国台湾的政治和社会发展起到了重要的作用。"社区营造"一词自被引入中国大陆以后,便受到了管理学、社会学、生态学、城市规划学、环境科学等众多学科的关注。随着我国单位制和街居制的解体,城市基层治理重心向社区下移。然而,随着现代城市的发展和人口的流动性增强,原有稳定的社区关系不断受到冲击,熟人社会受到陌生人社会的冲击,人口的异质性也阻隔着社区的互动与交往。近年来,在党委和政府的主导下,"社区营造"在各地纷纷兴起。结合中国语境下的本土实践,有学者将社区营造解释为"在党领导下，由居民参与的，通过对社区空间和生活共同体的再造与重塑，实现社区复兴的社会治理实践"[1]。也有学者认为，"社区营造是以政府诱导、民间自发、NGO 帮扶三者的合力，促进社区自组织的活化，在这个过程中提升社区的集体社会资本，实现社区自主治理与可持续发展"[2]。还有学者认为，除单位之外，社区是人们最低成本参与公共生活的场所，"社区营造本质上是以创造社区公共美好生活为出发点"[3]。

正如有学者指出的，中国的社区可以参考世界各个城市发展的轨迹，吸取他们城市建设的各种经验，但社区的成长必然是在地化的生长过程。[4] 上海市作为国家城市发展的"标杆和示范"，率先进行了社区营造的探索，取得了一定的经验和成绩，对全国的社区营造具有一定的代表性和指导意义。

一 空间再造下的社区营造

对社区空间的重塑是社区营造的主要内容之一。中国城市公共空间的生成逻辑体现了权力、资本和生活逻辑的统一，而社区的公共空间营造更多地体现了"生活逻辑"，即"空间的使用者通过利益的表达和公共参与等方式对城市发展和空间治理施加影响，使城市空间成为民众的公共空间和城市美好生活的场所"[5]。上海市嘉定区的社区营造有不少是关于空间再造的典型案例。

（一）鼎治空间

鼎治空间是嘉定区真新街道鼎秀社区打造的空间再造项目，是在社区愿景操作规划下，同社区各类主体共同参与规划产生的空间改造项目。鼎秀社区是 2007 年开发的商品房社区，社区人口构成较为复杂，主要由本地居民、市区导入人口、购房进入的外地业主及租住人口四类

---

[1] 蔡静诚、熊琳：《"营造"社会治理共同体——空间视角下的社区营造研究》，《社会主义研究》2020 年第 4 期。

[2] 罗家德：《社会网分析讲义（第二版）》，社会科学文献出版社 2010 年版。

[3] 闵学勤：《城市更新视野下的社区营造与美好生活》，《求索》2019 年第 3 期。

[4] 张斌、韩福国主编：《走向现代社会治理共同体——嘉定社区共营的案例与经验》，上海人民出版社 2020 年版，第 1 页。

[5] 陈水生：《中国城市公共空间治理模式创新研究》，《江苏行政学院学报》2018 年第 5 期。

人群构成。① 社区人口之间难以融合，关系比较淡漠。

嘉定区社区居委会工作空间经历了 1.0 版、2.0 版到 3.0 版的升级。2012 年，居委会工作空间打破了传统的机关化办公模式（居委会 1.0 版）向提供公共服务的居委会一站式服务（居委会 2.0 版）转变，将原来分散的办事功能向一个规范化的大柜台集中，方便居民办事。但 2.0 版仍带有较重的行政化色彩，存在柜台内外的物理边界，并没有消除社区居民与工作者的心理阻隔，仍然是"无事不登三宝殿"，对活化社区关系并没有起到实质性的作用。

2016 年，鼎秀社区愿景规划师团队在充分征求居民意见的基础上，在区社建办和街道两级职能部门的指导下，在上海益家邻社区治理发展中心专家团队的技术支撑下，对原来行政化、阻隔式、边界清晰的社区一站式服务空间进行"折叠改造"，将其打造成多功能的社区共享空间——鼎治空间（居委会 3.0 版）。一方面，鼎治空间仍然能在工作时间提供居委会工作人员的办公需求；另一方面，鼎治空间又增加了书屋、咖啡厅、议事厅等生活休闲设施，开辟出小型展演区、水吧、亲子阅览区等区域，能满足居民静态化的生活休闲活动，还在晚上和节假日为社区居民提供各类主题活动和社群活动空间。鼎治空间提供了强大的 Wi-Fi，设立了社区咖啡厅和读书室，对年轻人也形成了较强的吸引力，年轻人常在晚上和周末带着笔记本电脑来这里工作、休闲、议事、交流。可以说，鼎治空间得到了最充分的利用，实现了全年最大时段的开放，是居委会办公与居民生活的共享空间，文明礼仪与社会公德的学习空间，居民才艺与社区记忆的展示空间，以及居民交流与社区发展的议事空间。② 居民骨干也在鼎治空间中发挥了较强的组织和凝聚作用，当社区工作者工作繁忙或不在的时候，居民骨干为前来办事和活动的居民提供接待服务，提升了社区居民对社区事务的参与度和体验感。鼎治空间聚集了人气，活化了社区人际关系，密切了干群关系，让公众逐渐关注社区公共

---

① 徐晓菁：《社区共营的顶层制度设计与实操个案研究——基于上海市嘉定区的考察》，载唐亚林、陈水生主编《社区营造与治理创新》，上海人民出版社 2018 年版，第 57 页。

② 徐晓菁：《社区共营的顶层制度设计与实操个案研究——基于上海市嘉定区的考察》，载唐亚林、陈水生主编《社区营造与治理创新》，上海人民出版社 2018 年版，第 58 页。

事务，为公众协商参与社区公共事务提供了一个常态化的议事平台。

（二）社区花园营造

社区花园是社区民众以共建共享的方式进行园艺活动的场地，其特点是不改变绿地空间属性的前提下，提升社区公众的参与性，进而促进社区营造。[①] 2014年12月，上海市宝山区一条废弃的火车轨道旁建成第一个专业组织运作的社区花园——上海四叶草青少年自然体验服务中心，之后不断发展，到2019年年初已发展至50余个，并初步形成社区花园运作的四级架构，即专业组织运作的社区花园，社会广泛参与的居委主导、居民参与的社区花园，居民自组织的社区花园，"城市种子漂流行动"等。[②] 其中居委主导、居民参与的社区花园营造对于激发社区活力，和谐邻里关系，激发社区居民参与社区公共事务的意愿方面发挥了积极的作用。

上海市安亭镇陆巷社区是随着上海国际汽车城建设，由7个自然村民组30个生产队685户动迁家庭组建的集中居住小区，有不少农民还保留着原有的种植习惯，时常将公共绿地变为私家菜园，严重影响了社区居民的生活环境。陆巷社区在党总支、区社建办和安亭镇的指导下，反复征询居民意见，形成了一个充满想象力的社区花园营造计划——组织社区的自发团队，对公共区域进行居民高度参与的再造，打造蔷薇满巷的美丽家园。陆巷社区选派居民骨干参加安亭镇培训"社区管家"的"百千万行动"计划，让他们对自治项目有了全新的认识和理解；同时引入上海益家邻社区治理发展中心（专业化社会组织）定期为居民开办社区共营陪伴课程，量身打造"蔷薇巷课堂"，让居民们学到更多的知识和技术。2018年起，"蔷薇巷"项目从部分公共区域试点到全小区内种植全覆盖。2019年，社区居民组织筹划地景艺术节，提升了"蔷薇巷"项目的社会影响力。[③] 居民全程参与项目计划的制订及计划的实施，开发蔷薇

---

① 刘悦来：《社区园艺——城市空间微更新的有效途径》，《公共艺术》2016年第4期。

② 刘悦来等：《"公""私"比较视野下社区营造的策略及其经验反思——基于上海社区花园实践案例的考察》，载唐亚林、陈水生主编《社区营造与治理创新》，上海人民出版社2018年版，第4—5页。

③ 《嘉定区陆巷社区：党建引领社区治理"小菜园"变身"蔷薇巷"》，https：//j.eastday.com/p/1611249792026225，2021年1月22日（2023年7月20日）。

巷系列产品如永生花钥匙扣、蔷薇蛋黄酥、永生花相框、蔷薇花香囊、水晶滴胶制品等，极大提升了蔷薇巷的社会影响力。更重要的是，陆巷社区依托"蔷薇巷"项目运作，增进了邻里友谊，挖掘出了社区骨干，带动了居民参与自治，培养了居民的自主意识和自治本领，居民将"蔷薇巷"项目中学到的参与、调研、协商、评议等方法用到社区的其他公共事务中，在社区自治中培育了社区精神共同体意识。

百草园（一期）位于上海市杨浦区一个小区内。该小区公共空间缺乏，人均公共绿地面积为 2.23 平方米；小区老龄化人口比例较高，60 岁以上老龄人口占小区总人口的 23.5%；但小区自治基础好，居委会组织能力强，社区内已有园艺自治社团组织，园艺爱好者众多。百草园用地为居住区附属绿地，为小区业主共有产权。百草园是由街道牵头提供资金支持，居委会组织引导，同济大学景观学系设计指导，社会公益组织四叶草堂提供社区营造项目培训支持，以居民参与主导共建共享的形式进行的社区花园营造。营造过程中，社区以长者为主的芳邻花友会和以幼童为主的小小志愿者团队两个自治组织发挥了积极作用。花友会梳理每个人的空闲时间，制作出施工排班表，小小志愿者也参与社区花园排班，以及广场舞空间矛盾和小区养狗问题处置等，积极参与社区治理。百草园打造项目将老旧社区闲置荒地改造成了友好型社区花园。[①] 社区花园十分漂亮，居民可以在此聊天交友、休闲娱乐、增进感情，也可以在此商议小区公共事务，最重要的是，据居民们反映，参与打造社区花园的意义更胜于结果。

二 小区自治下的社区营造

自 2016 年起，上海市嘉定区以区为单位整体部署，统筹推进社区自治项目工作，取得了较好的成效。"社区自治项目是以项目化的运作推动社区治理的方式方法，藉由解决社区居民和社区发展的特定问题，社区居民通过操作项目聚拢起来，在组织、协商、合作甚至争辩中增进交流，

[①] 刘悦来等：《"公""私"比较视野下社区营造的策略及其经验反思——基于上海社区花园实践案例的考察》，载唐亚林、陈水生主编《社区营造与治理创新》，上海人民出版社 2018 年版，第 9—11 页。

达成默契,从而达到提升居民治理能力、积累社会资本、营造社区情感、培育社区共同体的目标。"① 纳入自治项目的问题一般都是社区发展中一定时期的特定难题或社区居民迫切希望解决的问题,经过充分调研,科学规划和设计,以立项的方式集中力量解决。同时,自治项目注重挖掘社区能人,注重发动社区居民广泛参与,自主协商,推动项目进展。强调社区"自治",通过自治项目的解决,社区居民提升了自治能力,和谐了人际关系,也更热心社区的公共事业。

(一)楼道堆物自治

铜川社区隶属上海市嘉定区真新街道。铜川社区嘉和坊小区房屋大多为20世纪90年代建造,为一梯两户或一梯四户的老旧户型。小区楼道常年堆放着居民舍不得丢弃的废旧物品,如自行车、破旧家具、闲置花盆等,严重影响楼道美观,又给居民出行造成不便,还给蚊虫、蟑螂滋生提供了条件,有着重大的安全隐患,居民也怨声载道。如何整治楼道堆物,还小区清爽舒适的环境成了业委会和居委会迫切需要解决的问题。

于是,居委会、业委会、物业和居民代表召开了联席会议,协商后拟开展"整治从门口做起——楼道无堆物行动"自治项目,即从小区内挑选20个堆物最严重的楼道,发动楼内居民和志愿者开展无堆物楼道整治活动。居民代表们推选何阿姨做"领头羊"组织开展整治工作。何阿姨是小区里的块长、党小组组长、业委会委员,热心社区事务。她走访了20个试点楼道,动员楼组长和楼道里的党员组成楼道清洁志愿者队伍,并询问了楼道堆物的归属情况,组织小组成员挨家挨户上门劝导。居民周老伯在楼道堆放了许多不用的花盆和花草,不愿清理,项目组出资购买植物种植在花盆中,并将花盆分散摆在每个楼层不占道的角落里,既美化了环境,也解决了堆物占道的问题。通过项目组的辛勤付出,半年内,试点的20个楼道堆积物全被清空,并有3个楼道被评为"绿色文明楼道"。为了使项目收到长效化的成果,项目组的年轻党员提出可通过多种方式宣传,如通过黑板报的形式在小区出入口宣传楼道整洁理念;

---

① 冯猛:《自治项目的区域布局与实践路径》,载张斌、韩福国主编《走向现代社会治理共同体——嘉定社区共营的案例与经验》,上海人民出版社2020年版,第135页。

组织小区内小朋友参加"整洁从门口做起"的暑期活动；发放"楼道无堆物"的宣传单；邀请居民关注铜川社区的公众微信平台，在平台发布有关楼道整洁的图片内容；等等。

小区通过协商自治，营造出了整洁的小区环境。项目实施过程中，项目小组、居委会、业委会、物业公司、居民骨干及全体居民都发挥了积极的作用，多方协力取得成果。在各方的带动下，小区居民积极配合参与，增加了社区认同感和归属感，并不断加入自治队伍中，成为楼组自治的重要力量，共同推进美好家园建设。

（二）以乱晾晒为支点撬动自治

金华社区地处嘉定区与闵行区的交界处，辖区由五个小区组成。该社区居民结构相对复杂，市区动迁居民、外来人口、老年弱势群体各占三分之一。由于生活理念不同及生活习惯差异等原因，居民社区认同感和归属感不强，对参与社区活动缺乏积极性。金华新村和丰华苑是两个相邻的老旧小区，小区硬件设施不完善，比较突出的有居民晾晒难等问题。长期以来，居民晾晒衣服的需求得不到满足，"毁绿晾晒"、乱晾晒等情况屡有发生，严重影响了小区环境，也给居民出行带来一定的安全隐患，而且居民间时常因为抢地晾晒发生矛盾，乱晾晒、晾晒难的问题亟须得到解决。

为规范晾晒行为，改善社区环境，和谐邻里关系，金华社区党总支召集社区党员、居民代表、物业、业委会召开协商议事会，会议经过深入的探讨，居委会从旁协助，最终决定在丰华苑、金华新村两个小区内投资制作公共晾衣架，费用由居委会进行协调，但具体在哪里安装晾衣架，需要征求广大居民的意见。李大姐是丰华苑业委会副主任，热心社区公共事务，社区人缘好，又是一名自由职业者，在家时间较多，她建立了"金华一家亲"的QQ群，组织居民在线协商并表决决定公共晾衣架的具体安装地点。大家一致同意将22—25号楼道前的绿化带作为集中晾晒点，安装公共晾衣架的经费由居委会、业委会共同承担，用水管制作的晾衣架既不会大面积破坏绿化，也不会造成安全隐患，方便大家晾晒。而且，经常在家的居民还组成了一个"巡查团"，每天早上轮流对小区进行巡查，对晾衣架进行后续维护，对不文明晾晒行为进行劝导。

金华社区通过自治的方式解决了小区乱晾晒的问题，将无序晾晒引导为有序晾晒，改善了小区环境，方便了小区居民出行，也和谐了邻里关系。晾晒问题只是小区自治的一个起点，小区居民常在"金华一家亲"QQ群里讨论小区管理问题，积极发表意见建议，增加了小区公共事务的参与意识，提升了自治能力。

三 文化再造下的社区营造

以文化营造撬动社区营造是不少社区的成功实践。"城市社区居住空间既是居住意义上的物理空间，又是一种文化意义上的制度空间。"[①] 以文化再造为抓手实现社区营造，让社区居民在社区这一物理空间中对社区文化产生认同，在参与和推广社区文化中使自身精神需求得到满足，并在这一过程中关心社区公共事务，逐渐在日常生活中由生活共同体凝聚成精神共同体。文化营造有利于激发居民的文化认同，将分散化、原子化、差异化的个体整合成具有共同社区归属感和身份认同感的群体，促进人际关系的和谐，防止群体利益冲突。在一个和谐的、具有社区归属感的群体中进行社区公共事务的协商和自治就容易得多了。

（一）敬老文化再造下的社区营造

李园二村社区多数小区房屋结构偏小，许多家庭改善住房条件后搬离了本小区，留下了许多低收入家庭和独居老人家庭。该社区老年人居多，60岁以上的老人679人，其中独居老人40多人。这些老人由于缺少子女的关怀照顾，常常深感孤独，精神生活缺乏及生活照料困难。鉴于此，社区居民自治项目老人"亲情屋"项目诞生了。社区成立了老龄工作小组，社区党支部书记、社区居委会主任为组长，社工和老年人代表为成员，社区老龄专业委员会负责招募值班人员，安排值班表，设计活动方案，安排志愿者每周一、四下午轮流值班看护，为老人们提供"亲情服务"。老年"亲情屋"现有200平方米的活动场所，设有文化娱乐室、老年远程教育教学室、棋牌室、电脑室、谈心室、医务室、图书阅览室等老年活动服务场所。

---

① 刘中起、杨秀菊：《从空间到行动：社区营造的多维政策机制研究——基于上海的一项个案研究》，《华东理工大学学报》（社会科学版）2017年第6期。

"亲情屋"还组织老年人一起观看红色电影；或者组织给老年人开展养生保健知识讲座；或针对冬季安全用电、防火、防煤气中毒，夏季防水、防暑知识讲座；或者对老年人进行防骗知识宣传；或者结合各种传统节日，开展厨艺秀、邻里淘宝活动、趣味运动会、红歌联谊会、手工艺制作等丰富多彩的活动，极大地丰富了老人们的精神生活，邻里守望蔚然成风。年纪较大的老人们说，自从参加了"亲情屋"活动，在志愿者和工作人员的帮助下越活越充实，心情开朗了，身体也好了很多。

如今，社区"亲情屋"亲情助老活动已经成为社区"微型老年日托所"的雏形，社区独居老人、高龄老人在晚年生活中享受到了邻里亲情，过着快乐的晚年生活。社区敬老文化浓厚，甚至低龄老人也结对关爱高龄老人，大家互帮互助，邻里守望，传递着社会的正能量。

(二) 亲子文化再造下的社区营造

嘉悦社区是一个新的高层商品房小区，居民来自五湖四海，并以"80后"居多。该社区的部分楼组长不像别的小区以老人为主，而是有不少"70后""80后"。许多家庭都有小孩，年轻的父母很喜欢亲子教育之类的活动。

"80后"楼组长邢某是一位年轻的妈妈，也是一个热心又有想法的居民，在居委会的领导下，她积极探索开展楼组自治和策划社区活动。在2016年圣诞节，37号楼组在居委会的支持下举办了一场楼组圣诞派对，居民扮作圣诞老人，挨家挨户敲开居民的门，送上平安的祝福，大人和小孩都感到十分欣喜。这次活动成为楼组微自治的破冰之旅。之后，邢某又和居民一起，在一楼进户空间布置了一个孩子们的小天地——亲子读书角。放置了小桌子、小椅子和各类绘本，与楼组20多户家庭在这里举办了"共建楼组亲子读书角"活动。这个小小的亲子读书角成为孩子们读书玩耍、增长知识、结识小伙伴、共同快乐成长的地方，也是楼组居民文明示范点。居民为孩子在这里举办生活派对，放置糖果供分享，帮助整理书籍、擦拭桌椅，把亲子角当作自己家一样爱护。

因孩子结缘的家庭日益增多，楼上楼下，左邻右舍，都相处融洽。社区还趁热举办了"楼组亲子运动会"，居委会在策划上给予指导，并提供运动会物资支持，组织志愿者支援等。此外，社区还策划了"亲子跳蚤市场""我为玉树捐冬衣"等活动，爸爸妈妈们都带着孩子踊跃参加。

年轻的父母在一系列亲子活动中见证了孩子的成长,分享着孩子成长的喜悦。社区以亲子为纽带,将陌生的邻里团结到一起,互帮互助,打造着一个充满温情的社区,为孩子们营造了一个充满爱意的家园。

四 上海市社区营造的经验与启示

上海市社区营造是全国社区营造的典型代表。其实不仅上海市,成都等地的城市社区营造也有类似的经验和案例。从这些社区营造的案例背后,大致能挖掘出如下经验或启示。

(一) 上海的社区营造将协商民主嵌入居民自治制度

上海的社区营造本质上是在街道党工委领导下的自治。根据《中华人民共和国城市居民委员会组织法》规定,"为了加强城市居民委员会的建设,由城市居民群众依法办理群众自己的事情,促进城市基层社会主义民主和城市社会主义物质文明、精神文明建设的发展"。空间再造下的社区营造、小区自治下的社区营造、文化再造下的社区营造等都是上海市在基层党组织的领导下引导居民自治的探索成果。在探索社区营造的过程中,发动了社区居民、社区骨干和志愿者团队,寻找了撬动社区营造的支点和项目,在此过程中,基层干部、居民代表、居委会、业委会等自然需要聚在一起协商,"众人的事情由众人协商",并根据需要制定一定的议事规则。社区营造实际上是将协商民主嵌入了居民自治制度,但是其代表选取、议事程序等较彭州社会协商对话和温岭民主恳谈更为灵活。

(二) 社区营造的多元主体参与

社区居民参与是社区营造的核心参与主体。其实不管是空间再造下的社区营造,还是小区自治下的社区营造,或者文化再造下的社区营造,都是城市社会治理的一种创新,都是选取不同的支点撬动城市基层社会治理,最终都要回归对人的再造,即社会关系的再造,通过社区营造构建社区精神,让社区居民被凝聚到一起,感受到共同体的意义,愿意投入人力、物力、财力到社区公共事务中,营造社会治理共同体。因而"社区营造坚持以社区居民为核心参与主体,并将社区居民的参与程度与自治能力作为评估社区营造的关键指标"①。

志愿者团队和社区骨干是社区营造的重要力量。活跃于社区营造一线的积极分子通常是志愿者团队或社区骨干，他们多为党员、退休干部，以及具有某类文艺特长的居民。他们对社区营造做出了积极的贡献，也常利用自己在社区的人脉关系带动其他"欠积极分子"参与到社区营造中来，使社区营造能够可持续进行。

居民自组织是具有巨大潜力的社区营造力量。社区居民通常因相同的兴趣爱好组成互助合作的居民自组织，如老年协会、健身团队、厨艺队、绿植营等，这些自组织看似跟社区营造没有直接的关系，但鼓励他们建立自组织，能够改变社区居民"一盘散沙"的格局，再对他们进行"知识、态度、能力全方位的赋能"②，逐步引导其从"活动型"向"功能型"转型，在提高其组织、沟通、协商、协调能力的同时，加强其对项目管理、资金筹集、处置矛盾、建立规则等一系列实务技能的培训，使其有能力带领社区居民进行社区营造。

专业团队能在社区营造初期发挥积极作用，但在社区营造可持续发展中不能过多依赖。当前，由于党政部门对社区营造的经费、人力等方面的支持，以及出于对社区营造品质的追求，许多社区营造都聘请了专业团队进行指导。诚然，专业团队能够给社区营造提供科学化、规范化的方案或建议，但专业指导不能代替公众参与。这种高度行政化和精英化的社区营造势必产生社区营造的可持续性问题。台湾社区在营造了20年以后，仍然存在着社区参与问题，未能实现"社区自主"，许多社区一定程度上仍然受制于政府设计的路线，无法了解自己社区的优势、劣势、机会和威胁，缺乏自我诊断的能力。③ 主要靠专业团队营造的社区，一旦专业团队撤出后，则难以依靠社区自身的力量将社区营造活动持续下去。有研究指出，"越是政府投资大、建设周期短、居民参与度低的，社区感

---

① 蔡静诚、熊琳：《"营造"社会治理共同体——空间视角下的社区营造研究》，《社会主义研究》2020年第4期。

② 江维：《城乡社区可持续总体营造行动的顶层设计与行动能力建构——基于成都的经验考察》，载唐亚林、陈水生主编《社区营造与治理创新》，上海人民出版社2018年版，第26—45页。

③ 苗大雷、曹志刚：《台湾地区社区营造的历史经验、未竟问题及启示——兼论我国城市社区建设的发展路径》，《中国行政管理》2016年第10期。

受越不明显。相反，那些小型的、周期较长的、居民从一开始就高度参与的项目，社区感受越高，成为居民高质量的体验。"[1] 社区营造中专家知识的介入要以培育社区自生自发的秩序为目的，培育出具有公德心、热心参与社区公共事务的能人，从而带动和吸引众多普通社区成员参与。因而，社区营造的过程，是"针对普通社区居民的赋权过程，最终使得普通社区居民成为社区行动者"[2]。社区营造的过程，也是社区提升凝聚力的过程，一定要调动社区居民的积极性，引导多元主体积极参与，社区营造才能可持续发展。

（三）寻找撬动社区营造的支点，培育社区公共精神

自治项目、文化营造等都是撬动社区营造的支点，我们还可以去发现更多这样的支点，撬动更多的社区营造。这些支点的共同点是能吸引大部分居民的注意力，是当前社区生活中迫切需要解决的问题、难题，是大多数家庭都面临的问题，或者关系到居民生活品质提升、居住环境美化的问题等，吸引社区居民主动参与其中，主动关心社区事务，达成共同认可的社区愿景。成都市民政局干部总结出能够撬动社区营造的关键支点主要有满足居民服务需求、管理社区公共事务、建构社区公共空间、营社区生态环境、发展社会产业、形塑社区文化等几类，并指出，"社区营造什么其实并不重要，重要的是营造的过程，在这个营造的过程中造出对社区的认同，造出公共精神，造出社区的文化与价值共识"[3]。

人们聚集在社区公共空间中，就社区的公共事务商讨和对话。公共空间不仅是政府与社会对话、交流与合作的场域，而且重要的是为中国城市公民社会提供了成长的机制和平台，为政府改革和社会自治的实现

---

[1] 刘悦来等：《"公""私"比较视野下社区营造的策略及其经验反思——基于上海社区花园实践案例的考察》，载唐亚林、陈水生主编《社区营造与治理创新》，上海人民出版社2018年版，第9—11页。

[2] 郑中玉：《都市运动与社区营造：社区生产的两种方案及其缺憾》，《社会科学》2019年第5期。

[3] 江维：《城乡社区可持续总体营造行动的顶层设计与行动能力建构——基于成都的经验考察》，载唐亚林、陈水生主编《社区营造与治理创新》，上海人民出版社2018年版，第26—45页。

提供了基础。① 公共空间因公共生活而将社区居民关联在一起，公共空间的良序运行本身就意味着自由和平等。在集体行动中培养具有公共精神的社区居民，不断提升其参与社区公共事务的意识和能力，城市基层社会治理方能够走上良序运行和可持续发展的道路。

（四）强调社区营造中的党建引领

多年来，上海市社区营造的一条重要经验是把加强基层党建、巩固党的执政基础作为贯彻社会治理和基层建设始终的一条红线。上海市在全国率先提出"社区党建"概念，2004年，上海市委八届六次全会通过《关于加强社区党建和社区建设工作的意见》。2005年，上海市委下发《关于进一步加强区域性大党建工作的若干意见》。2014年，上海市委、市政府下发了《关于进一步创新社会治理加强基层建设的意见》。在市委、市政府的带领下，形成了以街道党组织为领导核心，以居民区党组织为基础，区域内各类党组织和全体党员共同参与的区域化党建工作格局。此外，一些街道还探索"楼宇党建"，突破了之前党建工作依托单位的局限，依托商务楼宇组织联合党支部。还有不少街道在探索如何将驻区单位吸纳进社区治理体系，将社区各企事业单位党组织进行跨行业、跨条线地整合和组织在一起共同参与社区事务，驻区单位为社区治理公益活动提供资金、资源和人力支持，表现突出的街道给予"文明单位""先进党支部"等荣誉奖励，街道和驻区单位在共建共治中实现共享和共赢。②

可以说，党建引领在上海市的社区营造中发挥了方向引领和资源整合的优势，同时为多元主体共同参与社区营造搭建了协商平台，为社区治理实践把关和提供服务，呵护社区自治力量的成长，对于提升社区治理水平，打造更具有包容性的社区公共服务体系发挥了重要的作用。党建引领在成都等地的社区营造中同样也表现出明显的优势，发挥了积极的作用。

---

① 翟桂萍：《公共空间的历史性建构：社区发展的政治学分析》，军事科学出版社2009年版。

② 郭林、胡明光：《包容性社区公共服务体系的构建：上海经验》，载唐亚林、陈水生主编《社区营造与治理创新》，上海人民出版社2018年版，第233—251页。

(五) 注重培育社区治理中的协商议事规则

"有事好商量，众人的事情众人商量。"然而，谁来商量、如何商量、如何实施等都需要有一套切实可行的规则。一旦有了规则，形成了协商制度和程序，才能避免无效协商、无序协商，社区协商治理才有可能常态化发展。上海市嘉定区很注重协商程序和规则的制定，还跟复旦大学等高校合作，请专家对街道干部进行协商程序、代表选取、协商民意测验、协商会议主持人技能等方面的培训。如今，嘉定区各个街镇都形成了常态化的协商议事机制，居民通过社区联席会、社区理事会、项目分享会、楼组议事会等协商议事平台，围绕社区安全、物业管理、违法建筑、违法经营、生态绿化等社区治理的瓶颈问题，共商共议共同解决。制度化的社区公共规约体系也日益成熟，睦邻活动有规矩、社群组织有制度、公共空间有公约、居民自治有章程。[1] 社区居民自觉遵守规则，维护社区良好秩序，社区自治良性运转。

社区居民的参与度和自治能力是评价社区营造的重要指标。有了协商议事规则的社区治理让居民有序参与，议事有效率，避免了无序议事中可能存在的冲突和矛盾，议事成员彼此尊重、互相倾听，自治能力也得到了极大的提高。更重要的是，在社区协商治理中，被协商制度凝聚到一起的居民感受到了共同体的意义，其生活方式和精神世界都在社区营造中发生着潜移默化的变化，在协商社区公共事务中学着如何自我治理、自我组织解决问题，通过民主协商实现多元包容、和谐共处，最终实现了人与人之间关系的再造。这正是社区营造的目的所在。

第五节 四种协商模式的比较与启示

本章的四个案例分别代表了基层协商民主的四种模式，有嵌入人大制度的基层协商模式——温岭民主恳谈，有与政协制度结合的协商模式——四川政协"有事来协商"平台协商治理，也有与村民自治制度相

---

[1] 张斌、韩福国主编：《走向现代社会治理共同体——嘉定社区共营的案例与经验》，上海人民出版社 2020 年版，第 13 页。

结合的协商模式——彭州的社会协商对话，还有与居民自治相结合的协商模式——上海社区营造。

温岭的民主恳谈发端于"农业农村现代化教育论坛"，其最初也是将协商民主的一些理念和做法嵌入"教育论坛"和自治制度模式，但其经过 20 余年的发展，实现了思想政治工作方式—民生实事恳谈—参与式预算的三个发展阶段，基层协商民主发展逐渐趋于成熟，目前的参与式预算已实现了将协商民主嵌入人大制度。公众参与讨论政府的财政预算，标志着协商民主进入实质性阶段。温岭的参与式预算，也是温岭将协商民主制度嵌入人民代表大会制度的探索，并且获得了成功。参与式预算，实现了预算与人大制度接轨，人民代表大会每年在基本固定的时间召开，参与式预算的召开也不易因为领导个人的意志或特殊情况而搁浅。与人大制度的结合，赋予了恳谈结果法定约束力，对政府决策产生实质性影响，变恳谈的"不确定性"为"刚性"，从而实现了民主恳谈的制度化。同时也加强了人民代表大会制度的预算审查监督职能。

四川政协搭建的"有事来协商"平台协商治理是近年来政协充分发挥作为专门协商机构的优势，将政协协商向基层拓展的探索，是以乡镇、街道政协工作站以及各界别政协委员之家为依托，通过在乡镇、街道搭建"有事来协商"平台开展与基层社会治理、群众生产生活息息相关的民生实事的协商活动，实现政协与基层社会治理的有效衔接。政协通过该平台构建了一个将党委政府及其职能部门、企业、社会组织、社会公众等纳入同一个协商解决社会问题的新的治理空间。以四川为代表的政协介入基层治理探索，由于实践时间尚短，虽然取得了一定的成效，但有一些问题亟须厘清，否则会影响治理绩效。当前需要着重思考和厘清两个问题：政协是协商主体还是协商平台？政协协商与基层协商的边界在哪里？政协协商是否可以代替基层协商？通常，人民政协主要在后台发挥智囊、监督作用，而不是直接参与社会问题的治理，因此人民政协是作为协商的平台而不是主体。政协协商向基层拓展，不是为了代替基层协商，不是为了压缩基层自治的空间，不是为了削弱社会组织的治理能力，而是应与基层协商形成合力，互相促进、彼此呼应。

彭州的社会协商对话是在原有的村民自治制度——村民议事会的基础上发展起来的。村民议事会制度具备了协商民主的一些基本元素，如自由平等地讨论、理性、民主决策等。在发展的过程中，通过专家学者和当政者的设计，嵌入协商民主的理念和技术，并将其从村民议事的范围扩大到乡镇，甚至县级层面。这就大大扩展了协商的范围，提高了恳谈和协商的质量，基层协商民主得到初步发展。彭州主要通过"中层设计"的方式，由市委统战部在全市多个乡镇推行。虽然其具备了协商民主的一些形式，但是协商共识与公共决策并不能画等号。村级协商由于有《中华人民共和国村民自治法》的保障，村级层面的协商民主尚在自治范畴内，协商共识尚可以用于决策。但协商一旦扩大到乡镇层面，公众聚焦的议题能否成为协商讨论的议题还取决于政府的关注程度、解决的迫切程度及解决的难易程度等，最终协商达成的协商共识仅供决策部门参考，乡镇层面协商的成果已经脱离了自治的范畴，是否会形成公共决策并付诸执行，需要看政府部门的意见。可以说，乡镇层面的社会协商对话更大程度上只有"民主化协商"而无民主化决策，只是协商民主的初级阶段。这种模式在目前全国农村社会治理的协商模式中比较具有代表性。

上海市的社区营造是大城市对社区自治的一种探索，是街道居委会、城市社区、居民自治组织和社区民众为实现美好生活的需要，在基层党组织的领导下，对社区生活中迫切需要解决的问题、难题等社区公共事务的自治。自治的方式灵活多样、不拘一格，自治过程中可能有协商会议，有公众参与，有一定的议事制度，但参与者可能只限于一些对于社区公共事务比较热心且时间充裕的公众，而有一些公众则一直"置身事外"。一些专业性的社会组织在社区营造的空间设计、环境美化中发挥了重要作用。一些居民自组织经过赋权，也逐渐从"活动型"向"功能型"转型，参与城市社区的项目管理、资金筹集等社区管理活动。但是，这些社会组织在如何聚合社区公众的意见，成为基层协商中重要的协商主体方面还没有充分发挥其作用。

这几地的共同点是在具体协商程序设计中，如代表选取、信息的公示、协商流程等，都在一定程度上吸收了协商民主的一些技巧和方法；目前都依靠体制内力量的推动，都在党委和政府的领导下推进——当前，离开了党委和政府的推动，基层协商治理很难制度化和持续化发展。温岭、彭州等地都明确了提出了"协商民主""社会协商对话"等理念致力于实现协商治理的制度化发展。

第 五 章

基层协商治理中的多元主体与协商实践绩效

第一节 基层协商治理中的多元主体

理论上讲,协商主体应是多元的。2021年《中共中央 国务院关于加强基层治理体系和治理能力现代化的意见》指出基层治理的目标是建立起"党组织统一领导、政府依法履责、各类组织积极协同、群众广泛参与"的基层治理体系。[①] 基层治理的主体既包括基层党组织、政府,也包括公众群体或个人,以及众多的社会组织、志愿者组织、群团组织、基层群众自治组织等,独立专家在基层治理中也发挥了不可忽视的作用。

一 基层党组织

在新时期,政党治理是研究基层治理中不可忽视的因素。在中国社会,政党治理成为联结国家与社会的关键环节。基层党组织在基层协商治理中起到了引领作用。中国特色社会主义制度的最大优势是中国共产党领导。[②] 新时期,党建引领除了强调党的政治建设、组织建设、思想建设、作风建设等之外,还要求党的组织网络嵌入基层社会又强调党的领

---

① 《中共中央 国务院关于加强基层治理体系和治理能力现代化建设的意见》,https://www.gov.cn/zhengce/2021-07/11/content_5624201.htm,2021年7月11日(2022年10月20日)。

② 习近平:《在庆祝中国共产党成立九十五周年大会上的讲话》,人民出版社2016年版,第22页。

导功能嵌入基层社会，强调将党的组织和制度优势转化为基层治理效能。① 2021 年 4 月 28 日，中共中央、国务院发布了《关于加强基层治理体系和治理能力现代化建设的意见》，指出"坚持党对基层治理的全面领导，把党的领导贯穿基层治理全过程、各方面"。基层党组织成为基层治理的重要主体，并且肩负着对基层治理的领导作用。

一方面，党的基层组织建设不断加强，基层治理党的领导体制得以明确。不断加强乡镇（街道）、村（社区）党组织对基层治理的各项工作统一领导。如在 2018 年 1 月 2 日《中共中央　国务院关于实施乡村振兴战略的意见》提出"推动村党组织书记通过选举担任村委会主任"，2018 年 12 月 28 日起施行的《中国共产党农村基层组织工作条例》明确规定"村党组织书记应当通过法定程序担任村民委员会主任和村级集体经济组织、合作经济组织负责人"，2019 年 1 月 3 日《中共中央　国务院关于坚持农业农村优先发展做好"三农"工作的若干意见》和 2019 年 4 月 15 日《中共中央　国务院关于建立健全城乡融合发展体制机制和政策体系的意见》提出"全面推行村党组织书记通过法定程序担任村委会主任"。在村级组织中推行书记、主任通过法定程序实现"一肩挑"的政策就是加强基层党组织建设，使村党组织成为领导农村治理的坚强堡垒，确保落实党的路线方针政策部署能够得以贯彻落实的重要保障。同样，城市社区党组织的领导力也不断得到加强，如上海社区治理中就突出了街道党组织的"龙头作用"。上海市在全国率先提出"社区党建"的概念，并以"两新组织"覆盖为重点，逐步形成了以街道党组织为领导核心，以居民区党组织为基础，区域内各类党组织和全体党员共同参与的区域化党建工作格局，并创造了"支部建在楼上""一楼一支部"等形式。②

另一方面，党建引领下的社会参与制度不断完善，参与程度不断提高。基层党组织通过推行机关企事业单位与乡镇（街道）、村（社区）党组织联建共建，组织党员、干部下沉参与基层治理有效提升了公共服务，

---

① 邱晓星、黎爽：《基层党建与基层治理的双重变奏——党建引领基层治理创新研究综述》，《中共天津市委党校学报》2021 年第 1 期。
② 郭林、胡明光：《包容性社区公共服务体系的构建：上海经验》，载唐亚林、陈水生主编《社区营造与治理创新》，上海人民出版社 2018 年版，第 237—239 页。

密切了干群关系。基层党组织通过搭建区域化党建平台，充分发挥了方向引领和资源整合的优势，为多元主体搭建了协商协同的平台，探索了参与共治的路径，为提升社区治理精细化水平、打造更具包容性的社区公共服务体系发挥了积极作用。① 当前，基层社会已经成为中国共产党领导人民实践当家作主的最直接最现实的场域，是实践全过程人民民主的最佳空间。将社区党建的触角有效延伸到基层社会治理之中，推动基层自治和基层协商民主，也成为巩固党的执政基础的重要方式。通过推动基层协商，解决了基层治理中的实际问题，党员干部也在此过程中发挥了引领示范作用，树立了基层党组织的权威。"深入探索'协商民主是实现党的领导的重要方式'命题，将推动新时代党的建设与民主发展的良性互动，构建美好的、良善的新时代公共政治生活。"②

党的领导是当代"中国之治"的核心要素。③ 但是，如何将基层党组织的政治优势、组织优势更好地转变为治理效能是需要我们不断去探索的。党的基层党组织是强有力的领导力量，但我们在实践中不能因过度"专注于党的领导与统筹地位而相对忽视基层治理的群众性的一面"④，要注意防范基层治理出现单向治理和群众被动参与的情况。这是我们在下一步的制度设计中需要特别关注的地方。

二 基层政府

基层政府是基层协商民主最关键的践行者和参与者，也是基层协商民主的主导者，是基层协商治理中重要的协商主体。

《中共中央 国务院关于加强基层治理体系和治理能力现代化的意见》指出："要增强乡镇（街道）议事协商能力"；"县级党委和政府围绕涉及群众切身利益的事项确定乡镇（街道）的协商重点，由乡镇（街

---

① 郭林、胡明光：《包容性社区公共服务体系的构建：上海经验》，载唐亚林、陈水生主编《社区营造与治理创新》，上海人民出版社2018年版，第237—239页。
② 王洪树、张茂一：《协商民主是实现党的领导的重要方式：理论基础与实践逻辑》，《探索》2019年第5期。
③ 张紧跟：《党建引领：地方治理的本土经验与理论贡献》，《探索》2021年第2期。
④ 何得桂、李想：《基层党组织制度优势转化为治理效能的机制与路径——基于群众路线视角的探析》，《西北农林科技大学学报》（社会科学版）2022年第3期。

道）党（工）委主导开展议事协商，完善座谈会、听证会等协商方式，注重发挥人大代表、政协委员的作用"；"探索建立社会公众列席乡镇（街道）有关会议制度"。可见，党中央和国务院强调了"完善基层民主协商制度"，并指出基层政府在民主协商中的主要职能。在当前及将来较长的一段时间，在社会还不能靠自身的力量有效运转时，协商治理作为基层社会治理的一种重要方式，是由政府主导的。政府能为基层协商民主提供场地保障、人力财力保障、组织安排等各方面的支持，又要制定较完善的协商程序和规则来保障基层协商的有效运行，积极引导公众参与协商，在此过程中倾听民众呼声，回应民众诉求，并将民众的诉求在公共政策制定中得以体现。

除此之外，各级政府还需要致力培育协商文化。协商民主依赖于公共理性塑造的平等公正、自由法治、理性包容、信任友善的公民文化提供精神支撑。[1] 公众积极参与公共协商，离不开协商民主文化的支撑。而协商民主文化需要各级政府长时间有意识地引导和培育。总之，各级政府部门在基层协商治理中需要保持"政治理性"[2]，实现权力规制，培育公共领域，培养公共文化。

许多学者基于对当前党建引领基层治理的观察，将政党带入基层治理的研究有一定意义。本章探讨基层协商治理的多元主体，也将基层党组织作为一个重要的协商主体单独列出，以突出基层党组织对基层治理的领导作用。但在本书其他地方，除非特别说明，所指的"政府"一般指广义政府，"包括执政党组织、国家政权组织、人民政协组织等，既分别承担不同的公共管理职责，又有机协同一致的组织体系"[3]。本书之所以未对党、政做严格区分，主要考虑到在通常情况下，公众在说"政府"时并未将其与党委部门严格区分开来。实际上，在当今党政体制下，也很难将党、政的工作和职能做严格的区分，特此说明。

---

[1] 李淑梅、董伟伟：《协商民主与公民文化建设的拓展》，《南开学报》（哲学社会科学版）2016 年第 5 期。

[2] 张紧跟：《主体、制度与文化：基层协商民主建设的三维审视》，《云南大学学报》（社会科学版）2021 年第 2 期。

[3] 方盛举：《国家治理现代化进程中的政府与社会》，《哈尔滨工业大学学报》（社会科学版）2017 年第 1 期。

三 公众群体或个人

公众群体或个人是协商治理的主要参与者。协商的议题应是与公众利益密切相关且可能具有争议和冲突的议题。利益相关的公众理应参与协商，表达利益诉求，可通常由于受协商会议的规模、协商能力的大小等限制，不是所有的利益相关的个人都能参与协商。协商的规模大小，应以平等的协商主体是否能够充分表达自己的主张、辩护或反对意见，最终达成大家皆可接受的结论为宜。如果参与协商的主体过多，规模过大，在一个嘈杂无序的氛围中各协商主体很难平等、充分表达自己的意见，从而达成一致的决策。[①] 因而，如果"公共利益"所涉及的利益主体太多，则需要选举代表进行协商。同时，也不是所有的利益主体都有参与协商的意愿。有些利益主体基于个人的时间安排、愿意投入的时间精力、对议题的协商兴趣、"搭便车"意愿等多方面的原因，不是很愿意凡事都亲自参与协商讨论。因而，在这种情况下也需要选取代表进行协商。各地在实践中一般采取各种方式进行协商前宣传，如通过电视台、官方微信公众号、记者采访、协商公示栏等方式对即将协商的事项进行广而告之，让有意愿参与协商的公众主动报名，或者通过营造良好的民主氛围来影响更多公众的协商参与意愿。

代表的选取有"指定代表""特邀代表""随机抽样代表""推选代表"等方式。选取出的协商代表群体应能代表大多数公众的利益，并具有较强的协商能力和语言表达能力，及较强的责任感和较高的道德品质。如果"协商代表不能真正代表群众的利益，所谓的协商将完全背离其初衷，沦为基层政权提升其公共决策和公共管理的合法性的工具"[②]。此外，协商议题的切身利益相关者个人如果有意愿，应能参与协商会议表达利益诉求。城市居住小区的物业管理、业委会等也应在社区公共事务的协商中有代表参与。

[①] 朱凤霞、陈昌文：《地方政府治理中的协商民主：治理逻辑与现实可能》，《科学社会主义》2016年第6期。

[②] 林尚立：《公民协商与中国基层民主发展》，《学术月刊》2007年第9期。

四　社会组织

社会组织作为基层协商治理的参与主体，一是社会组织作为组织者就公共议题开展基层协商，二是社会组织作为重要的参与者，代表一部分公众的利益就公共议题参与基层协商。不管社会组织作为组织者还是重要的参与者，其协商的议题必须是社会公共事务，即关系到改革发展的重大问题，或者涉及群众切身利益，尤其是社会组织成员的切身利益等实际问题。各种社会组织包括志愿者组织、群团组织、基层群众自治组织等都是潜力较大的协商主体。

谈火生指出，与其他渠道的协商相比，社会组织协商具有五个突出特点：一是协商范围的广泛性。因为社会组织纵向贯通上下，可以在超国家层次、国家层次和次国家层次上开展协商活动；同时社会组织在横向上遍布社会各个角落，可以将不同的人群组织起来开展协商。二是协商内容的丰富性。政治性议题、立法相关议题、公共政策相关议题、群众日常生活相关议题等都可能成为社会组织协商的内容。三是协商议题的前瞻性。由于社会组织扎根社会，往往能够比位居权力中心的政府部门更具敏锐性，能提出前瞻性的协商议题。四是协商活动的自发性。由于社会组织属于志愿性组织，他们往往对特定的议题协商具有强烈的兴趣。五是协商成果的专业性。大多数社会组织都具有较强的专业性，社会组织成员也通常是某一领域的专家，因此协商的专业化程度较高，协商成果对于相关行业的发展规划、行业标准的制定等具有较高的参考价值。[1] 更重要的是，社会组织作为相关公众群体的代表，能够聚合弱小者的声音，使弱势群体的意见能够通过社会组织得到放大和充分表达，从而进入决策者的公共议题讨论中。

从国际经验来看，社会组织是公众参与政治生活和社会治理的一个重要平台。发达国家的社会组织合作治理实践的经验表明，社会组织在提供公共服务、反映群众诉求、维护社会稳定等方面发挥着重要的作用。[2]《中

---

[1] 谈火生：《协商治理的当代发展》，南方出版传媒、广东人民出版社2018年版，第253—255页。

[2] 唐奕主编：《基层治理之路——来自基层实践者的中国梦》，中央编译出版社2016年版，第273页。

共中央　国务院关于加强基层治理体系和治理能力现代化的意见》指出："应健全村（居）民自治机制，引导在基层公共事务和公益事业中群众实行自我管理、自我服务、自我教育、自我监督，拓宽群众反映意见和建议的渠道。聚焦群众关心的民生实事和重要事项，定期开展民主协商。"

当前，在一些城市社区营造的过程中，社会组织已初露端倪，逐渐发挥了一定的作用。如成都市武侯区某社区建立了社会组织居民服务中心，培育引进了多家社会组织，为社区儿童、老人、残疾人等提供了专业化的社会工作服务，并开展社区社会组织培育，提升社区治理水平。[①] 但社会组织的建立和活动开展还需要有关部门加以引导。如成都市的主要做法是：第一步发掘和培育社区活跃分子；第二步引导这些活跃分子组建居民自组织，如老年协会、儿童团、健身营、绿植组、厨艺队、合作社、公益市集等，改变居民在社区"一盘散沙"的局面，形成多样化、多元化的社群组织；第三步实现居民自组织向公益自组织转化，引导以社交凝聚的文体娱乐自组织向院落自治、社区安全、邻里互动、环境卫生、互助养老、幼儿照顾、垃圾分类、社区融合、"三留守"关爱等能够提供社区准公共产品的公益自组织转化，也就是提升居民集体行动的公共性，提高居民管理社区公共事务、解决社区矛盾问题的水平；第四步开展社会公共意识公共精神教育；第五步寻找支点撬动社区营造。[②] 在一些大城市如上海市、成都市等，也开始吸收专业的社会组织参与社区营造，在一定程度上增强了社区营造的专业性、服务的精准性和实践的可持续性。

但是，从总体上来说，当前我国社会组织发育不足。一是数量偏少。根据中国社会科学院大学与社会科学文献出版社共同发布的《社会组织蓝皮书：中国社会组织报告（2023）》，截至2022年年底，全国社会组织总量89.13万个。虽然社会组织的数量连年增长，但总体来说数量仍然偏少，远远不能满足社会需求。二是社会组织资源分布不均。发达城市分

[①] 李向前主编：《社区治理现代化的四川创新实践——四川省首批城乡社区治理试点项目案例汇编》，中国社会出版社2022年版，第258页。

[②] 江维：《城乡社区可持续总体营造行动的顶层设计与行动能力建构——基于成都的经验考察》，载唐亚林、陈水生主编《社区营造与治理创新》，上海人民出版社2018年版，第26—45页。

布多，偏远地方发展缓慢。三是社会组织就公共议题开展协商的作用发挥尚不充分。社会组织自身缺少组织和参与协商的能力，即便是参与协商，也大多仅发挥咨询作用，对公共决策的影响力不大。社会组织"实现社区参与式治理需要政府有意识、分步骤地向社会放权、授权并培育社区参与的组织化力量"①。社会组织参与基层协商在我国尚处于起步阶段，需要更多的实践和探索，在社会组织得到充分的扶持、培育和发展后，有望成为基层协商民主的重要主体。

五 独立专家

独立专家以非利益相关者的身份参与协商。协商的议题可能涉及法律问题或专业技术性问题等，这就需要专家的鉴定和意见。通常，专家从技术标准上给予解答，如对桥梁、道路、里程、地理位置、建设周期、受益范围、质量标准、机会成本及法律方面的问题给予解答，以提高协商结果的科学性和可行性，实现专家决策和大众协商的统一。独立专家现场参与协商，可以避免协商结果因违反法律规定或因技术性原因等没法执行的尴尬情况，专家能够及时给予公众解释说明，避免公众误解，能有效维护政府部门的公信力。

这方面，独立专家在温岭泽国镇的参与式预算中发挥的作用为我们提供了较好的启示。温岭泽国镇的参与式预算中，专家在会前进行可行性论证分析，提出公正、翔实的项目说明书，在会议中仅以非利益相关者的身份，站在公正中立的立场对技术性问题进行分析和解答，充分发挥了专家的独特作用。②

第二节 协商主体意愿与实践绩效

基层社会是协商民主实践的重要场域。1999年肇始于浙江温岭的

---

① 康有财、王天夫：《社区认同、骨干动员和组织赋权：社区参与式治理的实现路径》，《中国行政管理》2017年第2期。

② 朱圣明：《民主恳谈：中国基层协商民主的基层实践》，复旦大学出版社2017年版，第94页。

民主恳谈是基层协商民主的早期实践，至今已经 20 余年，仍然保持着强劲的生命力。继温岭之后，四川彭州、云南盐津、河南南阳等地涌现出的基层协商民主实践也得到了社会的广泛关注。全国各地的基层治理都以较为积极的姿态践行着协商民主，取得了一定的成效，但也暴露出一定的问题。如不少学者研究认为，基层干部对协商民主的认知、公众的协商参与意愿及协商的成效都还不尽如人意。在基层干部对协商民主的认知上，有学者认为"基层干部的协商民主认知与实践存在较明显的'知行不合一'特征"，"呈现较高的协商民主认知，但实践重视程度却很低"①；"除政协系统外，大部分的青年干部对协商民主的熟悉程度普遍较低"，"青年干部对于协商民主认知、行为和实践的评价总体并不乐观"②。对于公众的协商参与意愿，有学者认为由于协商议题和民众切身利益的相关性不强，导致"绝大部分普通主体的参与动机和协商意愿较弱"③。在基层协商民主推进成效上，有学者认为在中央的顶层设计和政策支持下，不少地方的基层协商民主开展得如火如荼，有不少地方的基层协商民主甚至走向了成熟化制度化的阶段，但也有不少地方仍然处于观望态势。还有的"基层协商民主呈现形式化倾向、政绩式协商或被协商、假协商，难以达到较好的沟通效果，实现基层的高效治理"④。一些政府官员热衷于逐利性、经验性的协商民主探索和实践，靠推动本地协商民主模式化建立品牌，"提高地区知名度，甚至借此扩大招商引资，提升官员政绩"，而很少关注制度变革的长期理性目标。⑤

那么，当前基层协商民主推行过程中，基层干部和公众的真实参与意愿如何？各地践行的协商民主处于何种阶段，协商成效如何？基层干

---

① 聂伟、陈家喜：《基层干部协商民主实践对政府满意度影响机制的实证分析》，《深圳大学学报》（人文社会科学版）2020 年第 1 期。

② 宋雄伟：《青年干部协商民主的认知图景与行为评价——基于一项全国性调查问卷的分析》，《云南行政学院学报》2019 年第 5 期。

③ 唐皇凤：《协商治理的中国实践：经验、问题与展望》，《中共中央党校（国家行政学院）学报》2020 年第 1 期。

④ 聂伟、陈家喜：《基层干部协商民主实践对政府满意度影响机制的实证分析》，《深圳大学学报》（人文社会科学版）2020 年第 1 期。

⑤ [澳]何包钢：《中国协商民主发展最新态势》，《人民论坛》2015 年第 14 期。

部和公众的协商意愿对协商成效有何影响？基层协商民主未来的发展方向在哪里？这些问题都是我们希望在当前的基层协商民主实践中找到答案的。为解决这些问题，笔者拟从基层协商民主的主体意愿与实践绩效的角度进行分析。

一 协商主体意愿与实践绩效的评价维度

对协商主体意愿和实践维度从哪些方面进行评价？为方便研究，笔者在问卷调查中设计了一些评价维度。

（一）对协商主体意愿的评价维度

如前文所述，协商主体应是多元的，包括政府、公众群体或个人，以及众多的社会组织、志愿者组织、群团组织、基层群众自治组织和独立专家代表等。其中，政府是主要的协商主体，是重要的协商参与者和主导者；公众群体或个人是协商治理的主要参与者；各种社会组织包括志愿者组织、群团组织、基层群众自治组织等是潜力较大的协商主体，在社会组织得到充分的扶持、培育和发展后，有望成为基层协商民主的重要主体；独立专家以非利益相关者的身份参与协商。

但当前，社会组织和独立专家只在基层协商制度发展得比较完善的地方才发挥了作用，基层协商中最重要的主体还是基层政府和公众，而基层政府行为主要通过基层干部得以体现。因此，为研究方便，本书将是否有社会组织和独立专家参与放至"协商制度化"进行评价，而对协商主体意愿的评价主要通过对基层干部的协商意愿和社会公众的协商意愿进行评价。

基层干部代表基层政府，是重要的协商主体。当前，中央虽然通过一系列会议和文件对社会主义协商民主进行了顶层设计，基层协商民主也作为制度创新在全国范围内得到一定的扩散。但是，各地的经济社会状况不同，国家不可能一刀切地强制推行，有不少地方仍然处于观望态势。因此，基层干部的协商意愿非常重要，如果他们对基层协商民主没有正面的认识，协商民主就很难推行。而且，基层协商民主的推行还需要各地方的探索和实践，在地方探索的基础上不断地总结和提升。如果基层干部没有协商意愿，就不可能有地方的探索和实践。当然，基层协商民主的推行也离不开上级政府部门的支持，上级政府部门的态度也决定着基层干部的协商意愿。因此,对基层干部协商意愿的评价主要从其对征求公众意见的认可、对协商民主的理解、上级单位对基层的协商民主实践是否支持等方面进行评价(如表 5-1 所示)。

社会公众也是最重要的协商主体之一,离开了公众的参与,就不可能有真正的基层协商民主。公众的参与意愿如何评价?由于本问卷调查是针对全国的乡镇干部,并不是针对社会公众做的调查,因而对于公众的参与意愿我们只能从基层干部的一些回答中管中窥豹。从基层干部对以下问题的回答也不难推测出公众的协商参与意愿:外出务工人员的返乡意愿;外出务工人员的数量是否影响协商会议的召开;是否建立有外出务工人员的联络制度;协商代表如何产生;协商议题如何确定等。如果外出务工人员将来有返乡生活的意愿,基层组织建立有与外出务工人员之间的联络制度,协商代表的选取和协商议题的产生都体现了公众的意见,则公众对这样的协商参与应当是支持的。

表 5-1　　　　　　　　协商主体意愿的评价维度

	基本维度	具体维度
协商主体意愿	基层干部的协商意愿	对征求公众意见的认可; 对协商民主的理解; 对党和政府能否与公众协商的理解; 对公众素质是否适合协商的看法; 对协商条件是否成熟的看法; 上级单位对协商民主的支持。
	公众参与协商的意愿	协商代表的产生方式; 协商议题的确定方式; 外出务工人员的返乡意愿; 外出务工人员的数量对协商会议能否召开的影响; 外出务工人员的联络制度。

（二）对协商实践绩效的评价维度

将绩效这一经济学概念运用于政治和政府领域时，便不能只考虑投入产出，而必须考虑政治和社会意义。[①] 在政府领域，绩效是指与所追求的目标相关的活动的结果。[②] 基层协商的实践绩效可以通过协商的有效性进行评价，而对其有效性的评价可以从短期和中长期两个维度进行。短期维度指对每次协商的效果的评价，即协商成效；中长期维度可以在协商制度化方面得以体现，通过多次的协商实践积累经验，改进程序，最终在长期的实践中形成较成熟的刚性的制度。

协商成效是对实践绩效的短期维度评价。协商的目的是达成共识，即便暂时不能达成共识，也应该在协商的过程中加深对公共事务本身的了解以及对方立场的理解，并对自身的立场进行反思。一般而言，协商共识有助于产生科学的公共决策，并有利于对公共决策的理解和推行。因而，本书中，协商成效主要从以下三方面来衡量：一是协商效果如何；二是公众参与公共政策的协商能否改进实施效果；三是受访干部对协商成效的满意程度。

协商制度化是对实践绩效的中长期维度评价。基层协商民主一旦制度化，则意味着协商民主真正成为基层社会治理的常态，成为基层干部的工作方式，成为公共决策的必经程序，不会因领导人的改变而改变，不会因偶然的因素而被搁浅，协商的形式、程序等都会成为长期的、规范的、刚性的约束，从而实现协商治理的持续发展。制度化应是基层协商民主的发展方向，是衡量某地基层协商民主发展成熟度的重要指标。本书拟从协商理念、协商手段的使用、社会组织参与度、协商中的法律服务、协商制度和程序等方面来评价基层协商民主的制度化水平。

---

① 易承志：《大都市政府治理绩效的构成分析与取向调适：基于大都市发展转型的背景》，《武汉大学学报》（哲学社会科学版）2015 年第 2 期。
② T. Curristine, "Government Performance: Lessons and Challenges", *OECD Journal on Budgeting*, 5 (1) (2005): 127–151.

表 5-2　　　　　　　　协商实践绩效的评价维度

基本维度		具体维度
协商实践绩效	协商成效	协商是否能够达成共识； 公众参与协商能否改善政策实施效果； 受访干部对本地协商民主的满意度。
	协商制度化	是否有明确的"协商民主"理念； 是否常用协商手段解决问题； 协商中是否有社会组织或专业组织发挥作用； 是否有法律咨询服务介入协商； 是否有完善的协商制度和程序。

二　数据来源与研究方法

本书在全国范围内对基层干部作了 1000 余份问卷调查。现对问卷收集情况、受访乡镇基本情况和社会治理情况，以及研究方法说明如下。

（一）问卷收集情况

本书的受访对象是全国的乡镇干部。针对基层协商民主中的主体意愿和实践绩效评价，笔者设计了一套问卷对全国的乡镇干部进行调查。问卷主要采用纸质问卷收集和电子问卷收集两种方式。收集时间为 2018 年 8 月至 2019 年 8 月。共收集问卷 1108 份，其中，纸质问卷 400 份，有效问卷 335 份；电子问卷 708 份，有效问卷为 667 份。所有收集的有效问卷为 1002 份，有效率为 90.43%。

纸质问卷收集地主要是四川、浙江和山东等地，主要收集方式是笔者亲赴各地或委托各地党校的教师在当地乡镇干部的培训班进行收集。其他省市的问卷主要采用电子问卷进行收集。电子问卷主要是通过基层治理研究及乡村振兴微信群，或委托与乡镇干部密切联系的学者转发乡镇干部填写，所收集到的问卷覆盖四川、江苏、山东、浙江、广东、湖北、黑龙江、陕西、上海、河南等 22 个省（区、市）。

有效问卷的调查对象共 1002 名，均为乡镇干部。其中男性占 57.78%，女性占 42.22%；领导职务的占 30.84%，非领导职务的占 69.16%；共产党员及共青团员占 77.74%，群众及民主党派人士占 22.26%；40 岁及以下的占 62.57%，41—50 岁的占 26.45%，50 岁以上的占 10.98%。

(二) 受访乡镇基本情况

本书调查的乡镇，农村人口较多的占 76.95%，城市人口较多的占 23.05%。很少有人外出务工的乡镇占 31.44%，68.56% 的乡镇有一半以上的青壮年外出务工。外出务工的人口"生活的面向"发生了分化，但只有少部分打工挣钱后想彻底脱离农村，不再关心家乡的发展；大部分打工挣钱后还是想回家乡生活，经常返乡并关心家乡发展。受访的大多数乡镇干部都认为本乡镇经济水平在全国中等水平以上，只有不到 8% 的乡镇干部认为自己的乡镇的经济状况在全国处于比较差的水平。

表 5-3　　　　　　　　　　受访乡镇的基本情况

特征类别	所占百分比（%）	特征类别	所占百分比（%）
1. 乡镇人口类别 ①农业人口占多数 ②城镇人口占多数	 76.95 23.05	2. 外出务工人员情况 ①只有很少一部分外出务工 ②约有一半的青壮年外出务工 ③约占 3/4 的青壮年外出务工 ④青壮年几乎都外出务工，家里只剩老人和小孩	31.44 25.55 23.15 19.86
3. 你认为本乡镇的经济状况在全国处于什么水平？ ①很差 ②较差 ③一般 ④较好 ⑤很好	 7.39 11.38 50 18.16 13.07	4. 外出务工人员的返乡意愿 ①大多数打工人员只想外出挣钱，挣了钱还是会回村里建房、养老，经常返乡，关心家乡发展 ②一部分外出打工人员挣钱后想回家乡生活和消费，一部分人打工挣钱后将子女父母接进城市，想彻底脱离农村 ③外出打工挣钱后想彻底融入城市生活，不再关心家乡发展 ④不清楚	41.32 40.52 6.09 12.08

(三) 受访乡镇基本社会治理状况

在问卷调查中（见图5-1至图5-5），受访乡镇干部认为工作压力最大的问题依次是产业发展、精准扶贫、社会稳定、公共服务以及其他事项如环保、组织工作、职能部门下放的责任和安全生产等。一些乡镇干部反映，对乡镇干部缺乏较好的考评和激励机制，什么都实行属地管理，"乡镇干部背上一堆大山"。对于是否有对乡镇干部"一票否决"的事件，受访干部认为，安全事故、群体性事件、越级上访事件及其他事件如生态环保、党风廉政建设、计划生育、森林防火、食品安全等都可能造成对乡镇干部的"一票否决"，因此对这类事件需要重点防范。也有11.58%的干部认为没有"一票否决"。

在当前农村社会治理中，受访乡镇干部认为，容易引发干群矛盾的问题主要是征地拆迁、环境污染、民生福利、干部贪腐等问题，这也与城镇化的发展及当前乡村振兴、精准扶贫的中心工作有关，同时也反映了民众的权利意识开始觉醒，对自己的政治权利、生活环境质量、民生福利也有较多关注。

乡镇干部认为群众喜欢找政府解决的事项主要有：征地拆迁赔付问题，养老、医疗、上学问题，农村基础设施建设问题，环境问题，反映干部贪腐或不作为问题，也有很大一部分涉及邻里矛盾或家庭矛盾，以及退伍军人问题、出嫁女享受拆迁福利问题、小区管理及物业纠纷问题，等等。在群众喜欢找政府解决的问题中，有30.24%的受访乡镇干部认为"有困难，找政府，政府都该解决"，大多数的乡镇干部认为有些该由司法途径解决，有些该由企业解决，有些该由社会组织或专业组织解决，有些该由群众自己解决。

对于群体性事件等极端社会矛盾问题，大多数乡镇干部都认为应该协商解决，说服教育。在社会治理中，常使用"协商"手段的占63.07%，"看情况，有时协商有时不协商"的占31.24%，认为"协商半天解决不了问题，干部说了算"的占5.69%（见图5-6）。

经常使用协商手段解决问题，而且又明确提出了"协商民主"等概念的乡镇占71.96%；即便常使用协商手段解决社会治理问题，但没有明确提出过"协商民主""协商对话"之类理念的占28.04%。这也反映了党的十八大以后，社会主义协商民主的思想理念在基层社会治理的工作中得到了渗透和贯彻（见图5-7）。

第五章　基层协商治理中的多元主体与协商实践绩效　/　199

本乡镇干部压力最大的是哪类问题？(可多选)
答题人数1002（单位：人）

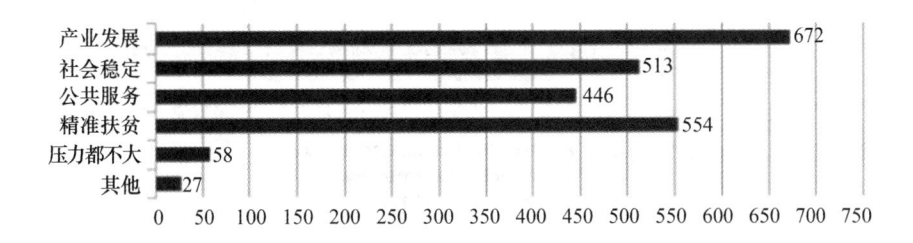

- 产业发展 672
- 社会稳定 513
- 公共服务 446
- 精准扶贫 554
- 压力都不大 58
- 其他 27

图 5 - 1　乡镇干部压力最大的问题调查

在对乡镇干部的考核中，有哪些事件导致乡镇干部被一票否决？(可多选)
答题人数1002（单位：人）

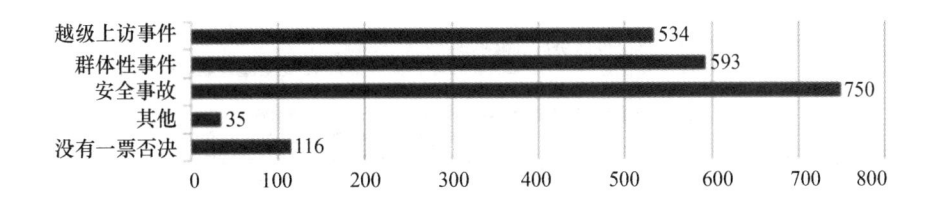

- 越级上访事件 534
- 群体性事件 593
- 安全事故 750
- 其他 35
- 没有一票否决 116

图 5 - 2　对乡镇干部的考核是否有一票否决调查

容易引发干群矛盾甚至群体性事件的问题主要是（　）（可多选）
答题人数1002（单位：人）

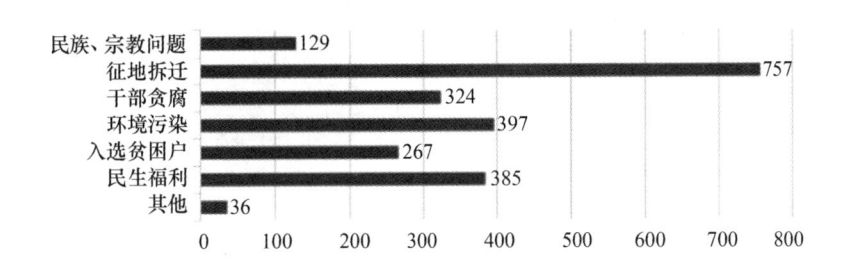

- 民族、宗教问题 129
- 征地拆迁 757
- 干部贪腐 324
- 环境污染 397
- 入选贫困户 267
- 民生福利 385
- 其他 36

图 5 - 3　容易引发干群矛盾的事项调查

群众喜欢找政府解决的事项主要有：（ ）（可多选）
答题人数1002（单位：人）

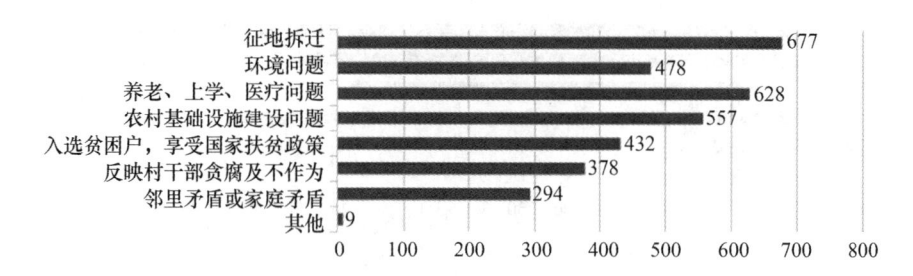

- 征地拆迁 677
- 环境问题 478
- 养老、上学、医疗问题 628
- 农村基础设施建设问题 557
- 入选贫困户，享受国家扶贫政策 432
- 反映村干部贪腐及不作为 378
- 邻里矛盾或家庭矛盾 294
- 其他 9

图 5-4　群众喜欢找政府解决的事项调查

您认为目前群众找到政府解决的事情，是否都应该由政府解决？（可多选）
答题人数1002（单位：人）

- 有困难，找政府，政府都该解决 303
- 有些应该由司法途径解决 758
- 有些该企业解决 350
- 有些该由社会组织或专业组织解决 527
- 有些该由群众自己协商解决 580
- 有些是群众自己的原因造成，甚至无理取闹 531

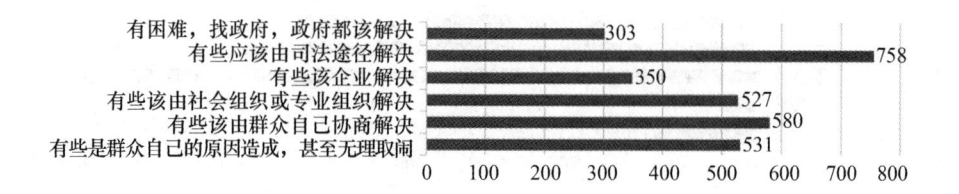

图 5-5　对政府应管事项的调查

是否常使用"协商"的手段解决群众问题？
答题人数1002（单位：人）

- 是：63.07%
- 看情况，有时协商有时不协商 31.24%
- 协商半天解决不了问题，干部说了算 5.69%

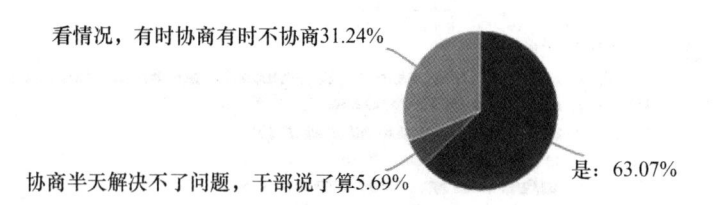

图 5-6　对是否常用协商手段的调查

本乡镇是否明确提出"协商民主""协商治理""社会协商对话"等概念?
答题人数1002(单位:人)

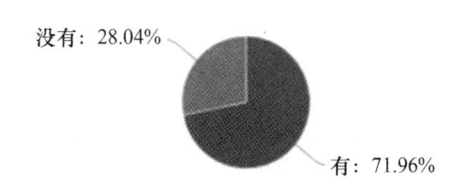

没有:28.04%
有:71.96%

图5-7 对是否提出"协商民主"概念的调查

(四)研究方法

本节的研究方法主要是描述性分析、独立样本t检验、单因素方差分析及相关分析等。首先对收集到的1002份问卷进行描述性分析,从受访者对问卷的回答中直观地获得对全国基层干部的协商意愿、公众的参与意愿、协商成效、协商制度化的总体评价,从而得出对基层协商中的主体意愿与实践绩效的总体评价。

在描述性分析的基础上,对城市社区和农村社区的主体意愿及实践绩效进行了独立样本t检验,对基于不同人口学变量的基层干部进行了单因素方差分析,对基层干部的协商意愿与实践绩效进行了相关分析。

从分析结果(见表5-4)可以看到,整体模型的KMO度量值为0.885,该值作为判断整体题目是否适合进行因子分析的标准,KMO需要大于0.7才可以进行因子分析,从结果看该值符合条件,同时模型巴特利球形检验显著性sig<0.001证明模型母集群能够较好地涵盖子集群信息。

表5-4　　　　　　　　KMO和Bartlett的检验

取样足够度的 Kaiser-Meyer-Olkin 度量		0.885
Bartlett 的球形度检验	近似卡方	18936.882
	df	171
	Sig.	0.000

从解释的总方差表（表5-5）中可以看到，对所有题目进行特征值计算并抽取特征值大于1的成分进行分析，总计抽取出4个成分，其累计的方差贡献率为80.543%，大于80%，这说明抽取出的4个成分能在较大程度上代表题目信息。

表5-5　　　　　　　　　　解释的总方差

成分	初始特征值 合计	初始特征值 方差的%	初始特征值 累积%	提取平方和载入 合计	提取平方和载入 方差的%	提取平方和载入 累积%	旋转平方和载入 合计	旋转平方和载入 方差的%	旋转平方和载入 累积%
1	6.713	35.332	35.332	6.713	35.332	35.332	5.033	26.488	26.488
2	4.139	21.785	57.118	4.139	21.785	57.118	4.062	21.378	47.867
3	2.665	14.026	71.143	2.665	14.026	71.143	3.780	19.894	67.761
4	1.786	9.399	80.543	1.786	9.399	80.543	2.429	12.782	80.543
5	0.523	2.750	83.293						
6	0.386	2.031	85.324						
7	0.338	1.780	87.104						
8	0.319	1.681	88.785						
9	0.297	1.562	90.347						
10	0.264	1.392	91.739						
11	0.259	1.361	93.100						
12	0.240	1.265	94.365						
13	0.222	1.168	95.533						
14	0.211	1.111	96.644						
15	0.196	1.031	97.675						
16	0.164	0.865	98.540						
17	0.145	0.765	99.304						
18	0.118	0.619	99.923						
19	0.015	0.077	100.000						

提取方法：主成分分析。

由于初始因子综合性太强，难以找出实际意义，因而需要对因子进行旋转。正交旋转后，从旋转成分矩阵（表5-6）可以看到，成分1中包含了问卷的前6个题目，在问卷设计中这部分命名为"基层干部的协商意愿"，成分2包含了问卷的7—15题，这部分命名为"公众参与意愿"；成分3包括了问卷的最后5个题目，这部分命名为"协商制度化"，成分4包含了问卷的16—18题，命名为"协商成效"。

表5-6　　　　　　　　　旋转成分矩阵 a

	成分			
	1	2	3	4
X15	0.935			
X12	0.931			
X11	0.889			
X13	0.882			
X16	0.873			
X14	0.836			
X22		0.930		
X21		0.907		
X25		0.889		
X23		0.883		
X24		0.878		
X44			0.881	
X41			0.877	
X42			0.862	
X43			0.841	
X45			0.774	
X32				0.873
X33				0.872
X31				0.854

提取方法：主成分。

旋转法：具有 Kaiser 标准化的正交旋转法。

对全国协商治理综合评价体系的各维度进行信度分析,采用克隆巴赫信度系数进行评价,从结果可以看到,在四个维度上,"基层干部的协商意愿"信度为0.962,"公众的参与意愿"信度为0.941,"协商成效"信度为0.885,"协商制度化"信度为0.915,以上信度均大于0.7,说明具备较好的信度水平,问卷可信。

表5-7 基于四项维度的项总计统计量

维度	题目	项已删除的刻度均值	项已删除的刻度方差 γ	校正的项总计相关性	项已删除的Cronbach's Alpha 值	Cronbach's Alpha	项数
基层干部的协商意愿	X11	15.6776	34.103	0.872	0.955	0.962	6
	X12	15.6567	33.672	0.939	0.948		
	X13	15.6647	34.539	0.858	0.957		
	X14	15.6597	35.637	0.817	0.961		
	X15	15.6756	33.736	0.943	0.948		
	X16	15.6627	34.466	0.846	0.958		
公众的参与意愿	X21	12.5359	19.588	0.855	0.925	0.941	5
	X22	12.5689	19.370	0.891	0.918		
	X23	12.5988	20.690	0.821	0.931		
	X24	12.5150	20.368	0.813	0.933		
	X25	12.4521	20.106	0.826	0.930		
协商成效	X31	7.1387	4.577	0.763	0.847	0.885	3
	X32	7.1866	4.330	0.796	0.818		
	X33	7.0699	4.664	0.769	0.843		
协商制度化	X41	14.3683	16.185	0.823	0.888	0.915	5
	X42	14.3912	16.232	0.792	0.894		
	X43	14.3373	16.432	0.777	0.897		
	X44	14.4441	15.848	0.830	0.886		
	X45	14.4790	16.677	0.696	0.914		

三 协商主体意愿

基于以上评价维度,我们对收集到的有效问卷进行分析,从乡镇干部的协商意愿及从乡镇干部调查中反映出来的公众参与意愿这两方面对协商主体意愿进行评价,以了解基层协商民主持续发展的主体动力如何,并为进一步探讨主体意愿与绩效差异的关联性提供数据支持。

(一)基层干部的协商意愿

协商意味着权力的作用必须通过协商共议的过程才具有合法性和有效性,[①] 这对基层干部来说,意味着他们需要就一些公共事务的决策向公众让渡自己的权力。基层干部是否愿意与公众协商,用协商民主的方式进行公共决策主要取决于他们对协商民主的理解和认知。如果他们认为某些重大问题的公共决策需要与公众协商,不协商则后患无穷,而且公众的素质能够与其平等对话,协商民主的发展时机也已成熟,协商民主的发展也受到上级领导的支持,则他们有可能有较强的协商意愿。

收集到的问卷中,认为在关系到老百姓生产生活的重大事情上,比如征地、调整土地(社区建设、车位分配)等问题上,非常有必要征求老百姓意见的占 64.37%,有些必要的占 16.77%,不确定的占 15.36%,认为不太有必要和完全没必要的仅占 3.50%。许多官员已经意识到在当前社会转型期,人们的利益诉求多样化而权利意识已经觉醒,如果公众的利益诉求不能通过正当的渠道得以表达,则可能通过极端行为进行表达。关系到公众切身利益的重大的公共决策如果处理不好,则会引发一系列的社会矛盾。

在对协商民主的理解上,基层干部大都表现出了较高的认知。大部分乡镇干部还是认可协商民主是通过公开平等讨论做决定的决策方式,是一种化解矛盾和冲突的做法,是一种促进公众参与的具体机制和程序,部分乡镇干部认可协商民主是一种公共部门的日常工作方式。尤其是在与公众利益密切相关的问题上,愿意用协商的方式进行公共决策和社会治理。当然,高度认知不一定代表实践的高绩效,这种高度的认知也可能与当前的乡镇干部学历和理论水平较高,以及各个层面对社会主义协

---

① 林尚立:《协商民主:中国的创造与实践》,重庆出版社 2014 年版,第 36 页。

商民主的深入宣传有关。基层干部们对中央政策耳濡目染、耳熟能详，但他们的高度认知与其实践是否一致还需要进一步观察，要警惕认知与实践脱节的情况。同时，不可忽视的是也有一部分（5.69%）的干部对协商民主不太认可，认为是形式主义、做样子给老百姓看。

对基层政府是否能够与公众协商的理解上，认为完全能平等对话的占47.01%，基本能的占25.35%，不好说的占22.45%，基本不能和绝对不能的仅占5.19%。对于当前群众的素质是否适用于协商民主的方式进行公共决策，58.28%的受访干部认为适用或者稍加引导则基本适用；10.88%的干部认为群众素质不高，适用有难度或完全不适用；30.84%的干部认为不好说。55.89%的受访干部认为当前推行基层协商民主的条件已经成熟或者基本成熟，15.17%的受访干部认为时机还很不成熟或不太成熟，28.94%的干部则认为不好说。对协商民主不认可、认为公众素质太低不适宜协商、认为协商时机尚不成熟的干部虽然只是一小部分，但也不可忽视，他们对当地基层协商民主的推动可能会起到负面作用。尤其是如果这部分人身居重要领导岗位，则可能阻碍当地基层协商民主的发展。

在上级政府对协商民主的支持力度的研判上，在乡镇干部中认为上级政府对推行基层协商民主比较支持或非常支持的占76.65%，认为不好说的占18.76%，认为很不支持或不太支持的占4.59%。这说明，党中央对基层协商民主的高度重视及其决策部署，正在逐渐转变为地方政府的政策及其执行策略，同时也给基层干部传递一种政治要求甚至政治压力，这有利于促进基层干部贯彻落实和持续推动基层协商民主发展。但在上级政府不支持的地方，即便基层干部有强烈的意愿，基层协商民主也很难开展。如果在涉及公众切身利益如征地拆迁之类的公共决策上缺乏民主协商，缺乏干群之间的意见互动，则可能为干群矛盾与社会冲突的爆发埋下隐忧，甚至威胁到地方政府的执政合法性。

（二）公众的参与意愿

从公众的角度上来看，他们愿意参与协商与否，在于他们的利益能否在协商过程中得以表达并在相关公共决策中得以体现，以切实实现他们"当家作主"的政治愿望。具体来看，协商代表能否代表公众的利益、协商的议题是否为他们关心的问题等都会影响到公众的协商参与。此外，外出务工人员未来是否有返乡生活的意愿，以及他们与村庄是否通过村干部或专门的联络员保持密切的联系也影响到他们的协商参与意愿。乡镇干部作为基层协商的主导者和重要参与者，对公众这些情况熟谙于心，能够较好地感知公众的协商意愿。乡镇干部对以上问题的回答为我们了解公众的协商参与意愿提供了一个重要视角。

协商代表的产生方式对公众的协商意愿有较大的影响。由于受会议规模等各方面的制约，不是所有的公众都能参与协商。因此，需要选取代表参与协商。如果协商代表总是由政府或村两委等"官方"指定，很难保证他们能代表公众的利益，久而久之公众对这样的"协商"自然会失去兴趣，这样的协商难免会演变成政府部门自娱自乐的"表演型协商"。只有能够科学选取协商代表，如公众层层推选出自己认可的协商代表，或者通过科学抽样的方式随机选取协商代表，或者协商议题的利益相关者能够自然成为协商代表等，这样的代表选取方式才能保证公众的利益得到表达，公众才有协商参与的热情和意愿。由于协商代表的产生方式往往不是单一的，指定代表、选举代表和利益相关代表可能同时存在，因而本题设计为多选题。调查结果显示，虽然也存在指定代表的情况（30.04%），但协商代表更多是选举产生的代表（76.75%）及利益相关者（51.20%），也有一部分自愿参与者（28.84%）。当然，指定代表也可能是基层政府出于某种考虑，不能完全否定。

协商议题的确定方式也影响到公众的协商参与意愿。如果议题总是由政府部门发起，协商议题被官员所支配，则"协商可能被沦为官员意见的脚注，不能真正发挥利益相关各方的积极性"[1]，而公众也容易失去参与协商的兴趣。基层协商民主，公众应该有议题发起权，这是公众在协商对话中的基本话语权。不经公众发起的议题，很难表达公众的诉求，容易背离民意。[2] 由于协商议题的确定方式通常有不下一种，因此本题设计为多选题。调查显示，大多数的协商议题都是通过村民代表在村民中

---

[1] 张保伟:《影响中国协商民主制度化发展的几个问题》，《南开学报》（哲学社会科学版）2020年第2期。

[2] 朱凤霞:《基层协商民主中的公众话语权——基于扎根理论对成都J镇近年协商议题的分析》，《河南社会科学》2017年第10期。

收集的（51.99%），或者是关系到辖区矛盾突出的问题（59.38%），关系到村民切身利益的问题（57.68%），关系到辖区基础设施建设的问题或民生保障的问题（57.09%）。以上协商议题的比重远远超过政府交办或建议的议题（27.64%）。对于这些议题，公众还是有较高的参与热情的。

外出务工人员返乡生活的意愿关系到他是否关心家乡发展。笔者的问卷调查中，69%的受访干部回答当地有一半以上的青壮年人口外出务工。青壮年人口外出务工是农村社会的普遍现象，但是这群人的"生活面向"发生了分化，有些人外出务工只是为了挣钱，挣钱后还是想回村庄生活，他们关心家乡的发展，这类人在问卷调查中占多数（41.32%）；但也有部分乡镇干部认为两种情况均存在，即一部分挣了钱以后想回家乡生活和消费，一部分想彻底脱离农村（40.52%）；也有问卷认为外出务工人员挣钱以后想彻底融入城市生活，不会再关心家乡的发展（6.09%）。此外，12.07%的乡镇干部回答不清楚务工人员的返乡意愿。外出打工的人中，只有仍然"面向"农村生活的，才可能仍然关心家乡的发展，有参与协商的意愿；对于想彻底脱离农村的人，他们不再关心家乡发展，自然也就不愿意为家乡的发展和社会治理参与协商。

外出务工人员与村庄是否保持密切的联系也影响着他们的协商参与意愿。一方面，如果外出务工人员过多，又缺乏专门的联络制度保持与家乡的联系，势必影响协商代表的推选和协商会议的召开。另一方面，通过恰当的联络制度让外出务工人员保持与家乡的密切联系也是保持他们与家乡的情感联结，只有关心家乡的发展，才有参与协商的愿望。在调查中，外出务工人员有专门的联络人的占35.73%；没有专人联络，有事由村干部通知家属的占57.68%；外出务工的基本不联络的仅占6.59%。综合评判，外出务工的人员中，大多数还是关心家乡的发展，愿意参与重大事项的协商的，而且大多数务工人员都可以通过专人或村干部取得联系。在笔者对浙江的调查中，也有在外地经商务工的村民专程乘坐飞机回村参与协商的案例。

通过以上数据分析，总体来看，公众的利益表达在协商代表的推选和协商议题的确定等方面大体能够得以体现。基层社会在努力探索协商代表的科学选取方式，可能同时存在指定代表、选举代表、利益相关者代表和自愿代表的情况，但重大事项的利益相关者一般都可以通过自己担任代表或推选代表等方式实现利益表达。协商议题多与切身利益相关或是本地区的重要事项，是公众较感兴趣的议题。外出务工人员返乡生活的意愿发生了分化，有一部分人外出务工后想彻底脱离农村，并割断了与村庄的联系，这部分被排除在协商主体之外。但一半以上的外出务工人员还有未来返乡生活的意愿，愿意参与基层协商，大多数外出务工人员也能通过村干部或专门的联络制度与当地保持密切联系。综合评判，公众总体具有较强的协商参与意愿，他们较强的协商意愿可能推动基层干部努力去回应公众的协商诉求，从而推动基层协商民主的发展。

四　协商实践绩效

对乡镇干部与公众的民主协商意愿的考察，最终需要落实到民主协商的实践效果的考量上。这是因为，协商主体的协商意愿需要转化为协商行为并产生可以看得见的协商效果。如果只有协商意愿而无实际的协商行为及其协商效果，基层协商民主就可能仅停留在纸面上，最终会削弱协商主体的协商意愿。因此，基于以上评价维度，对1002份问卷进行分析，从协商成效和协商制度化两个方面对协商实践绩效进行评价。其中，协商成效的评价注重的是短期效果，协商制度化的评价注重的是中长期的效果考量。

（一）协商成效

达成共识固然是协商成效。倘若不能达成共识，协商主体在协商的过程中对公共事务本身或对方立场加深了理解，并对自身立场进行了反思，协商的过程对公共政策的顺利执行和实施起到了一定的效果，也算是取得了一定的协商成效。本章对协商成效的评价主要从协商的直接效果、改进公共政策实施的效果以及基层干部对协商成效的满意度等三方面进行评价。

一是协商效果如何。效果较好的协商一般是协商一两次就能达成共识；效果较差的协商是反复协商多次都难以达成共识，浪费了时间和人力；最坏的效果是协商不仅没有达成共识、促进理解，反而造成了事态的恶化，这就完全违背了协商的初衷。当然，协商造成事态恶化的情况是极个别的，本调查中也只占到 1.10%。但协商效果不错，协商一两次就能达成共识的情况也只是一小部分，占 22.55%。大部分是反复协商多次后能勉强达成共识，这种情况占 63.87%。还有协商效果不太好，经常反复协商多次仍然达不成共识的情况，占 12.48%。反复协商多次后勉强达成共识或仍不能达成共识，投入产出比太低，也会造成人力和时间的消耗，久而久之，会影响基层干部和公众的协商意愿。这种情况下还需要对协商的制度设计进行反思。一项新制度运行的效果如何，至少两个因素不可忽略，即制度设计的价值理念和制度执行过程中的细节设计。[①] 良好的制度设计能促进政府和公众充分交流、平等表达、促进理解、达成共识。从调查来看，有良好制度设计的协商效果都是不错的，如浙江温岭。温岭的实践从协商民主的技术方法入手，利用协商民意调查在公共预算中的使用，通过民主和透明的程序把征集的民意科学地呈现出来，并且以量化方式整合到公共决策中去。[②] 而且在制度设计的过程中有美国菲什金及国内知名专家学者提供技术支持。

二是公众参与公共政策的协商制定能否改进实施效果。协商民主更关注程序的正义。当某项公共决策遵循了公平、合理的程序，由平等的公民达成了自由而理性的一致而被制定出来，则这项公共政策无疑是具有正当性的。公众参与制定的公共政策也更有利于公众对公共政策的理解和执行。从理论上来讲，公众参与协商制定公共政策能够改进其实施效果，这也是协商成效的一个方面。本项调查中，认为公众参与公共政策的协商讨论能改善或一定程度上能改善政策实施效果的占 72.95%，22.66% 的干部认为"不好说"，只有极个别的（4.39%）认为改善不大或不能改善。这也说明当前的协商制度设计还不是特别完善，公众在协商中还没有实现充分的表达和交流，以及缺乏对公共事务本身及对方立场的理解。

[①] 马得勇、张华：《制度创新中的价值与细节：三个基层民主创新案例的实证分析》，《探索》2018 年第 1 期。
[②] 韩福国、萧莹敏：《协商民主的基层实践程序与效能检验——浙江温岭参与式公共预算的制度分析》，《西安交通大学学报》（社会科学版）2017 年第 5 期。

三是基层干部对协商成效是否满意。这是一个主观指标，主要指基层干部对当地基层协商民主成效的总体评价。由于基层干部是基层协商民主制度的制定者，或者重要推行者，或者见证者，他们对于农村社会治理中是否使用了协商的方法，以及取得了怎样的成效是比较具有发言权的。调查显示，基层干部对本地推行协商民主的成效还不是特别满意，答比较满意或很满意的占56.09%，答难以评价的占38.42%，答很不满意或不太满意的占5.49%。虽然满意率已经过半，但比例仍算偏低，说明协商效果有待提升。

（二）协商制度化

协商民主制度化是衡量某地基层协商民主发展成熟度的重要指标，也是衡量基层协商民主实践绩效的中长期指标，意味着协商民主成为一种公共决策方式和主要的工作方式，具有长期的、规范的、刚性的约束，不会因人而异，不会"人走政息"。但"中国协商民主制度化并不是简单、线性的'构建制度并执行'，而是一个理念、制度及实践非线性互动的过程"[1]。基层民主协商制度既不可能凭空构想，又没有现成的模式可以参考，因此基层协商民主制度的建立与完善是基层政府与人民群众在实践中探索出来的。基于实践经验，本章对基层协商民主制度化的评价主要包括以下几个方面。

其一，是否明确提出"协商民主""协商对话""协商治理"等概念是基层协商民主制度化的理念基础。协商，古已有之。协商是传统乡村社会治理的重要方式和手段，但从"协商"到"协商民主"，则标志着协商民主的制度化发展。使用协商的方式解决矛盾和问题，可能是不自觉地偶然地运用，而明确提出"协商民主""协商对话"等理念，则标志着基层干部有意识、有目的地将党和国家倡导的社会主义协商民主理念进行贯彻、采纳和传播。从调查看出，71.97%的受访乡镇干部回答本乡镇明确提出了"协商民主"的理念，而28.03%的乡镇干部则回答本乡镇没有明确提出"协商民主"理念。可见，党的文件和制度中虽然明确了大力发展基层民主，倡导开展多种形式的基层协商，但由于不是硬性规定，

---

[1] 张保伟：《影响中国协商民主制度化发展的几个问题》，《南开学报》（哲学社会科学版）2020年第2期。

也没有纳入考核，不少地方仍没有转变治理理念，缺乏与公众的协商意识。客观地说，提出发展协商民主并不标志着协商民主制度化，但基层政府缺乏相应理念，则不可能有协商民主的制度化发展。提出"协商民主"等概念是协商民主制度化的理念基础。

其二，是否将"协商"作为主要的工作方式是基层协商民主制度化的实践基础。如果基层干部只习惯使用传统的刚性的行政管理方式，而不懂得使用柔性的、协商的方式解决问题，就不可能有协商民主的制度化发展。调查显示，63.07%的受访基层干部回答常用协商的方式解决问题，5.69%的基层干部回答不用协商解决问题，只是干部说了算，另有31.24%的受访者回答看情况，有时协商，有时不协商。这些数据表明，基层社会治理中民主协商的工作方式已经成为一种比较普遍的要求，而且是大势所趋。这种趋势对基层协商民主走向制度化、规范化起着非常重要的推动作用。但另一方面，还有相当比例的基层政府仍然缺乏协商民主意识，或者存在"选择性协商"的情况，这两种情况都可能阻碍基层协商民主制度化发展。

其三，是否有社会组织发挥协商作用是基层协商民主制度化的重要指标。社会组织本应是多元协商主体中重要的一方，公众个人在协商中的力量往往很薄弱，而社会组织有利于聚集弱小者的力量，使其在协商过程中成为不可忽视的一方，从而弥补由于个人能力差异而导致的政治影响的不平等。从国际经验来看，社会组织也是公民参与政治生活和社会治理的重要平台。但我国的社会组织发育迟缓，在基层协商治理中的作用也发挥不足。可喜的是，有些地方已经开始有意识地培育社会组织或专业组织参与社会治理。笔者的调查中，59.18%的受访乡镇干部确认有社会组织或专业组织参与社会协商，其中32.44%的受访乡镇干部指出这些社会组织或专业组织有政府参与或培育，但也有40.82%的受访乡镇干部指出本乡镇没有社会组织或专业组织参与协商。应有意识地培育和支持社会组织、专业组织参与基层协商，使其成为公众参与政治生活和社会治理的重要平台，成为基层协商民主中多元主体中重要的一方。社会组织成为协商主体是基层协商民主制度化的重要指标。

其四，是否有独立专家和法律咨询服务介入协商是基层协商民主制度化的重要内容。协商的议题可能涉及法律问题或专业技术性问题，这就需要专家的鉴定和意见。在温岭泽国镇的参与式预算中，涉及道路、桥梁、地理位置、建设周期、受益范围、机会成本、质量标准、法律问题等相关议题，独立专家都以非利益相关者的身份参与协商。独立专家参与协商在温岭等协商民主制度发展比较完善的地方已写入了相关文件中，在其他地方也逐渐受到重视。以法律专家参与协商为例，在笔者的调查中，68.48%的乡镇都购买了法律服务，有律师参与社会矛盾纠纷的协商调处；有18.66%的乡镇没有购买法律服务；12.86%的乡镇目前没有购买法律服务，但将来有购买打算。独立专家和法律咨询服务介入协商是基层协商民主制度化的重要内容，它反映了基层协商民主制度化发展的水平。

其五，是否有完善的协商制度和程序是基层协商民主制度化的衡量标准。推进协商民主制度化，需要将议题的发起和设定，协商代表的选取、权利和义务，协商的程序和过程，协商结果的运用和监督等等全部纳入制度规范，协商过程严格按制度进行。协商民主制度化的过程也是协商技术不断完善化和科学化，使协商民主可操作化的过程。这个过程是细致而漫长的，需要在实践中不断总结、完善。在笔者的调查中，32.53%的受访干部认为本乡镇有比较完善的协商制度和程序；52.89%的受访干部认为本乡镇有协商制度和程序，但尚不完善；仍有14.58%的受访干部承认本乡镇没有协商制度和程序，想到什么聊什么，比较随意。这个数据表明基层协商民主离制度化尚有较大的差距，大多数地方刚起步，有一些初步制订的程序，但还需要在实践中不断完善；而有的地方协商尚处于"随便聊聊"的阶段，远远谈不上制度化。因此，从中长期来看，基层协商民主制度化既需要大力推进，也需要各个地方加强探索实践，不断积累经验，不断使基层协商民主走向制度化。

五 协商主体意愿与实践绩效的影响因素

除前文提到的评价维度外，协商主体意愿和实践绩效还可能受到诸多因素的影响。比如，基层干部的协商意愿表面因人而异，但也可能受其学历、年龄、是否担任领导职务等因素的影响；经济发展水平和城镇化发展水平也可能对实践绩效有一定的影响；而协商主体意愿与实践绩效之间也可能相互影响和制约。可能的影响因素很多，本章重点从领导的个人特征、城市化发展水平及意愿和绩效的相关性进行分析。

（一）协商意愿的影响因素

通过对基层干部协商意愿进行差异分析，其中二分变量采用独立样本 t 检验，多分变量采用单因素方差分析以及 LSD 事后检验，得到结果如表 5-8。从表中可以看到，基层干部的民族、性别以及政治面貌不影响其协商意愿，而其任现职时间和年龄、是否担任领导职务、学历层次则与协商意愿存在着一定的相关关系。

年龄和任职年限对协商意愿有一定影响。具体来看，不同年龄得分上存在显著差异，$F = 3.701$，$p = 0.011$。其事后检验结果为：50 岁以上群体的协商意愿显著大于其他群体。在任现职时间上存在显著差异，$F = 4.140$，$p = 0.001$，其事后检验结果为：任现职 10 年以上的群体的协商意愿得分显著高于其他任职年限较短的群体。可以理解为，在现职上任职时间越长的、年纪偏大的基层干部，更倾向于接受用协商民主的柔性的方式进行社会治理。因此，我们更需要加强对初任基层干部的协商民主意识和治理技能的培训，发挥任职年限较长的老干部对新任干部的传帮带作用。

是否担任领导职务对协商意愿有一定的影响作用。是否担任领导职务的差异分析中，任领导职务群体的协商意愿显著大于非领导职务群体，$t = 3.615$，$p < 0.001$。也就是说，担任领导职务的基层干部许多都转变了治理观念，更倾向于用协商民主的柔性的方式进行社会治理，而担任非领导职务的基层干部则更倾向于用传统的刚性的方式进行社会治理，或者他们抱着"多一事不如少一事"的心理，或者认为不必要用协商这样烦琐的程序去解决问题。好在基层协商民主的潜力较大，因为基层协商民主的推动，离不开地方精英群体的支持，尤其离不开担任领导职务的精英群体支持。担任领导职务的基层干部在社会治理中担当着"关键少数"的角色，应充分发挥他们的带动作用。

学历对协商意愿也有一定的影响作用。不同学历群体的协商意愿存在显著差异，$F = 7.436$，$p < 0.001$。事后检验中，高中学历以下群体的协商意愿显著低于其他群体，硕士及以上学历群体的协商意愿显著高于其他群体。也就是说，学历越高，对协商民主的治理方式更能接受，对

协商民主也有更深刻的理解。当前对乡镇干部的选拔大多通过公招的方式进行,乡镇干部的学历层次也逐渐提升,该群体对协商民主理念也更易于接受,可对他们加强协商民主意识和治理技能培训,使其成为推动基层协商民主的主要力量。

表 5-8　　　　　　　　　基层干部的协商意愿差异分析

项目	分类	N	均值	标准差	F/T	p	事后检验
民族	汉族	965	3.124	1.168	-1.158	0.247	无
	少数民族	37	3.351	1.138			
性别	男	579	3.102	1.170	-0.960	0.337	无
	女	423	3.174	1.163			
政治面貌	群众	220	3.005	1.083	1.963	0.098	无
	共青团员	93	3.066	0.958			
	民主党派	3	2.666	1.858			
	中共党员	686	3.193	1.210			
年龄	30 岁以下	313	3.049	1.159	3.701	0.011	50 岁以上群体得分显著高于其他群体
	31—40 岁	314	3.081	1.170			
	41—50 岁	265	3.155	1.176			
	50 岁以上	110	3.461	1.120			
现职时间	1 年以内	188	3.153	1.069	4.140	0.001	10 年以上群体得分显著高于其他群体
	1—3 年	335	3.208	1.208			
	3—5 年	174	3.219	1.209			
	5—8 年	100	3.326	1.202			
	8—10 年	49	2.968	1.190			
	10 年以上	156	2.779	1.052			

续表

项目	分类	N	均值	标准差	F/T	p	事后检验
是否担任领导职务	领导职务	309	3.331	1.239	3.615	0.000	领导职务群体得分显著高于非领导职务群体
	非领导职务	693	3.044	1.124			
学历	高中以下	203	2.865	1.037	7.436	0.000	高中以下群体得分显著低于其他群体；硕士及以上群体得分显著高于其他群体。
	大专	189	3.094	1.156			
	本科	516	3.182	1.182			
	硕士及以上	94	3.516	1.252			

（二）协商实践绩效的影响因素

对于协商实践绩效的影响因素，学界讨论得较多的是经济发展对协商绩效是否具有影响作用，学者们各持己见、莫衷一是。与经济发展水平密切相关的是城市化发展水平，通常城市化水平较高的地方，经济发展水平也更高。因而，出于研究可操作化考虑，本章对不同城市化水平的地区的协商绩效进行了差异分析，得到的结果如表5-9。

表5-9　　　　基于城市化水平的协商实践绩效分组统计

所在地区主要人口		N	均值	标准差	t	p
协商成效	农村	597	3.476	1.020	-3.329	0.001
	城市	405	3.697	1.041		
协商制度化	农村	597	3.568	0.980	-1.251	0.211
	城市	405	3.648	1.022		

研究表明，城市化发展水平对协商实践绩效有一定的影响作用。本

书的调查对象是全国的乡镇干部。所谓乡镇，是我国最基层的行政机构，一头连着城市，一头连着农村。随着城市化的发展，有不少乡镇有了城市特征，有部分农村人口变为了城市人口。基于辖区内以城市人口为主还是农村人口为主，对其协商成效以及协商制度化进行差异分析，采用独立样本 t 检验，从结果看，在"协商成效"维度上，"以城市人口为主"的样本得分显著高于"以农村人口为主"的样本，t = -3.329，p = 0.001 < 0.01；在"协商制度化"维度上二者无显著差异 t = -1.251，p > 0.05。

这个发现也从侧面印证了民主与经济发展水平的相关性。一般而言，城市化进程较快的地方，其经济水平也就更发达，"为培育和发展基层民主政治提供了合适的土壤，市场经济的洗礼使民众思想活跃，民主意识强，他们渴望了解政府是如何服务于公众的，公共资源是如何分配的"[①]。而基层领导干部的思想也更解放，民主意识更强，更易于接受用协商民主的方式制定公共政策、解决社会治理问题。相应地，这些地方的基层干部也更看重协商成效的获得。

但在"协商制度化"维度上，以城镇人口为主的乡镇与以农村人口为主的乡镇并没有太大的区别，这说明在基层协商民主制度化方面，城市和农村都还有较大的改进空间，因而应通过乡村振兴，结合实际发展产业，实现农民生活富裕，助推农村经济高质量发展。努力推进城市化建设，并着力改革城乡二元的经济社会结构及公共服务体系，提升农业转移人口素质，加快农业转移人口的市民化转变。通过经济发展和城市化水平提高促进协商民主发展，并且在实践中不断完善制度设计，促进基层协商民主制度化发展。

（三）协商意愿与协商实践绩效的相互影响

对基层干部的协商意愿、协商成效以及协商制度化进行皮尔逊相关分析，从分析结果可以发现，三者关系呈现出显著性，且均为正相关关系，但相关程度略有差异（见表 5-10）。基层干部的协商意愿与协商成效之间呈显著中等程度正相关（r = 0.404，p < 0.01）；而基层干部的协

---

① 朱圣明：《温岭恳谈文化之生成逻辑与本质特征》，《中共杭州市委党校学报》2010 年第 1 期。

商意愿与协商制度化之间呈显著低度正相关（r = 0.349，p < 0.01）；协商成效与协商制度化之间同样为低度正相关关系（r = 0.243，p < 0.01）。

三者呈现显著相关（p < 0.01），说明乡镇干部的协商意愿、协商成效与协商制度化之间存在着必然联系，他们互相影响。协商治理能否在基层推行，以及推行的效果如何，基层干部的态度和意愿十分重要。基层干部愿意用协商民主的方式进行社会治理，才有可能推进基层协商民主的制度化，才有助于促进更好的协商实践绩效。而协商成效和制度化较好的地方，基层干部的协商意愿也相应较强。

但三者相关度还不高，反映了协商民主用于我国基层社会治理成效还不够明显，协商民主制度化水平普遍偏低，部分基层干部的协商民主认知和实践可能存在脱节的情况，即便有些基层干部逐渐有了协商民主意识，愿意用协商民主的手段去解决社会治理问题，但是治理的成效还不够显著，相关的协商制度和程序还不够完善，法律介入、社会组织参与的程度还比较低。全国总体协商治理水平还不够高，这需要在协商治理中通过完善的制度设计和技术植入提高协商绩效和制度化水平。

表 5-10　　干部协商意愿与协商成效及制度化的相关性统计

	基层干部的协商意愿	协商成效	协商制度化
基层干部的协商意愿	1		
协商成效	0.404**	1	
协商制度化	0.349**	0.243**	1

**. 在 0.01 水平（双侧）上显著相关。

六　小结

总体来说，在党和国家对社会主义协商民主的总体设计和制度支持下，大多数基层干部和公众都有较强的协商民主认知和协商参与意愿，各地也有较多的基层协商民主实践，但大多属于探索和试验阶段，协商成效还不高，协商民主的制度化水平也还比较低，在实践上还需要长时间的探索和制度完善，任重而道远。当前基层社会对协商民主的探索尤其需要转到制度设计和民主技术的完善上来。

从协商主体意愿来看，大多数基层干部政策水平较高，对协商民主都耳熟能详，表现出较高的协商民主认知。从对基层干部的调查中可以看出，由于协商议题大多涉及公众切身利益，因而能得到大多数群众的支持，公众协商参与的意愿也比较高。但不可忽视，也有一定比例的基层干部协商意愿不强，对协商民主不太认可，认为没有必要与公众进行协商，这部分基层干部可能对协商民主的推进起阻碍作用。同时，也要警惕基层干部的高认知与实践脱节的情况。事实上，当前某些基层干部的一些做法与问卷调查中得出的高度认知是相矛盾的，这在某省合村并居的推进过程中就有所表现，不少基层干部还存在长官意志，习惯于"替民作主"，在涉及公众重大利益的合村并居决策中缺乏协商思维。从调研来看，当前，虽然不少基层社会治理都以积极的态势推动协商民主实践，但不可否认，协商民主的实施与否，主要取决于党政领导的个人风格和民主意识，而不是制度必需，因而带有较强烈的"个人色彩"。这样基层干部难免追求短期利益和逐利性协商，协商民主则难以得到实质性的践行。而公众"当家作主"的政治愿望如果长期在协商民主实践中不能转化和落实为切实的生活体验和经验事实，则公众也将失去协商参与的意愿。因此，对协商民主制度化的探索迫在眉睫，需要用制度的稳定性、有序性和规范性克服协商实践中可能存在的"选择性协商""逐利性协商"，克服协商实践中的领导者个人色彩，以及因领导变动而导致的"人走政息"。

从协商实践绩效来看，目前大多数的基层协商成效还不是特别显著，还有较大的提升空间。协商效果好，仅协商一两次就能达成共识的只是一小部分，大部分是反复协商多次后基本能达成共识，也有协商效果不好，反复协商也不能达成共识的情况，这也需要从制度设计上进行反思。基层干部的协商意愿、协商成效及协商制度化呈正相关关系，但相关度不够高，也反映了我国基层协商民主发展还不够完善，协商民主制度化水平还比较低。当前基层协商民主实践距离"制度化"尚有较大差距，迫切需要通过协商民主制度和协商技术将协商民主理念落实为具体的实践运作程序。如果协商程序设计不合理、不规范，协商民主理念则难以得到体现，协商结果就会产生偏差和扭曲，公众也就沦为毫无意义的"陪衬"，因此，协商技术的提升是协商民主制度化的关键环节。当前，大多数地方的协商民主实践都表现出较强的随意性，缺乏严格的制度设计和技术植入,协商成效不理想则在所难免。由于缺乏可借鉴的现成模式,协商民主的制度设计需要在实践中不断探索和完善。

在协商制度的设计中,需要对议题的启动和设置、协商代表的选取及权利义务、协商程序的科学设计、协商结果的执行与监督等方面作细致的规定,并将这些规定纳入法律规范。在对协商主体的完善中,应充分发挥社会组织和专业组织、独立专家、法律工作者等的作用。基层协商民主制度化是"理念、理想与制度之间相互补充、相互渗透和彼此塑造"的"动态的发展过程"[1],既可以借鉴西方优秀的研究成果,也需要在长期的实践中不断摸索和总结。有的地方已经取得了一定的经验,如四川成都将基层协商民主与村民议事制度结合起来,浙江温岭将基层协商民主与地方人大制度结合起来,都取得了较好的效果。"协商民主能够最大限度地发挥作用的路径,是融入国家的民主政治文化"[2]。我们引入西方协商民主理论及相关技术,"是想通过这种新的理论激发我们重新思考自己的根本政治制度和基本政治制度,并通过相关技术的植入,将我们制度中的一些沉睡的东西激活,从而改造我们的政治运作"[3]。在基层协商民主实践中,需要更多地探索协商民主与各种政治制度的有效结合模式、协商民主与公共决策的有效结合模式,用协商民主促进基层社会的善治。

---

[1] 张保伟:《影响中国协商民主制度化发展的几个问题》,《南开学报》(哲学社会科学版) 2020 年第 2 期。

[2] 张保伟:《影响中国协商民主制度化发展的几个问题》,《南开学报》(哲学社会科学版) 2020 年第 2 期。

[3] 谈火生、霍伟岸、何包钢:《协商民主的技术》,社会科学文献出版社 2014 年版,第 23 页。

第六章

基层协商治理机制优化

第一节 优化基层协商治理的运行机制

本书所列举的温岭案例、四川政协案例、彭州案例、上海案例为我们提供了协商民主嵌入人大制度、政协制度、基层群众自治制度中的几种模式，或许还有更多的模式值得我们探索。不管是协商民主嵌入人大制度、政协制度，还是基层群众自治制度，或者找到其他新的载体，都面临着如何确保协商治理的有效运行问题，即如何科学确定协商议题、选取协商代表、规范协商程序、监督协商成果的执行等问题。协商民主的理念和技术，正是从以上这些方面嵌入基层社会治理的。

不管是将协商民主嵌入人大制度的温岭模式，嵌入政协制度的四川模式，还是嵌入村民自治制度的彭州模式，或者嵌入居民自治制度的上海模式，都曾对协商治理的具体机制有过构建，但尚不完善。协商民主嵌入基层社会治理还需要在实践探索中不断优化其运行机制。科学的运行机制，应使协商民主体现人民主权的价值诉求，彰显公共政策的程序正义，强化政府的政治合法性，以及实现决策的民主化和科学化，这需在制度设计中重点关注以下几个问题。

一 合理确定协商议题

民主不可能是现代社会唯一的组织原则，要把所有的社会事务都纳入民主和协商的范围，既不可行，也不可欲。每一个社会决策也不可能都经过所有利益相关者的协商。"一些政策问题可以借助公民参与得到更好的解决,而另外一些政策问题用公民参与则不能达到很好的效果。"① 有时候,"公民参与可能造成行政管理活动的拖延,使得政府政策局限于短期目标上"②。那么,协商民主对什么事务的治理有效?

民主协商中,应坚持"公共利益的原则",即所协商的事务应是涉及公共利益,协商的结果也应以满足公共利益为原则。公共利益是一定社会条件下或特定范围内不特定多数主体一致的利益。公共利益不是个人利益,但它又是个人利益的集合。

那么,协商民主所协商的事务,是否对所有涉及公共利益的事务都有效呢?德国学者纽曼(F-J. Neumann)将公益分为客观的公益和主观的公益。客观的公益是基于国家、社会所需要的重要之目的及目标,是指经正确认识的共同体利益,例如和平的社会秩序维护,人类尊严和名誉的维护,占有权、财产权和从事法律行为的权利,教育和文化、经济和环境的条件和促进,等等。而主观的公益是基于文化关系之下,一个不确定之多数成员所涉及的利益。③ 而公共选择理论认为,人们对于能给个人带来利益的事情会积极主张,但对于个人之外的大多数人的利益,即便个人也会从中受惠,但基于成本的算计和"搭便车"的心理,个人也不会去主张而是希望其他受益人去主张。据此推论,在地方政府治理中,能有效协商的事务最好是涉及"主观公益",即涉及一定范围内多数主体一致的利益。协商民主尊重不同的利益主体,承认多元社会的多元利益冲突,主张在协商中平衡各方利益,以更好地维护公益。对于"主观公益"事务的协商应意味着"一个政策必须至少有利于增加所有人的利益"④,民主协商的主要目标不是狭隘地追求个人利益,而是利用公共理性寻求能够最大限度地满足所有公民愿望的政策。

基层公共事务十分繁杂。不是所有的基层公共事务都有必要和可能

---

① [美]约翰·克莱顿·托马斯:《公共决策中的公民参与》,孙柏瑛等译,中国人民大学出版社2010年版,第109页。

② [美]约翰·克莱顿·托马斯:《公共决策中的公民参与》,孙柏瑛等译,中国人民大学出版社2010年版,第10页。

③ 陈新民:《德国公法学基础理论》(上册),山东人民出版社2001年版,第185页。

④ [美]詹姆斯·博曼:《协商民主时代的来临》,载陈家刚主编《协商民主与政治发展》,社会科学文献出版社2011年版,第66页。

纳入协商治理，如涉密的议题，与大多数人关系不大的议题，或者不具备实施条件的议题，等等。那么哪些事务应当协商？哪类事务可以协商？我们应在基层协商民主的实践中逐渐形成一个"公议体系"[1]，"探索制定并公布协商事项目录，列入目录的事项要进行沟通协商，未列入目录的事项，根据实际需要进行沟通协商"[2]。

在对彭州市社会协商对话的调查中发现，由村民代表、村民议事会成员深入群众收集的议题，只有一小部分（2—3 个）能够成为镇协商对话的议题。代表政府的议题审查小组对议题的选择可能取决于政府的关注程度、解决的迫切程度及解决的难易程度等，议题审查小组对议题进行甄别，进行选择性协商。[3] 这种选择性协商的模式在全国各地并不鲜见。公众聚焦的议题成为政府的决策问题尚有一个过程。

在笔者对全国 1002 位乡镇干部做的调查中，79.84% 的干部认为与村民个人利益相关的事务需要协商，65.07% 的干部认为与乡镇总体发展前景有关的事务需要协商，71.96% 的干部认为如果解决不好会有严重后果，影响社会安定的事务需要协商。仅有 3.79% 的干部认为都不需要协商，干部定了就行（见图 6-1）。可见，基层干部的观点基本一致，大多数都认为对与村民重大利益相关的、影响乡镇发展前景的、可能影响社会安定的事务需要协商解决。从对村民代表和村民议事会代表的调查来看，公众聚焦的议题一般是涉及本辖区的公共利益，主要与本辖区的经济收入、居住环境、社会保障、文化生活等息息相关的事项。[4] 笔者对全国 1002 名乡镇干部的调查结果显示，老百姓喜欢找政府解决的问题大多是征地拆迁、环境问题、养老上学医疗问题等，也有一些希望享受政策福利，反映村干部贪腐及不作为，甚至反映邻里矛盾的问题。而群众喜欢找政府解决的问题，是否都应该由政府解决？在笔者的调研中，只有 30.23% 的基层干部认为"有问题找政府，政府都该解决"，而大多数基

---

[1] 林尚立：《协商民主：中国的创造与实践》，重庆出版社 2014 年版，第 36 页。
[2] 谈火生：《协商治理的当代发展》，南方出版传媒、广东人民出版社 2018 年版，第 284 页。
[3] 朱凤霞：《基层协商民主中的公众话语权——基于扎根理论对成都 J 镇近年协商议题的分析》，《河南社会科学》2017 年第 10 期。
[4] 朱凤霞：《基层协商民主中的公众话语权——基于扎根理论对成都 J 镇近年协商议题的分析》，《河南社会科学》2017 年第 10 期。

层干部认为有些应该由司法途径解决,有些应该由企业解决,有些应该由社会组织或专业组织解决,有些应该由群众自己协商解决,还有些问题是群众自己的原因造成的,甚至是无理取闹。

您觉得哪些事情需要协商?(可多选)
答题人数1002 (单位:人)

与村民(居民)个人利益相关的	800
与乡镇总体发展前景有关的	652
如果解决不好后果会很严重,影响社会安定的	721
都不需要协商,干部定了就行	38
其他	1

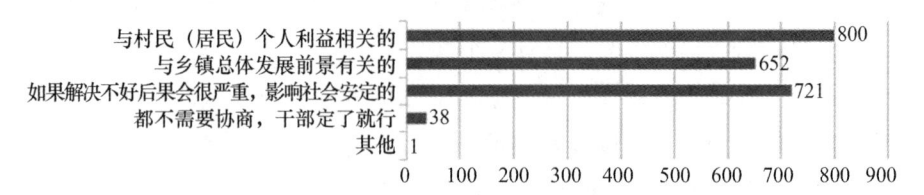

图 6-1 需要协商治理事项民意调查

公众喜欢找政府解决的问题未必都应成为协商议题。成为协商议题需要满足以下条件。第一,协商议题首先应为涉及公共利益的问题。公共利益是一定社会条件下或特定范围内不特定多数主体一致的利益。公共利益不等于私人利益,但它却是私人利益的集合。在基层社会治理中,"能有效协商的事务最好是涉及'主观公益',即涉及一定范围内多数主体一致的利益"[①]。通过协商,找到符合公众意愿和要求的最大公约数,跟大多数人公共利益相关的议题,才能引起公众的关注和参与的热情。此外,如果只是涉及部分群众的个人利益或小部分群众的公共利益的议题,或企业内部的问题,或应由司法途径解决的问题等,都没有必要成为协商议题。第二,具有争议或冲突的问题。大多数人意见一致的议题就没有协商的必要了,而有争议有冲突的议题,可以在协商的过程中化解冲突,平衡各方利益,最后达成共识,最大限度满足大多数公众的愿望。

公共议题可以在公众中收集。一般来说,通过村(居)民或其代表收集的议题大都反映了群众的关切。但公民关切的议题未必成为政府决策的议题,如果政府仅是出于应付自上而下的考核,或者从"表演型协

---

① 朱凤霞、陈昌文:《地方政府治理中的协商民主:治理逻辑与现实可能》,《科学社会主义》2016年第6期。

商"的角度，选择跟当前中心工作有关的或容易解决的事项作为协商议题，进行选择性协商，而忽略了某些涉及大多数人利益，或迫在眉睫，不妥善解决则可能引发社会不安定因素或社会矛盾，或者关系到当地长远发展的议题，这些议题长期不能成为政府决策的问题，公众的情绪不能通过合法渠道得以宣泄，矛盾得不到解决，他们也会寻求"非法"的途径宣泄，这样就会引发社会不安定因素，引起社会矛盾甚至群体性事件。如何使公众聚焦的议题成为政府的决策问题？

可以对繁杂的基层公共事务做一个分类，对各项事务进行评估打分，看是否必须将其纳入协商治理范畴。大体上，基层公共事务可以按涉及人数、涉及金额、社会影响度、稳控难度、地区长远发展相关度等因素进行打分评估。涉及人数越多、涉及金额越大、社会影响度越大、稳控难度越大、对地区长远发展的影响越大的事务越需要进行协商。

二 科学确定协商代表

协商民主应坚持"公共利益"的原则，而公共是相对于个别而言的。相对于个人而言，社区的利益可称为"公共利益"，而相对于一个城市，甚至一个国家，社区的利益就不是"公共利益"了。因而公共利益是一个不确定多数人的利益。那么对于公共利益的协商，在多大规模最有效？

有学者认为，协商民主是"直接民主的一种变体"，它等于"直接民主加上公共理性"。① 也有学者认为，协商民主是一种决策方式。"当决策是通过公开讨论过程而达成，其中所有参与者都能自由发表意见并且愿意平等地听取和考虑不同意见，这个民主体制就是协商性质的。"② 然而，"即使在一小群人当中，实现全体一致也是一个相当困难的目标，在一个成千上万人的社会中，全体一致是不可能的"③。因而，如果"公共利益"所涉及的利益主体太多，则需要选举代表进行协商。

---

① ［英］杰弗里·托马斯：《政治哲学导论》，顾肃、刘雪梅译，中国人民大学出版社2006年版，第256页。
② ［南非］毛里西奥·帕瑟林·登特里维斯主编：《作为公共协商的民主：新的视角》，王英津等译，中央编译出版社2006年版，第139页。
③ ［法］伯纳德·曼宁：《论合法性与政治协商》，载陈家刚主编《协商民主与政治发展》，社会科学文献出版社2011年版，第116页。

协商民主是否能够达到预期的效果很多时候是由协商的参与者决定的。"如果参与者的选择上无法实现科学性和合法性,则其后的协商程序无意义。"① 协商民主的核心目的是"讲理的需要"②。如果协商的参与者过多,规模过大,则在一个嘈杂无序的氛围中,各协商主体很难充分地听取别人的意见,也很难进行平等、充分的利益表达。在众多的协商主体中,也很难达成共识,形成一致的公共决策。因此,协商的规模应以协商参与者能够平等、充分地表达和听取意见为标准。③ 由于不是所有的议题相关者都能参与直接协商,因而代表的选取便成为无法回避的问题,而协商代表的选择至关重要。如果协商代表不能代表群众的利益,则协商将会背离其初衷,沦为基层政权提升其公共决策和公共管理合法性的工具。④

选举民主能解决谁来治理的问题,却不能解决如何治理的问题。而协商民主,是选举民主完成后实现有效治理的方式。让谁来协商,才能代表公众?才能"保证人民在日常政治生活中有广泛持续深入参与的权利"⑤?常见的代表选取方式一般有以下几种。

第一种方式是指定代表。这种情况并不鲜见。很多时候,政府或基层组织会指定或者邀请某些代表参加协商。指定或特邀的代表通常比较"懂事",不会让领导难堪,整个协商过程易于受组织者控制。另一个原因是出于成本的考量。代表的规模越大,人数越多,花费的时间成本、经济成本等都会越大。但是,指定代表的代表性可能很差,其意见并不能代表广大公众,而政府或基层组织也不能通过指定的代表获得真实的民意信息。很大程度上,指定代表的协商仅仅是一场"表演型协商",让公众以为决策部门听取了民意,看似公平民主。曾被媒体曝光过的参与

---

① 韩福国:《超越"指定代表"和"随机抽样":中国社会主义复式协商民主的程序设计》,《探索》2018年第5期。
② 埃米·伽特曼、丹尼斯·汤普森:《审议民主意味着什么》,载谈火生编《审议民主》,江苏人民出版社2007年版,第4页。
③ 朱凤霞、陈昌文:《地方政府治理中的协商民主:治理逻辑与现实可能》,《科学社会主义》2016年第6期。
④ 林尚立:《公民协商与中国基层民主发展》,《学术月刊》2007年第9期。
⑤ 习近平:《决胜全面建成小康社会 夺取新时代中国特色社会主义伟大胜利——在中国共产党第十九次全国代表大会上的报告》,《人民日报》2017年10月28日第1版。

听证会的所谓"听证帝""听证专业户"等便是这种出于"表演型协商"考虑的指定代表。如 2009 年，哈尔滨水价听证会上的 13 名消费者代表中，两名下岗工人代表，一名被社区干部临时替代，一名是哈尔滨市信访局退休干部。① 这样的代表没有正当性，也让听证产生"偏颇的民意"，导致政府部门决策的片面性，还会损基层组织的公信力。

第二种方式是选举产生。大家所熟悉的人民代表大会制度就是一种代议制民主，其主要特点之一便是代表由人民选举产生。选举民主是我们广泛使用的一种民主形式，将其用在协商代表的选取上也算合情合理。如四川省彭州市的社会协商对话代表主要就是通过一层一层的推选产生的。5—15 户村民推选产生 1 名村民代表，推出的村民代表组成村民小组议事会。村民小组议事会再按规定比例选举村民议事会成员（一般 20—50 人）。如果有驻村单位（如村办企业及社区辖区内医院、学校、企业等），则村民议事会成员加驻村单位代表（每个单位 1 名代表）组成镇社会协商对话代表（20—59 人）。群众选举的代表占 90% 以上。

第三种是随机抽样。即以科学的方式随机抽取某地的代表样本，将其作为当地公众的一个缩影，让其代表其他公众参与协商。"随机抽样能最大限度地体现代表的真实性、广泛性与公正性，是政治平等的客观要求"②。常用的随机抽样方式是简单随机抽样和分层随机抽样。简单随机抽样是指从总体 N 个单位中任意抽取 n 个单位作为样本，使每个可能的样本被抽中的概率相等的一种抽样方式。分层随机抽样则先依据一种或几种特征将总体分为若干个子总体，每一子总体称作一个层；然后从每层中随机抽取一个子样本，这些子样本合起来就是总体的样本。

如温岭泽国镇参与式预算恳谈代表的选择主要采用乒乓球摇号的随机抽样方式，但在具体操作方式上先后有一些改变。如 2005 年议事代表的选取落实到户，按户籍随机抽样，2006 年代表的选取调整为落实到人，在全镇 18 岁以上的居民中随机抽样。这两种方式都可以说是简单随机抽样，简便易行，但可能忽略了样本的差异性，造成代表性不足。2012 年

---

① 《假代表焉能说出真民意？》，《潇湘晨报》2009 年 12 月 11 日第 2 版。
② 朱圣明：《民主恳谈：中国协商民主的温岭实践》，复旦大学出版社 2017 年版，第 81 页。

为了完善不同利益群体的代表性，实行了分层随机抽样的方式选取代表。根据选民特征分为两个"层"：18 岁以上的普通选民；"精英库"选民（由政府各部门根据分管的实际工作建立精英库）。在这两层中分别通过乒乓球摇号产生选民代表和精英代表各 100 人，将其分为 10 个小组，与人大代表共同商议年度预算编制。之后在这个"分层"的基础上不断完善，增加了一些层级或限制条件，使分层抽样选取出的代表更具科学性和代表性。比如，2013 年考虑到参与式预算工作的连续性，普通选民库 70% 按户籍随机抽取，30% 在上年恳谈代表中抽取。之后又增加了智库抽样——随机抽取参与恳谈的智库专家以保证恳谈的质量，以及外来人口抽样——保证每次恳谈都能选取一定的不具有当地户籍但工作生活在当地的代表比例。

随机抽样选取代表的方式过滤了代表个人的身份、地位、受教育程度等具体信息，将每个人都置于同等的地位，较好地保证了代表的"正当性"问题。但是，随机抽样选取协商代表的缺点是成本高昂，尤其是分层随机抽样需要细致设计，各个环节都不能马虎，较费时费力，所花费的人力、财力、物力都不可小视。

第四种是几种方式的组合。很少有哪个地方的基层协商代表只采用单一的选取方式，一般都是以某种方式为主，同时组合其他方式。如彭州社会协商对话的代表 90% 由选举产生，剩下的 10% 由组织推荐和个人自荐产生。温岭新河镇参与式预算的代表以人大代表为主＋少部分自愿参与的方式产生。云南省盐津县的群众参与预算代表有一套完整的"推选＋抽选"程序，由各村"两委""提名推选"与按照村人口比例"随机抽选"两种方式产生"群众议事员"。①

哪种代表选取模式好呢？协商代表的选取作为协商的起点，其目的是要使公众的利益得到很好的代表和表达，民意的多样性得到很好的表现，从而推进公共决策的民主化和科学化。在特定环境下，自愿参加、指定代表、层层选举、随机抽样等方式，都有其合理性和科学性，可以组合使用。在笔者对 1002 名基层乡镇干部做的调查中，76.75% 选择协商

---

① 韩福国：《超越"指定代表"和"随机抽样"：中国社会主义复式协商民主的程序设计》，《探索》2018 年第 5 期。

代表由选举产生,30.04%选择由两委指派,28.84%选择自愿参加,51.20%选择协商议题涉及的利益相关者[①]。

为了避免基层协商演变为"表演型协商"及落实领导意图的工具,不宜单独使用指定协商代表的方法。

选举的方式是基层使用得较多的代表选取方式,大体上也能较好地体现群众的意志,具有较好的代表性,花费的成本也不算大。但可能的问题是,久而久之,参与协商的只是一些老面孔,大多数群众仍被排除在协商之外,如果没有较为完善的群众意见收集制度,民意的代表性就可能会大打折扣。

国际上比较喜欢用随机抽样的方式选取代表,但由于其人力物力花费较大,国内使用得并不多,主要的使用地是温岭的泽国镇(体现在图6-2"其他"项中)。如果用随机抽样的方式选取代表,为了均衡各方代表,分层随机抽样的方式比简单随机抽样更为科学。韩福国提出"复式协商民主决策程序",通过对覆盖面更广的分层(群)随机抽样,可以有效实现表达群体的全面性。[②] 分层随机抽样的方式可能会成为未来协商代表选取的发展趋势,其不仅为协商民主公平公正地选出了代表,提高了协商质量,也为群众提供了持续的民主操练机会,促进了公共精神的养成,从而有利于基层协商制度可持续发展。

图6-2也反映了各地在用不同的方法选取代表的同时,大都注意到了吸取协商议题的利益相关者参与协商。同时,需要强调的是,选出的代表需要代表其群体的利益,其应在所在群体中收集民意,这样,协商才能听到真正的民意。笔者在2019年1月现场观摩温岭泽国镇的参与式预算和民生实事恳谈会后,对27名代表进行了简单访谈,其中14人表示他们在其所代表的群体中广泛征求了意见,5人表示只简单征求了一下意见,8人表示没有征求意见,只代表自己参与协商。还需要对协商代表强化"代表"的理念,同时设计协商代表收集群众意见的合理渠道,并给

[①] 此项调查为多选题,意即有些地方代表的产生方式可能是几种方式的组合,因此调查结果之和并不等于100%。

[②] 韩福国:《我们如何具体操作协商民主——复式协商民主决策程序手册》,复旦大学出版社2017年版,序二第4页。

出充裕的收集时间。

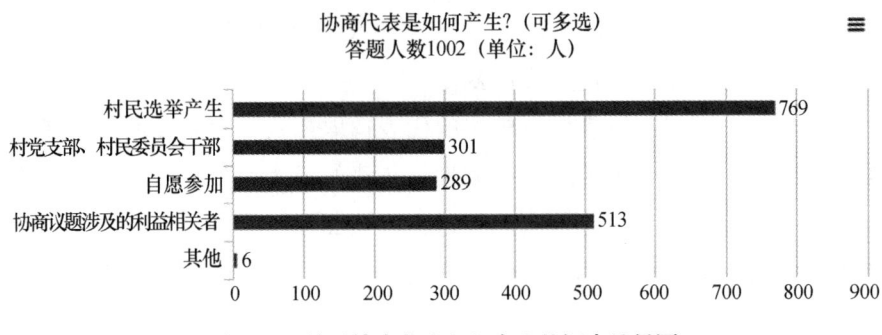

协商代表是如何产生？（可多选）
答题人数1002（单位：人）

- 村民选举产生 769
- 村党支部、村民委员会干部 301
- 自愿参加 289
- 协商议题涉及的利益相关者 513
- 其他 16

图 6-2　关于协商代表如何产生的调查结果图

在当前社会组织发育不足的情况下，以上代表的选取方式均没有考虑社会组织参与协商。应加大对社会组织的孵化，推动社会组织的发展壮大。尤其要推动成立各类协商类社会组织，并加强对其培训，使其承担更多的社会责任和公益责任。在社会组织发展到一定程度时，要改变行政化的管理方式，减少行政干预，使社会组织能自我发展、自我管理、增强其自主性、公益性和代表性，能就公共议题组织协商或聚合部分群体的声音并代表这部分利益群体参与协商。

三　规范协商程序

协商程序是协商治理最具技术性的环节，是"真协商"还是"假协商"，是"有效协商"还是"无效协商"通常在其协商程序就暴露无遗。协商程序通常包含两部分：一是协商前的准备程序；二是协商中的过程控制。

（一）协商前的准备程序

协商会议的召开是需要经过精心准备的。前文提到的议题选择、代表确定等都属于协商前的准备程序，但具体如何操作，需要设计科学的程序。协商前的准备工作大致包括以下五项内容。

一是确定协商议题后需要通过各种方式向社会公示。可以通过贴布告、微信群、官方微信公众号、新闻报道、广播电视等多种方式向社会公示，让公众知晓协商议题，协商代表也好就某些方面的议题协商做好准备。

二是通知协商代表并对其进行培训。不管通过何种方式确定协商代表后，应及时通知到代表本人协商会议的时间、地点及注意事项等，如有代表因事因病等不能参会，及时递补新的代表，以确保协商会议的顺利召开。有些协商会议还需要对协商代表进行提前培训。如温岭泽国镇的参与式预算，因为协商内容涉及财政预算知识，为了帮助协商代表看懂预算手册，镇人大每年都会邀请相关专家、学者及温岭市阳光预算宣讲小组对人大代表和选民协商代表作预算专题辅导，并由镇政府介绍年度预算编制情况和重点项目安排说明，以提高代表的预算审查能力。[①]

三是议题手册、预算草案等的撰写及发放，协商民意测验问卷的提前编印。应将协商议题、流程、参与式预算草案等编制成手册并及时发放到协商代表手中，方便其提前熟悉协商内容及流程，并做好协商发言准备。温岭泽国镇的参与式预算过程中，会给协商代表发放民意测验问卷（以前发放两次，在小组讨论前和小组讨论后各发放一次，称为"前测"和"后测"。最近几年简化程序后只在小组讨论后发放一次），问卷主要是让代表对他们认为最重要或最不重要的预算事项优先排序，以此了解民众对某项公共政策的支持程度。此项问卷需要提前设计并印制好，以便在协商过程中发放给代表填写。

四是主持人选定及培训。协商中最重要的一条原则即"主持人中立"原则，主持人最好选择与协商各方无利益关系的人担当，同时，选择主持人也要考虑其文化素质、表达能力等。泽国镇在民主恳谈早期都是在当地中学老师中选取主持人。如果主持人缺少主持经验，还需要对其进行一定的培训。

五是独立专家的选取。独立专家一般在协商会前及协商会中提供技术支持，而不作为利益相关者参与协商。最好建立专家库，每次根据协商议题的专业性质提前在专家库中抽取独立专家，独立专家将在会前进行可行性论证、提出详细的说明书等，在协商过程中如果需要则作一些技术性的解答。

（二）协商中的过程控制

协商能否成功，协商中的过程控制非常关键。协商的程序设计，首

---

① 朱圣明：《民主恳谈：中国协商民主的温岭实践》，复旦大学出版社2017年版，第97页。

要关注的原则就是平等原则。协商民主预设的一个前提即是政治平等，它强调参与协商的成员或组织地位上是平等的或自由的，他们拥有平等的话语权，同意或反对别人的观点是出于自愿而不受强制，自己所表达的意愿也受到平等的关注。正如有的学者指出，"只有当参与者拥有同样的影响有效的社会自由的能力时，他们才真正具备了平等的地位；只有在这种平等的情形下，他们才有合理的期望来影响结果"[1]。缺乏平等地位的条件下的协商只是"意识形态"和"病态的"。[2] 协商治理过程中，当每个参与者都有平等的机会充分地表达自己的观点，并且自己得到充分的尊重和重视，我们认为这是一种平等的协商。如何在协商的过程中实现协商的平等？这就依赖于科学的程序设计对协商进行过程控制。协商的程序设计，是关系到协商能否有效进行的关键环节，它包括协商的议事规则、组织程序、主持人对协商过程的控制、时间的分配、协商纪律的要求等，其中任何一个环节出现问题，都可以影响协商的效果、协商共识的达成。协商程序的科学设计，需要保证所有协商代表能享有平等的发言权，能平等地、充分地参与协商讨论，在发表自己的看法时又充分听取别人的意见，进而对自身的立场进行反思并修正自己的意见，寻求公共利益的"最大公约数"，同时尊重和保留各自的分歧。

笔者观摩的温岭市泽国镇的参与式预算和民生实事恳谈会，其会场组织程序如下：大会介绍预算编制等情况；再分成五个小组（每组25人）进行分组充分讨论并就本镇投资项目的轻重缓急填写调查问卷（时间约一个半小时）；再大会集中，小组主持人将分组讨论的议题交给大会主持人，大会主持人从中抽选出议题，被抽到议题的由议题提出人解释问题并请政府有关部门负责人给予现场解答。会议结束后将有关资料整理反馈给镇人大办作下一步处理。

彭州市的镇级社会协商对话的程序大体是先大会通报情况；再分组

---

[1] James Bohman, "Deliberative Democracy and Effective Social Freedom: Capabilities, Resources, and Opportunities", Bohman and Rehg ed., *Deliberative Democracy: Essays on Reason and Politics*, MIT Press, 1997. 转引自陈家刚主编《协商民主与政治发展》，社会科学文献出版社2011年版，第66页。

[2] 陈家刚主编：《协商民主与政治发展》，社会科学文献出版社2011年版，第67页。

讨论；再大会集中，由各小组汇报协商情况，汇总协商意见，协商意见由代表票决，超过半数则认为达成共识，宣布票决结果及处理措施等。

100 年前，孙中山著有《建国方略》，方略三为"社会建设"，也称"民权初步"。孙中山将其定义为人们开会的一套议事规则。而"民权初步"又是根据美国人亨利·罗伯特的《罗伯特议事规则》的早期版本写成的。现代公共事务的决策，没有一个好的规矩、议事规则的引领，就难以形成科学的决策，也难以推动民主的发展。协商会议中的过程控制可以参照罗伯特议事规则设计。[①] 其中尤其应注意以下三点。

一是主持人中立的原则。主持人的功能就是执行规则，让会议进行下去。主持人的立场要中立，不能有任何倾向性，不能发表意见，不能左右讨论的方向；要保证持不同意见的各方都有平等的发言机会，并尽量让意见相对方轮流得到发言的机会以保持平衡；如果跑题，主持人应干预，保证协商文明进行。

二是发言规则。发言先举手，被邀请后再发言；每次限时一分钟（或另行约定时间），每人每议题限两次（或约定次数）；先说明立场是赞成、反对还是修改，再陈述观点；正反方立场轮流发言；发言时面向主持人，发言人之间不互相讨论，避免冲突；不打岔，不跑题，不超时，不攻击，不扣帽子，文明讨论。

三是动议规则及议题搁置。会议讨论的应是明确、具体、可操作的行动建议，即"动议"，而不是模糊不清的议题。确定议题时应由议题审查小组剔除抽象的、模糊不清的议题，选取具体的可操作的议题进入审查环节。在协商中，如果协商代表对某一议题争执不下，一时难以达成共识，则应先搁置一段时间，如有必要再重新动议。

罗伯特议事规对如何协商议事有详细的规定，在协商的过程中都可以参照。还有学者提出了其他的制度设置，如"问卷调查决策制度、领导干部相对隔离制度、观察员制度"[②] 等，也很有道理，值得我们在制定协商程序时参考。景跃进指出，"在协商民主的过程中，政治的技术化，

---

① 冠延丁、袁天鹏：《可操作的民主：罗伯特议事规则下乡全纪录》，浙江大学出版社 2012 年版，第 195—218 页。

② 何包钢、王春光：《中国乡村协商民主：个案研究》，《社会学研究》2007 年第 3 期。

或技术的政治化，为我们提供了一把理解未来政治的钥匙"。① 科学的方法在协商治理的过程中，发挥着越来越重要的作用。

四 有效执行和监督协商成果

（一）协商成果的执行

虽说协商治理都是政府在公共决策的过程中引入了公民协商，但协商的成果运用却不尽相同。大体说来，按协商成果对公共决策的作用可将协商成果的运用和执行分为两类。

第一，协商成果直接被采用形成公共决策。即政府在制定公共政策过程中，直接吸纳公众参与协商，协商结果形成公共决策。这是政府与公众的直接互动和平等对话，从而实现合作治理。在重大民生政策制定、处理邻避问题等方面应当采取这种协商模式。如果是村民委员会召集的村级层面的协商，《中华人民共和国村民委员会组织法》赋予了村民委员会民主决策的权力，协商结果可以直接采用，并由村民监督委员会或其他组织监督执行。还有一种情况是像温岭的参与式预算一样，将协商制度嵌入人民代表大会制度，将公众的意见转化为能够代表公众的人大代表的意见，从而将协商结果跟人大制度对接，通过人大制度预算审查批准权和监督权的行使，使协商结果得到采用。这是地方在协商实践中的创新，还有较大的拓展空间。这种协商成果直接用于公共决策的协商也被称作"参与式协商"。

第二，协商成果对政府决策起参考作用。如彭州市乡镇级层面的社会协商对话，彭州市镇级层面的协商会只履行协商职能，对政府决策只有建议权，而政府部门通常会将其作为决策参考。又如四川省政协组织的"有事来协商"平台协商，协商会议后常形成协商专报，将协商意见报党委、政府研究参考，推动重要协商成果纳入党政督办事项。这些情况比较常见。这种协商只是一种工作方法和工作作风方面的民主，也有学者认为其只是一种协商式民主而不是协商民主，协商的结果并没有跟公共决策挂钩。政府部门可以采纳，将其纳入公共决策，也可能由于政

---

① 景跃进：《打开政治演进的技术通道》，载韩福国《我们如何具体操作协商民主——复式协商民主决策程序手册》，复旦大学出版社2017年版，序二第6页。

府内部的意见不一致或各种原因将其打入冷宫，不再问津。这种协商也被有的学者称为"辅助式协商"，政府仍然是决策主体，只是在决策前植入协商讨论的程序来寻找政策制定的依据。这种辅助式协商在筛选社会问题、发现问题实质等政策问题建构方面还是具有重要意义的。①

诚然，不能一味否定辅助式协商，但应拓宽参与式协商的空间，应创新协商形式，使公众的意见更多地进入公共决策，尤其与公众利益密切相关的民生问题、公共服务问题、社会治理问题、邻避问题等，都应建立更广泛的公众参与公共决策的协商制度。

(二) 协商成果的监督

一般而言，协商会议后，有关部门都会将协商结果采纳情况通过某种方式向公众通报，有的是通过报纸、网络等新闻媒介，有的是在下次协商会议时通报上次协商结果执行情况，让公众对协商成果的执行情况"知悉""了解"，起到的监督作用较为有限。

温岭的参与式预算设立有预算审查监督委员会，负责对镇财政预算执行情况进行日常监督，镇财政所每月将镇财政预算收支报表送监督委员会审查，这对财政资金的流向起到了较好的监督作用，但却不能反映预算的绩效。2014 年 8 月，全国人大常委会通过的新预算法，强调了公共预算的绩效评价。温岭市开始探索委托具有资质的会计师事务所、资产评估机构等第三方中介机构进行预算绩效评价。第三方机构通过询问查证、问卷调查、实地调查等方式了解预算执行情况，发现问题，提出建议。政府部门还组织召开了专项资金预算绩效评价民主恳谈会。温岭的做法为我们在协商成果的监督和评价方面提供了一些思路和借鉴。

公众并不会仅仅满足于协商参与的过程，他们更关心协商成果的执行情况，以及协商决策的实际效果、效益和效率。对协商成果的监督可以采用多种方式相结合。一是政府部门内部监督和控制，并通过电视、报纸、网络等媒介主动向公众通报，接受公众监督。二是可以建立专家库，定期从专家库里抽取专家对协商成果的执行进行监督评价。三是可以委托具有专业资质的第三方机构进行监督和评价。四是可以召开关于协商成果评价的协商会议，听取各方关于协商成果执行的意见。

---

① 刘兆鑫：《协商民主纳入行政过程的三种路径》，《团结》2015 年第 3 期。

第二节　优化基层协商治理的扩散与激励机制

随着民主理念深入人心，各地在社会治理的过程中采用协商治理的创新案例不断增多。在全国产生了一定影响，而且持续了较长时间的基层协商治理案例，有浙江温岭的民主恳谈和四川彭州的社会协商对话等，此外，河南南阳、云南盐津等地的基层协商民主也受到了较多的关注。当然，温岭民主恳谈坚持了20余年之久，而且在发展中不断完善和成熟，有持续发展之势，这在全国无出其右。而彭州的社会协商对话也发展了近10年时间，也难能可贵，但其持续性还有待考察。不过，一项创新即便能够长期坚持，但如果不能得到推广，这样的创新社会意义也不大。[1] 因而，创新的扩散主要应关注创新的"坚持与辐射问题"[2]。

总体上来说，尽管有中央推动，各地也有零星实践，但基层协商民主却并没有四处开花，没有出现全面扩散的情况，甚至有些地方在实践一段时间后又出现了中断的现象。民主发展的过程必然是"人民构成的社会与国家的双向互动"[3]，当前，中国基层协商民主主要还是靠政府来推动的。不可否认，政府对协商民主扩散起主要作用，温岭如此，彭州如此，大多数地方皆如此。那么，政府对协商民主的扩散有什么影响？如何促进协商民主的扩散与可持续发展呢？

一　政府对协商民主扩散的影响

（一）中央政府

中央政府指中央国家层面的权力机构。中央政府对地方政府的实践主要起导向作用，中央的一举一动都牵引着地方的实践方向。中央政府对民主实践形态的态度，主要基于执政安全的考虑，以及在执行过程中

---

[1] 李景鹏：《地方政府创新与政府体制改革》，《北京行政学院学报》2007年第3期。
[2] 卢福营：《论农村基层社会治理创新的扩散》，《学习与观察》2014年第1期。
[3] 林尚立：《建构民主——中国的理论、战略与议程》，复旦大学出版社2012年版，第21页。

的风险可控性考虑。对于地方政府的政治改革，有时中央一开始不会明确表态，如 20 世纪 90 年代后期，四川省遂宁市步云乡推动的乡长直选，一开始中央的要求并不明确，始终存在着对这一选举形式的"合法性"和"随附后果"的担忧①，2001 年，中央领导才正式通过某种场合表达了对乡镇长"直选"合法性的否定②，乡镇长直选的探索便宣告终结。

而协商民主这一民主形式却受到了中央的肯定与支持。2012 年，党的十八大首次提出"推进协商民主广泛、多层、制度化发展"。其后，十八届三中、四中全会及党的十九大报告等都对社会主义协商民主多次强调和阐发。2022 年，党的二十大指出"全过程人民民主是社会主义民主政治的本质属性，是最广泛、最真实、最管用的民主"，而"协商民主是实践全过程人民民主的重要形式"，并再次强调"健全各种制度化协商平台，推进协商民主广泛多层制度化发展"。2015 年 2 月中共中央印发了《关于加强社会主义协商民主建设的意见》，明确了我国协商民主的内涵、本质以及七种不同的协商渠道。基层协商民主是七种协商渠道中重要的一种。2015 年 7 月，中共中央办公厅、国务院办公厅印发《关于加强城乡社区协商的意见》。这一系列文件，对社会主义协商民主进行了高屋建瓴的总体设计，协商民主成为政治热点及中国政治发展的目标和方向之一。③ 因而，有中央的明确导向，协商民主理应成为基层治理创新的主要实践形态。中央政府的态度决定了基层社会治理的发生、扩散和可持续性发展的政治环境。

（二）地方政府

这里的地方政府指省级政权及以下的地方公权机构，包括乡镇基层权力机构。

---

① 高新军：《地方政府创新缘何难持续——以重庆市开县麻柳乡为例》，《中国改革》2008 年第 5 期。

② 2001 年 7 月，《全国人大党组关于做好乡镇换届选举工作的意见》明确规定：各地在换届中，不得对乡镇长进行直接选举。李佳佳：《从地方政府创新理解现代国家——基于"非协调约束的权力结构"的分析框架》，学林出版社 2015 年版，第 91 页。

③ 朱凤霞：《国内协商民主研究：热点、发展脉络与趋势——基于 CNKI 数据库的知识图谱分析》，《国家行政学院学报》2018 年第 6 期。

地方政府官员采取何种治理方式一般是基于两种逻辑，一种是"不出事"的逻辑，另一种是提高治理绩效的逻辑。基层"不出事"的逻辑主要是指地方官员回避政治风险的考虑。基层民主的推行是政治体制改革的重要内容，具有一定的政治风险。这种政治风险可能是治理风险的不可控性，也有可能是来自中央的否定态度。保守的地方政府官员倾向于回避风险，如果不是迫不得已，他们很难主动去改革和推行基层协商民主。即便其他地方推行，只要中央政府没做硬性要求，他们也总是处于观望状态。正如浙江温岭的民主恳谈搞得风生水起，浙江很多地方却始终处于观望状态一样。地方官员基于"不出事"的逻辑，回避政治风险的态度制约了其采用新的治理方式的积极性和基层协商民主的发生。

提高治理绩效也有两种情况。一种是主动追求政治合法性的提升和治理绩效的改善，如温岭的民主恳谈等。这种主动寻求民主转变及治理变革一般与地方官员个人的政治品格密切相关，敢闯敢试的地方官员易于率先推行基层协商民主。俞可平指出，多数创新项目都是"一把手"推动的，而且也因此成为"一把手"的政绩工程，影响其升迁。[①] 地方政府率先推行并促进基层协商民主的扩散和可持续发展一定程度上是出于政治回报的考虑。

毋庸置疑，温岭民主恳谈自1999年"农业农村现代化教育论坛"试点成功后，到如今的20余年间，地方政府获得了一系列的政治回报。2004年3月，温岭民主恳谈获得第二届中国地方政府创新奖；2007年7月，温岭参与式预算被评为全国十大地方公共决策实验；2010年1月，温岭参与式预算获得第五届中国地方政府创新提名奖；2011年9月，温岭民主恳谈获得中国城市管理进步奖；2012年1月，温岭工资集体协商制度获得第六届中国地方政府创新提名奖；2014年11月，温岭民主恳谈入选中国社会治理创新范例50佳；2018年11月，温岭参与式预算获得浙江省人大工作创新特别奖。这些奖项，为地方官员带来了荣誉、表彰和上级政府的肯定，扩大了温岭民主恳谈在全国的影响，获得了当地老百姓的认可，吸引了学界关注，这些都强化了当地官员的成功信念。这

[①] 俞可平：《中国地方政府创新的可持续性（2000—2015）——以"中国地方政府创新奖"获奖项目为例》，《公共管理学报》2019年第1期。

种政治回报，即便没有为官员带来直接升迁，也是对其工作的肯定，一定程度上也是其政治抱负的实现。不过，也正是出于"政治回报"的考虑，如果某地的基层协商民主创新是上一届官员的政绩，随着这些官员的离任或调动，新一届地方官员需要有自己的政绩，这些协商民主创新反而有可能被搁浅。

另一种是环境倒逼被动采取基层协商民主解决政治转型过程中引发的治理困境。原来的治理方式不被认可，治理出现"合法性危机"，地方官员不得不寻求新的治理方式，提升政治合法性，应对治理困境。例如，重庆开县麻柳乡始创于2000年的"八步工作法"，便是在干群矛盾十分突出的情况下推行的，八步工作法推进了政府与村民的共同治理，顺利解决了"行路难""饮水难""上学难"等实际问题。许多创新都与当地的尖锐矛盾和危机密切相关，由于没有退路，制度创新对既得利益调整的阻力会大大降低，让群众切实参与公共决策也会得到很好的落实和兑现。八步工作法在提升管理绩效、缓解干群矛盾方面发挥了较大的作用，重庆市也曾号召学习和推广"八步工作法"的经验，但这种方法在该市其他乡镇的推广效果却十分有限，主要原因是国家免除了农业税后，之前引发干群激烈矛盾的起因不复存在，危机压力得以缓解。而在失去了危机压力的情况下，要想靠地方党政官员的自觉性来维持民主执政的水平，主动削减自己的权力，接受群众的监督，将面临极大的挑战。①

二 促进协商民主扩散和可持续发展的措施

（一）将基层协商民主上升为国家法律、法规

当前，党的十八大、十九大、二十大等对社会主义协商民主进行了阐发并提出了总体性要求，中共中央又印发了《关于加强社会主义协商民主建设的意见》《关于加强城乡社区协商的意见》等文件号召在全国范围内推广基层协商民主。不可否认，中央政府始终是基层协商民主扩散的驱动主体。安德鲁（Karch，Andrew）认为全国性组织、政策推动者和

---

① 高新军：《地方政府创新缘何难持续——以重庆市开县麻柳乡为例》，《中国改革》2008年第5期。

中央政府组织等政治力量推动了公共政策扩散。① 中央出台的这些意见给予基层协商民主以合法性,但是这些意见只起到了倡议作用,并不具备较高的法律效力,对地方政府的约束力有限,而地方政府出于种种考虑,大多数地方并未践行。建议国家将基层协商民主推广上升到法律、法规,"融入到国家有关民主选举的法律如村民自治法、人大代表法中去"②,对地方政府形成约束,以有利于基层协商治理在全国范围内推广。

而且,地方政府成功的创新举措,如果不能通过法律、法规等形式固定下来,就会极大地影响改革的稳定性和可推广性。有时候领导一换届走人,这些创新举措就不了了之,逐渐销声匿迹。不能上升为法律或制度的创新成果,即便再成功,最多也是给现任领导带来一些政治资本和荣誉,而失去了引领改革的初衷和本意,还造成了资源的浪费和人力物力财力的大量消耗。而且,创新成果得不到推广和固化,也会大大地挫伤创新者的积极性,让他们丧失创新动力和改革的勇气。③

(二) 为基层协商治理创新者提供宽容的政治环境和容错机制

民主改革属于政治改革的范畴,这种改革创新本身具有"试验"和"试错"的功能,地方政府面临着一定的政治风险。改革之初,改革者承担的风险往往大于其收入预期,需要为改革者提供一个宽容的政治环境和容错机制,以鼓励地方干部改革创新。"上级政府和社会各界都应该保护改革者,奖励创新者,宽容失败者,善待出错者"④,免除改革者的后顾之忧。

容错,不应只是一种政治态度,在全面建设法治政府的环境下,更应当上升到法律层面。深圳于 2005 年 7 月起正式实施的《深圳经济特区改革创新促进条例》规定:"只要改革创新方案制订程序符合规定,个人或单位没有牟取私利、没与其他单位或个人恶意串通,即使工作发生失误、改革创新未达到预期效果甚至造成一定损失,有关人员可予免责。"

----

① Karch A., "Emerging Issues and Future Directions in State Policy Diffusion Research", *State Politics & Policy Quarterly*, 2007, 7 (1): 54 – 80.

② 何包钢、王春光:《中国乡村协商民主:个案研究》,《社会学研究》2007 年第 3 期。

③ 朱凤霞:《地方政府创新的法律困境》,《四川行政学院学报》2016 年第 2 期。

④ 何增科:《政治合法性与中国地方政府创新:一项初步的经验性研究》,《云南行政学院学报》2007 年第 2 期。

虽然深圳市立法为改革创新免责,为改革创新创造宽容的环境值得肯定,但《深圳经济特区改革创新促进条例》作为地方性法规,不能超越刑法、刑事诉讼法等上位法,因而其法律效力堪忧。对创新者的容错条款应有上位法的支撑,应由全国人大出台相应的法律,而且应当完善免责的实施细则,对免责条件进行具体的细化,避免让别有用心的人钻了立法的空子,打着改革创新的旗号行谋取个人私利之实。①

(三)号召各省级层面依据当地具体情况制定基层协商治理办法

党的二十大报告指出,"协商民主是实践全过程人民民主的重要形式",而"全过程人民民主是社会主义民主政治的本质属性",可见,协商民主的发展很大程度上体现着社会主义民主政治的发展。其实基层社会用协商的方式解决各种治理问题并不鲜见,从乡镇层面的协商民主、参与式预算,至村民议事会、街道议事组织,甚至有不少小区、院落都有议事组织广泛应用协商的办法进行治理。如北京市东城区和平里街道设立"社区议事厅",社区居民成为一方参与主体,有效增强了社区民主自治功能,发挥了社区自我管理、自我教育、自我服务的作用。② 内蒙古开鲁县委、县政府在群众上访较多、矛盾相对集中的吉日嘎郎吐镇试行嘎查村级事务民主管理机制,即"十步工作法",取得了实效。自治区将该协商管理模式称作"开鲁模式"。③ 贵州省福泉市以小区为单位,由社区党组织牵头,党员干部、物业公司、小区志愿者三方参与,组建以7—12人为一组的综合治理服务队106支,通过"开展小恳谈"、发放宣传册,广泛收集民情民意,弥补了网格员与居民对接的最后一米,让小区治理真正做到了"有人抓、有人管、有人理"。④ 四川仪陇县在村务管理中探索出了"五权模式",即强化村党支部的领导权,规范村民会议的决策权,落实村委会的执行权,保证村民小组的议事权,保障农民群众的

---

① 朱凤霞:《地方政府创新的法律困境》,《四川行政学院学报》2016年第2期。
② 《北京东城区和平里街道设立"社区议事厅"》,载《基层协商民主典型案例选编》,人民出版社2015年版,第1页。
③ 《内蒙古开鲁县探索"532"民主决策监督管理机制》,载《基层协商民主典型案例选编》,人民出版社2015年版,第66页。
④ 《福泉多元共治打造文明和谐小区》,《贵州日报》2022年12月1日第12版。

监督权。"五权模式"使过去难以解决的村务管理难题迎刃而解。[1] 这些民主治理形式为基层协商民主积累了不少经验。促进协商民主的扩散和持续发展,"需要将民主存量与民主增量相结合","要从不同的领域、不同的渠道、不同的层级,在已有的制度规范框架内,嵌入协商民主的制度建设要求"[2],在已有经验的基础上,将其渐进上升为制度安排。

有一定的基层实践经验积累后,可以在省级层面将其形成制度加以固化,避免因领导人的变动而"人走政息"。利用"中层设计"的方式,实现基层协商民主制度化发展,促进某种协商治理经验在省级扩散和持续发展。自上而下的层级扩散模式是中国较为常见也较为有效的公共政策扩散模式,具有行政指令性特征。省级政府与市县级政府及乡镇政府间,具有行政权力的命令和服从关系,由省级部门制定基层协商治理的相关政策和办法,能够通过政策落实和执行的方式迅速扩散到下级政府部门,从而实现基层协商治理的省内扩散,并在一定程度上保证了政策执行的稳定性和持续发展。

(四)充分发挥人大、政协等部门职能,将基层协商民主纳入体制内运行

在一定意义上,中国并不缺乏参与制度的政治规定,而是缺少具体可执行的技术和方法。[3] 人大、政协或政府部门等具有较为明显的体制资源和组织优势,而人大、政协的会期比较固定,更易于坚持。温岭的参与式预算,各乡镇不尽相同,比较典型的有新河模式和泽国模式,但这不同的模式都找到了民主恳谈与人大制度可行的结合点。人大具有预算的法定审批权,在人大制度的预算审批中嵌入民主恳谈,合情合法。参与式预算的开展也有利于激发并提升人大的功能。温岭基层协商民主与人大制度的结合,有效促进了基层协商民主的持续发展。四川政协主动将协商职能向基层拓展,以乡镇街道政协工作站以及各界别政协委员之家为依托,在全省乡镇街道打造了"有事来协商"平台,开展与基层群

---

[1] 《四川省仪陇县 推行村务管理"五权"模式》,《农村工作通讯》2009年第22期。
[2] 陈家刚:《社会主义协商民主制度建设的重点与路径》,《党政研究》2017年第4期。
[3] 韩福国:《参与式预算技术环节的有效性分析——基于中国地方参与式预算的跨案例比较》,《经济社会体制比较》2017年第5期。

众生产生活息息相关的民生实事协商活动。但四川政协"有事来协商"活动开展时间尚短，还需要时间来检验其成效及可持续性。如果基层事务的协商成为政协的一项正式职能并写进有关条例加以制度化，其持续性还是有保障的。

可以借鉴温岭参与式预算将体制外的民主恳谈与体制内的人大制度结合起来的经验，充分发挥人大、政协或某些政府部门的职能，在基层协商民主运行到一定阶段后，将其纳入体制内运行。

可以进一步探索基层协商与体制内资源的结合点，在体制内找到具体执行的载体和空间，每年有固定的会期召开协商会议，有固定的议程和代表选择程序，有利于协商制度的持续性发展。温岭的民主恳谈为我们提供了一个协商民主嵌入人大制度的较成功的范本。近年来，对于如何充分发挥政协作为专门协商机构的作用，将政协职能向基层协商拓展的探索也取得了一定的经验，但还需要不断总结提升。政协作为专门的协商机构，有其完备的组织和制度优势，作为广泛的爱国统一战线组织，有充足的人才优势，作为国家治理体系的重要组成部分，有密切联系基层的优势。人民政协理应在促进基层协商治理方面发挥更充分的作用，但目前其在促进基层协商民主的实践方面，还具有较大的探索和创新空间。

（五）利用新兴媒体拓展基层协商的空间，吸引更多的人群关注协商事务

当前，现代人的生活节奏较快，尤其是年轻人，不一定有太多的时间参与公共事务的协商。可以尝试利用新兴媒体、网络空间等新的传播和通信方式开展协商。互联网公共论坛已经发展成为实现民意表达的工具，在信息化时代的作用不可小觑。越来越多的网民通过微博、微信、博客、大型 BBS 等网络媒介，就某些社会热点问题、自身利益问题等展开讨论，引发关注，形成网络舆论。由于网络操作简单，不再局限于一时一地的时间或空间限制，论坛信息发布又具有即时性、公开性、互动性等特点，参与者不论年龄大小、身份悬殊，在网络上都能平等表达，深受网民喜爱。

温岭市人大曾在 2014 年 12 月 11 日召开"交通治堵"专题询问会，与会代表就如何提高地表停车周转率、缓解老城区停车难、落实交通易

堵路段长效整治等多个老百姓普遍关心的问题对市治堵办、公安局、住房和城乡建设规划局、交警大队等部门进行长达3个多小时的询问，询问会首次通过网络直播的方式，在温岭人大、温岭新闻等媒体开展全程直播，并通过多个媒体发布会议进展情况。网友通过网上留言等方式与现场开展有序互动。① 这一经验值得推广。采用网络直播等年轻人喜闻乐见的协商形式，有利于调动年轻人公共参与的热情。网络就是一个巨大的不同于传统的协商空间，网民通过在线讨论、网络投票、远程监督，实现与政府之间直接对话、即时沟通、频繁互动，表达自己的诉求和意见，这些诉求和意见在协商中被加工成公共意见。从某种程度上说，互联网公共论坛为政府与公众直接协商提供了可能，拓展了基层协商民主的空间，是基层协商民主在新时代的一种实践方式。

（六）树立基层协商治理典型，鼓励全国范围内学习、观摩和经验交流

靠行政指令推行以及学习、模仿一直都是公共政策扩散或者创新扩散的主要方式。所不同的是，靠行政指令的扩散是自上而下的，中央政府是推动扩散的主导力量，地方政府是被动接受的；而学习、模仿造成的扩散中地方政府是推动扩散的主导力量。树立基层协商治理典型可以看作"地方政府创新—中央认可—树立为典型—其他地方政府学习模仿"的协商民主扩散模式。对于某些地方优秀的协商治理创新，在践行一段时间后，可由中央政府将其树立为典型，鼓励全国范围内学习、观摩和经验交流。由于中央政府与地方政府具有行政权力的命令和服从关系，这种树立典型有一定的行政指令的性质。在这一具有行政指令性质的号召下，各地方政府向治理领先地区学习或者模仿。而协商治理的学习和模仿具有的好处是：一方面可以节省摸索和创新的成本，减少政策制定过程中行政资源损耗；另一方面由于学习的是全国的典型，易于获得公众的认同和便于推行。但这需要地方政府判断典型地与本地在政治、经济、社会环境各方面的异同，以及是否需要变通等。

---

① 朱圣明：《中国基层协商民主的温岭实践》，复旦大学出版社2017年版，第202页。

毋庸置疑，温岭等地已经成为全国基层协商治理的典型，每年都在迎接不少专家学者和基层工作者观摩、研讨和学习。还可以在全国范围内树立更多的基层协商治理典型，鼓励全国范围内学习、观摩和推广，从而促进基层协商民主在全国的繁荣和扩散。

第七章

研究结论与研究展望

第一节 研究结论

西方的协商民主理论（Deliberative Democracy）又译为恳谈式民主、商议式民主等，指的是自由平等的公民，基于权利和理性，在一种由民主宪法规范的权力相互制约的政治共同体中，通过对话、讨论、辩论等过程，形成合法决策的民主形式。西方的协商民主理论寄托了人们对于自由主义民主和选举民主功能缺失的弥补。其主要特征有：多元性、合法性、程序性、公开性、平等、参与、责任、理性等。西方协商民主，尤其是第三代协商民主也有一套可操作化的技术和方法。

西方的"Deliberative Democracy"被引荐到中国时译为"协商民主"，恰好与我们的"政治协商"具有形式上的一致性。实际上，政治协商所内含的平等对话、讨论、共识等内容与西方协商民主的理念是不谋而合的。在中国，由于人民在民主探索过程中的内生政治创造，中国人民政治协商会议成为理解中国式协商民主的一个起点。

实际上，中国当前的协商民主既有异于西方的协商民主（Deliberative Democracy），也不同于政治协商。中国的协商民主是从中国的政治生活的逻辑中成长起来的，逐渐涵盖政党协商、政府协商、政协协商、人大协商、人民团体协商、基层协商、社会组织协商等七种不同的协商渠道，呈广泛多层化发展态势，是人民当家作主的制度保障，是实现党的领导的重要方式，是实践全过程人民民主的重要形式。尤其基层协商民主与人民群众的生产生活息息相关，与人民群众的切身利益息息相关，是人民有序参与政治生活和基层治理的重要渠道，是人民当家作主的直接体现，是全过程人民民主的重要体现。

基层社会治理是基层协商民主实践的重要场域。伴随着经济体制改革，中国的农村和城市社区的基层社会治理经历了重大的变革和转型，国家与社会的关系也相应地发生转变。当前，在统筹城乡发展和乡村振兴的大背景下，国家权力带着资源、资金、项目等全面深入农村社会，但是也面临着农村治理主体力量薄弱、民间自治组织发展不足、国家资源难以惠及大众、公共精神消解等治理难题。需通过基层协商民主重构国家与农村社会的关系，促进国家与农村社会的合作共治、良性互动。新中国成立以来我国城市基层治理的制度变迁，经历了高度组织化的单位制、街居制改革，到单位制、街居制瓦解后的社区制探索，再到党的十八大以后的社区治理探索。党的十八大以来在社区治理的探索中，"以人民为中心""社会协商""基层群众自治"等理念往往也体现在居民协商参与社区公共事务中。如何保障社区居民参与公共事务，加强社区协商，化解矛盾纠纷，维护社会和谐稳定，通过基层协商宣传党和政府的方针政策，努力达成共识，汇聚力量，推动政策落实，促进基层民主健康发展将是下一步城市基层治理需要重点关注的方面。

基层社会治理中，一些既有形式和制度发挥了一定的作用并具备协商民主的一些基本元素。如成都的村民议事会，四川彭州的社会协商对话，浙江温岭的民主恳谈、参与式预算，等等。此外还有政协制度、人大制度等政治制度也为基层协商民主的发展提供了平台。

那么，哪些公共事务应该纳入协商的范畴？当前，基层协商治理的推进过程中，基层干部和公众的真实意愿如何？各地践行的基层协商民主处于何种阶段，成效如何？基层协商民主未来的方向在哪里？应如何完善基层协商治理的运行程序？如何促进协商民主的扩散和可持续发展？

本书针对全国的乡镇干部进行问卷调查，收集到了1002份有效问卷，并对浙江温岭、四川彭州、上海等地的人大、政协、街道、社区等部门进行了访谈，重点分析了与人大制度、政协职能、村民自治及居民自治相结合的基层协商民主的多种形态。研究的主要结论如下：

1. 总体来说，在党和国家对社会主义协商民主的总体设计和制度支持下，大多数基层干部和公众都有较强的协商民主认知和协商参与意愿，各地也有较多的基层协商治理实践，但大多属于探索和试验阶段，协商成效还不高，协商民主的制度化水平也比较低，在实践上还需要长时间的探索和制度完善，任重而道远。

当前，虽然不少基层社会治理都以积极的态势推动协商民主实践，但协商民主的实施与否，主要取决于党政领导的个人风格和民主意识，而不是制度必需，因而带有较强烈的"个人色彩"。从协商实践绩效来看，目前大多数的基层协商成效还不是特别显著，还有较大的提升空间。这些都需要从制度设计上进行反思。当前，对协商民主制度化的探索迫在眉睫，需要用制度的稳定性、有序性和规范性克服协商治理实践中可能存在的"选择性协商""逐利性协商"，需要通过科学的协商民主制度和协商技术将协商民主理念落实为具体的实践运作程序。

2. 在基层协商民主探索中，不少地方都将协商民主与不同的政治制度相结合，形成了基层协商民主实践的多种形态，如温岭的参与式预算将协商民主嵌入人大制度，彭州的社会协商对话将协商民主嵌入原有的村民自治制度，四川"有事来协商"平台拓展了政协职能，上海社区营造结合了居民自治制度。这些基层协商民主探索都取得了一定的成效，通过与不同政治制度结合的方式，获得了发展的空间和资源，但协商效果不尽相同。

这些探索将协商民主嵌入原有政治制度，或将协商民主与某种政治制度相结合，同时在协商的具体程序如代表选取、主持人中立、信息公示、协商流程等方面吸收了协商民主的一些理念和方法，力图实现基层协商民主的制度化发展。但从目前来看，这些模式因实践的时间长短、协商与公共决策联系的紧密程度等差异而使其取得的协商效果有所不同。

由于《中华人民共和国村民委员会组织法》和《中华人民共和国城市居民委员会组织法》等赋予了城乡村（居）民自我教育、自我管理、自我服务的权利，上海、四川彭州等地城乡社区层面的协商通常能将公众意见与公共决策较好地结合起来。但乡镇层面的协商共识通常仅供决策部门参考，可以说这种形式的社会协商对话通常只停留在"民主化协商"而无民主化决策，不能将协商民主与公共决策完整地衔接起来，还只是协商民主的初级阶段。而对于当下政协的政治定位，习近平总书记指出，"人民政协是国家治理体系的重要组成部分"，但政协协商的职能拓展到基层只是近年基层政协的自我探索，实践的时间尚短，其具体成效如何及能否持续性发展还需要继续观察和总结。

浙江温岭的民主恳谈经过 20 余年发展，实现了"思想政治工作方式—民生实事恳谈—参与式预算"三个发展阶段，基层协商民主发展逐渐趋于成熟。现阶段的参与式预算发展为将协商民主嵌入人大制度。公众参与讨论政府的财政预算，将公众的意见转化为人大代表的意见，并使恳谈结果最终具有法律效力，这标志着协商民主进入实质性阶段。公众参与政府年度预算方案的协商讨论成为人大会议的前置程序，并且公众对预算方案的修改意见在最终由人大会议表决通过的预算年度报告中有明确体现。这就实现了协商民主嵌入人大制度，赋予了民主恳谈结果法定约束力，并对政府决策产生了实质性影响，同时也激活了人大制度的一些"沉睡"的功能（如预算的审查和批准权）。在"嵌入"的过程中，基层协商民主与地方人大制度相得益彰、互相促进，均获得了良好发展。

3. 基层协商治理的推动力量来自体制内，党委和政府主导型协商民主是当前基层协商民主的主要特点。

目前，大多数地方协商治理的推动力量都来自体制内，不管是与人大制度结合的温岭"参与式预算"，还是四川政协向基层拓展的"有事来协商"平台，还是彭州市政府部门通过"中层设计"推动的"社会协商对话"，或者是上海等大城市的社区营造主要都是在党委和政府的领导下，靠体制内的力量推动。党委和政府主导型基层协商民主是当前及未来很长一段时间中国基层协商民主的特点。

从基层协商民主的发展来看，将体制外的协商民主纳入现行的体制内制度框架，更易实现基层协商民主的可持续发展。应努力探索基层协商民主同人大制度、政协制度等政治制度的结合，同时激活原有政治制度的功能。目前，温岭的参与式预算已经为基层协商民主嵌入人大制度提供了一个较为成功的范本。而近年也有不少地方在探索充分发挥政协作为专门协商机构的作用，将其职能向基层延伸，已经取得了一定的成效，如四川政协搭建"有事来协商平台"就基层公共事务进行协商；无锡市滨湖区政协指导各镇（街道）开展基层协商，将政协制度优势转化为社会治理效能等。但这些实践时间尚短，将基层协商民主嵌入政协制度仍然存在制度设计、实践操作和能力建设等问题，还需要在实践中构建和完善相关制度，拓展原有政治制度的功能。同时在基层协商民主实践中，还需要探索基层协商民主与公共决策的有效衔接方式，使协商共识能纳入相关部门的公共决策之中，实现既有"民主化协商"，也有"民主化决策"。

4. 在基层协商治理的多元主体中，社会组织和独立专家的作用发挥不足。在未来基层协商治理探索中，应更多发挥社会组织和独立专家的作用。

协商治理的主体应是多元的。基层党委在基层协商治理中起引领作用；基层政府是基层协商治理最关键的主导者和参与者，是基层协商治理中重要的协商主体；公众群体或个人是协商治理的主要参与者；各种社会组织包括志愿者组织、群团组织、基层群众自治组织等是潜力较大的协商主体；独立专家以非利益相关者的身份参与协商。

但在当前的基层协商治理中，社会组织的作用发挥不足。在一些大城市的社区治理中，一些社区机构、专业性的社会组织和社区自治组织已经发挥了一定的作用，而农村社会治理中社会组织发挥的作用还比较薄弱。总体来说，我国社会组织发育不足，社会组织在协商治理中的作用发挥尚不充分，应对其进行扶持、培育和赋能，对其开展公共意识和公共精神教育，引导其参与基层社会治理。

同时在基层协商治理中还应充分发挥独立专家的作用，以提高协商结果的科学性和可行性，实现专家决策和大众协商的统一。

5. 应优化基层协商治理的运行机制，合理确定协商议题，科学选取协商代表，严格控制协商过程，有效执行和监督协商成果。

不是所有公共事务都应纳入协商程序，对于哪类议题应摆到政府和公众协商对话的平台，让公众话语权得到充分的表达和实现，我们应在基层协商民主的实践中逐渐形成一个"公议体系"。将涉及人数多、涉及金额大、社会影响大、稳定难度大，关系地区长远发展和大多数人切身利益的公共事项纳入协商程序。应通过科学合理的方式选取协商代表，综合考察民主推选、分层随机抽样、自愿报名、组织指定等协商代表选取方式的优劣。应对协商程序进行合理设计，以保证协商的有效开展，在程序设计中重点关注主持人中立原则、发言规则、动议规则等，并对协商成果的执行和运用进行有效监督，使公众意见更多地进入公共决策，保证协商结果的合法运用。

6. 应优化基层协商治理的扩散和激励机制。中央政府和地方政府对促进基层协商治理的扩散和可持续发展有重要影响，应采取措施，积极促进协商治理扩散和可持续发展。

促进基层协商治理扩散及可持续性发展，可以采取的措施有：将基层协商治理上升为国家法律、法规；对基层协商治理创新者提供宽容的政治环境和容错机制；号召在各省级层面依据当地具体情况制定基层协商治理办法；充分发挥人大、政协等部门职能，将基层协商民主嵌入体制内运行；利用新兴媒体拓展基层协商的空间，树立基层协商治理典型，鼓励全国范围内学习、观摩和经验交流等。

第二节　研究展望

当前，协商民主已经成为我们党和国家的政治实践，实现党、国家和社会和谐共生的机制和制度形式。不仅如此，协商民主还是推进国家治理体系和治理能力现代化的一种有效治理工具，既能满足公民的民主诉求，又能化解社会矛盾，创造社区公共美好生活，实现社会的柔性整合，提升国家治理效能。在党和国家的高度重视下，通过一系列制度和文件的相继出台，已经基本实现了对我国社会主义协商民主的顶层设计。如今纲举目张，我国社会主义协商民主的大幕已经开启。

本书中的主要案例——温岭的民主恳谈、四川政协的"有事来协商"平台协商治理、四川彭州的社会协商对话、上海的社区营造等——只是中国众多基层协商治理案例的典型代表，既有基层协商民主的初步探索模式，也有发展得较成熟的协商模式。如彭州的社会协商对话其实代表了目前农村社会治理中大部分创新，即利用原有的教育形式、议事形式等，在此基础上嵌入了协商民主的理念和做法，公众参与其中，协商共识对有关部门的决策有一定的影响。但协商与决策并没实现有效的衔接，与其说是协商民主，不如说是民主化协商，这应该算是协商治理发展的初级阶段。当然，不能对这样的阶段进行否定，这是基层协商民主走向实质民主的一个过程。温岭的民主恳谈已经实现了协商与公共决策的有效衔接，这也是通过20余年的摸索和实践实现的。学者在其中也起了较大的推动作用。而上海社区营造体现了当前社会治理中"以人民为中心""党建引领""重心下移""社会协同""基层自治""治理创新"等新的要求，专业性组织和社会组织在其中发挥了一定的作用，但社会组织如何聚集公众的力量使之成为协商治理中重要的协商主体，如何在城市社会治理中完善其协商制度也是需要继续探索的问题。四川等地充分发挥政协作为专门协商机构的作用，将政协协商职能向基层拓展，通过组织各种小微协商活动发挥了政协在基层社会治理中的作用，促进了政协协商与党委政府工作的衔接，有利于推动政协协商制度优势转化为基层治理效能，但在实践过程中，应思考和厘清政协协商与基层协商的边界，政协协商向基层拓展，不是为了代替基层协商，不是为了压缩基层自治的空间，不是为了削弱社会组织的治理能力，而是应与基层协商形成合力，互相促进，彼此呼应，相得益彰。

中国将来的基层社会治理中，应探索更多的协商民主在社会治理中的嵌入形式，探索更多协商民主与人大制度、政协制度、自治制度等各种制度的结合模式，将我国的制度优势转化为治理效能，让公众在社会治理中能够更多地参与；应探索民主协商与公共决策相结合的有效模式，在公共决策中充分体现公众的意愿；应从操作技术上完善协商民主的程序设计，探索如何科学确定协商议题、选取协商代表、控制协商过程、监督协商成果执行的有效方式，实现协商治理的规范、高效、完善的制度设计；应探索如何将较成熟的协商治理的模式制度化，并促进其扩散和可持续发展；应拓展基层协商治理的实践范围，向基层社会寻求广阔空间，并增加对人们现实生活的观照，实现人们创造社区美好生活的向往。

这些需要政府的支持、公众的参与，也需要学者的理论推动和学术提升。

参考文献

一　中文译作

［德］哈贝马斯：《交往行动理论·第一卷——行动的合理性和社会合理化》，洪佩郁、蔺青译，重庆出版社1994年版。

［德］哈贝马斯：《交往行动理论·第二卷——论功能主义理性批判》，洪佩郁、蔺青译，重庆出版社1994年版。

［德］哈贝马斯：《在事实与规范之间——关于法律和民主法治国的商谈理论》，童世骏译，生活·读书·新知三联书店2003年版。

［德］尤尔根·哈贝马斯：《包容他者》，曹卫东译，上海人民出版社2002年版。

［法］米歇尔·福柯：《规训与惩罚》，刘北成、杨远婴译，生活·读书·新知三联书店1999年版。

［美］亨利·M. 罗伯特：《罗伯特议事规则——全球最高效实用的议事规范》，王海莲译，江苏人民出版社2014年版。

［美］罗伯特·D. 帕特南：《使民主运转起来——现代意大利的公民传统》，王列、赖海榕译，江西人民出版社2001年版。

［美］塞缪尔·亨廷顿：《变革社会中的政治秩序》，李盛平、杨玉生等译，华夏出版社1988年版。

［美］约翰·克莱顿·托马斯：《公共决策中的公民参与》，孙柏瑛等译，中国人民大学出版社2010年版。

［美］詹姆斯·N. 罗西瑙主编：《没有政府的治理》，张胜军、刘小林等译，江西人民出版社2001年版。

［美］詹姆斯·博曼：《公共协商：多元主义、复杂性与民主》，黄相怀

译，中央编译出版社2006年版。

［美］詹姆斯·博曼：《公共协商和文化多元主义》，陈志刚译，《马克思主义与现实》2006年第3期。

［美］詹姆斯·菲什金、［英］彼得·拉斯莱特主编：《协商民主论争》，张晓敏译，中央编译出版社2009年版。

［南非］毛里西奥·帕瑟林·登特里维斯主编：《作为公共协商的民主：新的视角》，王英津等译，中央编译出版社2006年版。

［英］安东尼·吉登斯：《民族—国家与暴力》，胡宗泽、赵力涛译，生活·读书·新知三联书店1998年版。

［英］杰弗里·托马斯：《政治哲学导论》，顾肃、刘雪梅译，中国人民大学出版社2006年版。

［英］杰瑞·斯托克：《地方治理研究：范式、理论与启示》，楼苏萍译，郁建兴校，《浙江大学学报》（人文社会科学版）2007年第2期。

［英］斯蒂芬·艾斯特：《第三代协商民主（上）》，蒋林、李新星译，《国外理论动态》2011年第3期。

［英］斯蒂芬·艾斯特：《第三代协商民主（下）》，蒋林、李新星译，《国外理论动态》2011年第4期。

二　中文专著

［澳］何包钢：《协商民主：理论、方法和实践》，中国社会科学出版社2008年版。

本书编写组编：《基层协商民主典型案例选编》，人民出版社2015年版。

陈家刚选编：《协商民主》，上海三联书店2004年版。

陈家刚：《协商民主与当代中国政治》，中国人民大学出版社2009年版。

陈家刚：《协商民主与国家治理——中国深化改革的新路向新解读》，中央编译出版社2014年版。

陈家刚主编：《协商民主与政治发展》，社会科学文献出版社2011年版。

陈新民：《德国公法学基础理论》（上册），山东人民出版社2001年版。

邓正来：《国家与社会：中国市民社会研究》，北京大学出版社2008年版。

韩福国：《复式协商民主实操手册——民主程序与科学环节》，上海人民出版社 2021 年版。

韩福国主编：《基层协商民主》，中央文献出版社 2015 年版。

韩福国：《我们如何具体操作协商民主——复式协商民主决策程序手册》，复旦大学出版社 2017 年版。

贺雪峰：《新乡土中国》，北京大学出版社 2013 年版。

姜晓萍、田昭：《地方社会管理创新：突破和谐发展的行政障碍》，中国人民大学出版社 2014 年版。

寇延丁、袁天鹏：《可操作的民主：罗伯特议事规则下乡全纪录》，浙江大学出版社 2012 年版。

李皋：《基层治理七十年》，中国民主法制出版社 2019 年版。

李后强、邓子强：《协商民主与椭圆视角》，四川人民出版社 2009 年版。

李佳佳：《从地方政府创新理解现代国家——基于"非协调约束的权力结构"的分析框架》，学林出版社 2015 年版。

李强彬：《协商民主与公共政策前决策过程优化：中国的视角》，四川大学出版社 2013 年版。

李向前主编：《社区治理现代化的四川创新实践——四川省首批城乡社区治理试点项目案例汇编》，中国社会出版社 2022 年版。

林尚立：《建构民主：中国的理论、战略与议程》，复旦大学出版社 2012 年版。

林尚立：《协商民主：中国的创造与实践》，重庆出版社 2014 年版。

罗家德：《社会网分析讲义（第二版）》，社会科学文献出版社 2010 年版。

彭真：《论新中国的政法工作》，中央文献出版社 1992 年版。

任剑涛：《社会的兴起：社会管理创新的核心问题》，新华出版社 2013 年版。

谈火生、霍伟岸、何包钢：《协商民主的技术》，社会科学文献出版社 2014 年版。

谈火生编：《审议民主》，江苏人民出版社 2007 年版。

谈火生：《协商治理的当代发展》，南方出版传媒、广东人民出版社 2018 年版。

唐亚林、陈水生主编：《社区营造与治理创新》，上海人民出版社 2018 年版。

唐奕主编：《基层治理之路——来自基层实践者的中国梦》，中央编译出版社2016年版。

王名等：《中国非营利评论》（第四卷），社会科学文献出版社2009年版。

徐勇：《国家治理的中国底色与路径》，中国社会科学出版社2018年版。

俞可平：《民主与陀螺》，北京大学出版社2006年版。

翟桂萍：《公共空间的历史性建构：社区发展的政治学分析》，军事科学出版社2009年版。

张斌、韩福国主编：《走向现代社会治理共同体——嘉定社区共营的案例与经验》，上海人民出版社2020年版。

朱圣明：《民主恳谈：中国基层协商民主的温岭实践》，复旦大学出版社2017年版。

三　中文论文

[澳] 何包钢：《基层民主和协商治理：构建一个理性且成熟的公民社会》，《开放时代》2012年第4期。

[澳] 何包钢、王春光：《中国乡村协商民主：个案研究》，《社会学研究》2007年第3期。

卜万红：《论我国基层协商式治理探索的成就与经验——基于民主恳谈会与"四议两公开"工作法的分析》，《河南大学学报》（社会科学版）2015年第5期。

蔡静诚、熊琳：《"营造"社会治理共同体——空间视角下的社区营造研究》，《社会主义研究》2020年第4期。

曹正汉：《国家与社会关系的弹性：1978年以来的变化》，《学术界》2018年第10期。

曹正汉：《中国上下分治的治理体制及其稳定机制》，《社会学研究》2011年第1期。

常桂祥、赵俊梅：《互动与融合：国家治理与协商民主的内在逻辑》，《行政论坛》2017年第2期。

陈海燕：《协商民主在基层治理中的社会化过程与社会整合功能探析——基于社会化的视角》，《广西社会科学》2016年第3期。

陈辉：《新中国成立60年来城市基层治理的结构与变迁》，《政治学研究》

2010 年第 1 期。

陈家刚：《当代中国的协商民主：实践探索与理论思考》，《马克思主义与现实》2014 年第 4 期。

陈家刚：《社会主义协商民主制度建设的重点与路径》，《党政研究》2017 年第 4 期。

陈家刚：《协商民主与政治协商》，《学习与探索》2007 年第 2 期。

陈剩勇：《协商民主理论与中国》，《浙江社会科学》2005 年第 1 期。

陈水生：《中国城市公共空间治理模式创新研究》，《江苏行政学院学报》2018 年第 5 期。

陈雪莲：《从街居制到社区制：城市基层治理模式的转变——以"北京市鲁谷街道社区管理体制改革"为个案》，《华东经济管理》2009 年第 9 期。

池忠军：《中国特色的公共事务治理之道：协商治理》，《思想战线》2016 年第 3 期。

邸晓星、黎爽：《基层党建与基层治理的双重变奏——党建引领基层治理创新研究综述》，《中共天津市委党校学报》2021 年第 1 期。

董江爱：《"两票制"、"两推一选"与"一肩挑"的创新性——农村基层党组织执政能力建设的机制创新》，《社会主义研究》2007 年第 6 期。

窦竹君：《传统中国农村基层社会管理及其现代价值》，《河北学刊》2012 年第 2 期。

杜鹏：《村民自治的转型动力与治理机制——以成都"村民议事会"为例》，《中州学刊》2016 年第 2 期。

范逢春、谭淋丹：《城市基层治理 70 年：从组织化、失组织化到再组织化》，《上海行政学院学报》2019 年第 5 期。

范明英、向东平：《协商民主：推进党内政治民主的现实价值思考》，《深圳大学学报》（人文社会科学版）2008 年第 4 期。

方盛举：《国家治理现代化进程中的政府与社会》，《哈尔滨工业大学学报》（社会科学版）2017 年第 1 期。

付建军：《当代中国社会治理创新的发生机制与内在张力——兼论社会治理创新的技术治理逻辑》，《当代世界与社会主义》2018 年第 6 期。

高新军：《地方政府创新缘何难持续——以重庆市开县麻柳乡为例》，《中国改革》2008 年第 5 期。

顾盼、韩志明：《基层协商民主的比较优势及其发展路径》，《行政论坛》2016 年第 6 期。

关爽、郁建兴：《国家主导的社会治理：当代中国社会治理的发展模式》，《上海行政学院学报》2016 年第 2 期。

郭圣莉、高民政：《建国初期上海市居民委员会创建的历史考察》，《上海行政学院学报》2001 年第 4 期。

郭圣莉、张良：《改革开放以来中国城市社区制的形成及其推进机制研究》，《理论探讨》2020 年第 1 期。

韩福国：《参与式预算技术环节的有效性分析——基于中国地方参与式预算的跨案例比较》，《经济社会体制比较》2017 年第 5 期。

韩福国：《超越"指定代表"和"随机抽样"：中国社会主义复式协商民主的程序设计》，《探索》2018 年第 5 期。

韩福国：《回归空间差异化和尊重生活多样性——避免城市精细化治理走偏的两个核心支撑点》，《党政研究》2019 年第 5 期。

韩福国：《社会主义政治发展的制度要求——现代中国社会治理形态的结构性营造》，《党政研究》2018 年第 1 期。

韩福国、萧莹敏：《协商民主的基层实践程序与效能检验——浙江温岭参与式公共预算的制度分析》，《西安交通大学学报》（社会科学版）2017 年第 5 期。

韩福国：《作为嵌入性治理资源的协商民主——现代城市治理中的政府与社会互动规则》，《复旦学报》（社会科学版）2013 年第 3 期。

韩莹莹、陈缘：《技术强化人民政协介入社会治理的内在机制——以 Y 市"社会治理网格化＋政协云"微建议试点工作为考察对象》，《行政论坛》2021 年第 3 期。

何得桂、李想：《基层党组织制度优势转化为治理效能的机制与路径——基于群众路线视角的探析》，《西北农林科技大学学报》（社会科学版）2022 年第 3 期。

何海兵：《我国城市基层社会管理体制的变迁：从单位制、街居制到社区制》，《管理世界》2003 年第 6 期。

何俊志：《何种民主？谁更重要——基于地方官员问卷调查结果的分析》，

《经济社会体制比较》2016年第5期。

何俊志：《权力、观念与治理技术的接合：温岭"民主恳谈会"模式的生长机制》，《南京社会科学》2010年第9期。

何绍辉：《政策演进与城市社区治理70年（1949—2019）》，《求索》2019年第3期。

何雪松：《情感治理：新媒体时代的重要治理维度》，《探索与争鸣》2016年第11期。

何增科、〔德〕王海、〔德〕舒耕德：《中国地方治理改革、政治参与和政治合法性初探》，《经济社会体制比较》2007年第4期。

何增科：《政治合法性与中国地方政府创新：一项初步的经验性研究》，《云南行政学院学报》2007年第2期。

何哲：《"善治"的复合维度》，《公共管理与政策评论》2018年第5期。

贺善侃：《发展协商民主与发展党内民主——对我党党内民主建设的回顾和思考》，《理论探讨》2011年第3期。

贺雪峰、苏明华：《乡村关系研究的视角与进路》，《社会科学研究》2006年第1期。

胡仙芝、曹沁颖：《加强城市社区建设　实现社会和谐发展——"城市社区建设"研讨会综述》，《中国行政管理》2002年第7期。

胡象明：《协商治理：中国公共管理体制改革的目标模式》，《学术界》2013年第9期。

黄国华、成都市社会主义学院课题组：《基层协商民主研究——基层社会协商》，《中国政协理论研究》2014年第Z1期。

贾西津：《参与式预算的模式：云南盐津案例》，《公共行政评论》2014年第5期。

江泽林：《"两会制"民主视域下的人民政协——全过程人民民主的重要政治制度》，《中国社会科学》2021年第12期。

姜晓萍、田昭：《授权赋能：党建引领城市社区治理的新样本》，《中共中央党校（国家行政学院）学报》2019年第5期。

金安平、姚传明：《"协商民主"：在中国的误读、偶合以及创造性转换的可能》，《新视野》2007年第5期。

金太军、张振波：《论中国式协商民主的分层建构》，《江苏社会科学》

2015 年第 2 期。

景跃进：《行政民主：意义与局限——温岭"民主恳谈会"的启示》，《浙江社会科学》2003 年第 1 期。

景跃进：《中国农村基层治理的逻辑转换——国家与乡村社会关系的再思考》，《治理研究》2018 年第 1 期。

康有财、王天夫：《社区认同、骨干动员和组织赋权：社区参与式治理的实现路径》，《中国行政管理》2017 年第 2 期。

蒯正明：《全过程民主视域下深化人民政协协商民主建设路径探析》，《学术界》2021 年第 6 期。

兰峻：《"嵌入式履职"：基层政协履职创新的路径选择——以丽水莲都区政协助推跨村自治为个案》，《丽水学院学报》2016 年第 4 期。

郎友兴：《村落共同体、农民道义与中国乡村协商民主》，《浙江社会科学》2016 年第 9 期。

李锦峰、俞祖成：《现代城市化的"反向运动"与基层治理的中国逻辑——基于上海创新社会治理实践的理论思考》，《政治学研究》2021 年第 1 期。

李景鹏：《地方政府创新与政府体制改革》，《北京行政学院学报》2007 年第 3 期。

李连江等：《中国基层社会治理的变迁与脉络——李连江、张静、刘守英、应星对话录》，《中国社会科学评价》2018 年第 3 期。

李强彬：《国外协商民主研究 30 年：路线、视角与议题》，《教学与研究》2012 年第 2 期。

李强彬：《协商民主的实践品质：审视维度与基层观察——以彭州市社会协商对话会议制度为例》，《国外理论动态》2015 年第 6 期。

李淑梅、董伟伟：《协商民主与公民文化建设的拓展》，《南开学报》（哲学社会科学版）2016 年第 5 期。

李威利：《空间单位化：城市基层治理中的政党动员和空间治理》，《马克思主义与现实》2018 年第 6 期。

李翔、许昌敏：《协商民主与国家治理的内在关联与互动建构》，《江汉论坛》2015 年第 6 期。

李姚姚：《基层协商治理的生成逻辑与演进机制》，《社会主义研究》2016

年第 3 期。

李友梅：《对上海新一轮基层社会治理改革的思考》，《中国机构改革与管理》2015 年第 8 期。

林海彬：《治理空间生产：人民政协参与社会治理的新路径——基于 G 市"有事好商量"平台的分析》，《探索》2021 年第 6 期。

林尚立：《公民协商与中国基层民主发展》，《学术月刊》2007 年第 9 期。

林尚立：《协商政治与中国的政治形态》，《中国人民政协理论研究会会刊》2007 年第 1 期。

林尚立：《协商民主：中国特色现代政治得以成长的基础——基于中国协商民主功能的考察》，《湖北社会科学》2015 年第 7 期。

林雪霏：《当地方治理体制遇到协商民主——基于温岭"民主恳谈"制度的长时段演化研究》，《公共管理学报》2017 年第 1 期。

刘佳义：《专门协商机构论纲》，《中国政协理论研究》2020 年第 3 期。

刘悦来：《社区园艺——城市空间微更新的有效途径》，《公共艺术》2016 年第 4 期。

刘兆鑫：《协商民主纳入行政过程的三种路径》，《团结》2015 年第 3 期。

刘中起、杨秀菊：《从空间到行动：社区营造的多维政策机制研究——基于上海的一项个案研究》，《华东理工大学学报》（社会科学版）2017 年第 6 期。

卢芳霞：《协商民主化解基层社会矛盾的功能与实现路径——基于浙江基层协商民主经验的研究》，《中共浙江省委党校学报》2017 年第 4 期。

卢福营：《论农村基层社会治理创新的扩散》，《学习与观察》2014 年第 1 期。

路风：《单位：一种特殊的社会组织形式》，《中国社会科学》1989 年第 1 期。

侣传振：《党内选举民主与党内协商民主的衔接与互动——以理性为视角》，《理论与改革》2013 年第 6 期。

马奔：《协商民主与选举民主：渊源、关系与未来发展》，《文史哲》2014 年第 3 期。

马得普：《协商民主是选举民主的补充吗》，《政治学研究》2014 年第 4 期。

马得勇、张华:《制度创新中的价值与细节:三个基层民主创新案例的实证分析》,《探索》2018 年第 1 期。

马得勇、张国亚:《选举抑或协商:对两种乡镇民主模式的比较分析》,《国外理论动态》2015 年第 6 期。

马骏:《盐津县"群众参与预算":国家治理现代化的基层探索》,《公共行政评论》2014 年第 5 期。

马雪松:《人民政协专门协商机构制度建设的国家治理逻辑》,《理论探讨》2020 年第 2 期。

苗大雷、曹志刚:《台湾地区社区营造的历史经验、未竟问题及启示——兼论我国城市社区建设的发展路径》,《中国行政管理》2016 年第 10 期。

闵学勤:《城市更新视野下的社区营造与美好生活》,《求索》2019 年第 3 期。

牟成文:《协商民主视角下的情理法关系分析》,《党政研究》2014 年第 6 期。

聂伟、陈家喜:《基层干部协商民主实践对政府满意度影响机制的实证分析》,《深圳大学学报》(人文社会科学版)2020 年第 1 期。

齐卫平、陈朋:《协商民主:城市基层治理的有效模式——基于上海 H 社区的个案分析》,《理论与改革》2008 年第 5 期。

齐卫平、陈朋:《协商民主研究在中国:现实景观与理论拓展》,《学术月刊》2008 年第 5 期。

齐卫平:《民意汇聚:人民政协履行职能的新着力点》,《中国政协理论研究》2009 年第 3 期。

钱再见、唐庆鹏:《国外协商民主研究谱系与核心议题评析》,《文史哲》2015 年第 4 期。

任远、章志刚:《中国城市社区发展典型实践模式的比较与分析》,《社会科学研究》2003 年第 6 期。

任中平:《四川的选举民主与浙江的协商民主——我国基层民主发展模式的一项比较研究》,《探索》2011 年第 1 期。

容志:《推动城市治理重心下移:历史逻辑、辩证关系与实施路径》,《上海行政学院学报》2018 年第 4 期。

桑玉成：《拓展全过程民主的发展空间》，《探索与争鸣》2020 年第 12 期。

时文彦：《充实和转变职能　强化乡镇财政管理的探讨》，《财政研究》2010 年第 2 期。

舒明艳、高啸：《农村社会治理的阶段性特征：观察一个发达省份》，《重庆社会科学》2016 年第 4 期。

宋道雷：《共生型国家社会关系：社会治理中的政社互动视角研究》，《马克思主义与现实》2018 年第 3 期。

宋连胜、李建：《国家治理现代化背景下协商民主实现形态与价值》，《理论学刊》2015 年第 4 期。

宋雄伟：《青年干部协商民主的认知图景与行为评价——基于一项全国性调查问卷的分析》，《云南行政学院学报》2019 年第 5 期。

孙柏瑛、张继颖：《解决问题驱动的基层政府治理改革逻辑——北京市"吹哨报到"机制观察》，《中国行政管理》2019 年第 4 期。

孙存良、尹建军：《比较视野下的协商民主与中国政治协商制度》，《理论视野》2009 年第 2 期。

孙培军：《基层群众自治问题研究》，《理论视野》2013 年第 12 期。

孙强强、李华胤：《乡村弹性化治理：一个概念性框架及其三重维度——基于"国家—社会"关系历史演进的考量》，《南京农业大学学报》（社会科学版）2021 年第 1 期。

唐皇凤：《协商治理的中国实践：经验、问题与展望》，《中共中央党校（国家行政学院）学报》2020 年第 1 期。

王洪树：《社会协商：中国的内生缘起与理论探索》，《探索》2015 年第 1 期。

王洪树、张茂一：《协商民主是实现党的领导的重要方式：理论基础与实践逻辑》，《探索》2019 年第 5 期。

王俊禄：《有事好商量，参与协商有力量》，《半月谈》2019 年第 5 期。

王可园：《协商治理：村民自治有效实现的路径选择》，《行政论坛》2017 年第 2 期。

王浦劬：《中国的协商治理与人权实现》，《北京大学学报》（哲学社会科学版）2012 年第 6 期。

王浦劬：《中国协商治理的基本特点》，《求是》2013年第10期。

王诗宗：《治理理论与公共行政学范式进步》，《中国社会科学》2010年第4期。

魏晓文、董仲磊：《现代国家治理与社会主义协商民主互动关系及共进路径探析》，《理论探讨》2015年第5期。

吴理财：《中国农村社会治理40年：从"乡政村治"到"村社协同"——湖北的表述》，《华中师范大学学报》（人文社会科学版）2018年第4期。

吴晓林：《党建引领与治理体系建设：十八大以来城乡社区治理的实践走向》，《上海行政学院学报》2020年第3期。

吴晓林：《中国城市社区建设研究述评（2000—2010年）——以CSSCI检索论文为主要研究对象》，《公共管理学报》2012年第1期。

夏晓丽：《代际传递、理论延展与政治实验：西方协商民主研究三十年》，《西南民族大学学报》（人文社科版）2017年第5期。

项赠：《协商民主与预防和化解群体性事件》，《理论探索》2016年第2期。

肖唐镖、孔卫拿：《中国农村民主治理状况的变迁及其影响因素——2002—2011年全国村社抽样调查数据的实证分析》，《经济社会体制比较》2013年第1期。

徐光兵：《社会发展与人民政协功能的拓展》，《江西社会科学》2011年第12期。

徐光明：《探索政协协商同社会治理相结合的江苏实践》，《中国政协理论研究》2020年第3期。

徐勇：《将基层带入国家：单一制、基层社会与国家建设》，《国家现代化建设研究》2022年第2期。

徐勇：《论城市社区建设中的社区居民自治》，《华中师范大学学报》（人文社会科学版）2001年第3期。

徐勇：《论中国农村"乡政村治"治理格局的稳定与完善》，《社会科学研究》1997年第5期。

薛冰、岳成浩：《行政决策听证议题形成中的公民话语权保障——基于协商民主理论的视角》，《西北大学学报》（哲学社会科学版）2013年第5期。

薛澜、张帆、武沐瑶：《国家治理体系与治理能力研究：回顾与前瞻》，《公共管理学报》2015 年第 3 期。

颜佳华、吕炜：《协商治理、协作治理、协同治理与合作治理概念及其关系辨析》，《湘潭大学学报》（哲学社会科学版）2015 年第 2 期。

杨敏：《"国家—社会"的中国理念与"中国经验"的成长——社会资源的优化配置及公共服务与社会治理的创新》，《河北学刊》2011 年第 2 期。

杨卫敏：《从"温岭模式"到浙江特色——浙江省各地探索基层协商民主的实践及启示》，《观察与思考》2016 年第 7 期。

杨雪冬：《基层再造中的治理空间重构》，《探索与争鸣》2011 年第 7 期。

杨郁、刘彤：《国家权力的再嵌入：乡村振兴背景下村庄共同体再建的一种尝试》，《社会科学研究》2018 年第 5 期。

易承志：《大都市政府治理绩效的构成分析与取向调适：基于大都市发展转型的背景》，《武汉大学学报》（哲学社会科学版）2015 年第 2 期。

易承志：《协商民主、国家建设与国家治理》，《学术月刊》2016 年第 3 期。

于水、杨萍：《"有限主导—合作共治"：未来农村社会治理模式的构想》，《江海学刊》2013 年第 3 期。

俞可平：《治理理论与中国行政改革（笔谈）——作为一种新政治分析框架的治理和善治理论》，《新视野》2001 年第 5 期。

俞可平：《中国地方政府创新的可持续性（2000—2015）——以"中国地方政府创新奖"获奖项目为例》，《公共管理学报》2019 年第 1 期。

郁建兴：《治理与国家建构的张力》，《马克思主义与现实》2008 年第 1 期。

张保伟：《影响中国协商民主制度化发展的几个问题》，《南开学报》（哲学社会科学版）2020 年第 2 期。

张峰：《论人民政协民主监督的协商式监督新定位》，《国家行政学院学报》2017 年第 6 期。

张紧跟：《党建引领：地方治理的本土经验与理论贡献》，《探索》2021 年第 2 期。

张紧跟：《主体、制度与文化：基层协商民主建设的三维审视》，《云南大学学报》（社会科学版）2021 年第 2 期。

张静：《中国基层社会治理为何失效？》，《文化纵横》2016 年第 5 期。

张康之、张乾友：《现代民主理论的兴起及其演进历程——从人民主权到表达民主再到协商民主》，《中国人民大学学报》2011 年第 5 期。

张立荣、李名峰：《满意度和需求度二维耦合视角下的农村公共服务现状研究——以湖北省为例》，《中国行政管理》2012 年第 2 期。

张敏：《协商治理及其当前实践：内容、形式与未来展望》，《南京社会科学》2012 年第 12 期。

张敏：《协商治理：一个成长中的新公共治理范式》，《江海学刊》2012 年第 5 期。

张敏：《协商治理与美好生活实现：基层协商的归宿及其时代意义》，《党政研究》2020 年第 4 期。

张敏：《政府供给与基层协商民主生长：基于三地实践的考察》，《学海》2016 年第 2 期。

张敏：《中西协商民主的概念史考察：语义演变与要素辨同》，《探索》2015 年第 4 期。

章荣君：《从精英主政到协商治理：村民自治转型的路径选择》，《中国行政管理》2015 年第 5 期。

章荣君：《从遗产到实践：中国特色协商民主的形成机理分析》，《湖北社会科学》2014 年第 5 期。

赵宬斐、牟言波：《基层党内选举民主与协商民主协同机制研究》，《新视野》2016 年第 4 期。

赵银亮：《冲突与治理：协商民主理论的实证维度辨析》，《党政研究》2015 年第 6 期。

郑中玉：《都市运动与社区营造：社区生产的两种方案及其缺憾》，《社会科学》2019 年第 5 期。

钟金意、钱再见：《公共权力运行公开化语境下协商治理研究》，《中共南京市委党校学报》2015 年第 5 期。

周飞舟：《从汲取型政权到"悬浮型"政权——税费改革对国家和农民关系之影响》，《社会学研究》2006 年第 3 期。

周淑真：《人民政协：全过程人民民主重要制度载体——历史逻辑、方位体现与职能机制考察》,《当代世界与社会主义》2022 年第 2 期。

朱芳芳、陈家刚:《协商民主:替代性选择?——基于地方官员问卷调查结果的分析》,《马克思主义与现实》2016 年第 4 期。

朱凤霞、陈昌文:《地方政府治理中的协商民主:治理逻辑与现实可能》,《科学社会主义》2016 年第 6 期。

朱凤霞、陈昌文:《中层设计:基层协商民主的制度化探索——对成都彭州市社会协商对话的考察》,《行政论坛》2018 年第 5 期。

朱凤霞、陈俊天:《国家与社会关系视角下的农村社会治理转型》,《科学社会主义》2021 年第 1 期。

朱凤霞:《地方政府创新的法律困境》,《四川行政学院学报》2016 年第 2 期。

朱凤霞:《基层协商民主中的公众话语权——基于扎根理论对成都 J 镇近年协商议题的分析》,《河南社会科学》2017 年第 10 期。

朱凤霞:《基层协商民主中的主体意愿与实践绩效——基于 1002 位乡镇干部问卷调查的分析》,《探索》2020 年第 6 期。

朱凤霞:《国内协商民主研究:热点、发展脉络与趋势——基于 CNKI 数据库的知识图谱分析》,《国家行政学院学报》2018 年第 6 期。

朱凤霞:《全过程人民民主视域下的人民政协职能拓展——基于四川"有事来协商"平台的分析》,《中州学刊》2023 年第 6 期。

朱圣明:《温岭恳谈文化之生成逻辑与本质特征》,《中共杭州市委党校学报》2010 年第 1 期。

朱旭峰:《地方政府创新经验推广的难点何在——公共政策扩散理论的研究评述》,《人民论坛·学术前沿》2014 年第 17 期。

朱旭峰、张友浪:《创新与扩散:新型行政审批制度在中国城市的兴起》,《管理世界》2015 年第 10 期。

朱兆华:《党内选举民主与党内协商民主的互动关系研究》,《中州学刊》2013 年第 2 期。

庄聪生:《协商民主:中国特色社会主义民主的重要形式》,《马克思主义研究》2006 年第 7 期。

四 英文文献

André Bachtiger et al. , "Disentangling Diversity in Deliberative Democracy: Competing Theories, Their Blind Spots and Complementarities", *Journal of Political Philosophy*, 18 (1) (2010): 32 – 63.

B. G. Peters, Governance and Comparative Politics, in J. Pierre, ed. , *Debating governance*, New York: Oxford University Press, 2000.

Charmaz K. , *Constructing Grounded Theory: A Practical Guide Through Qualitative Analysis*, Thousand Oaks : Sage Publications, 2006.

Elster Johnson, "Arguing for Deliberation: Some Skeptical Considerations", in Jon Elster, *Deliberative Democracy*, Cambridge University Press, 1998.

Ian O'Flynn, *Deliberative Democracy and Devided Societies*, Edinburgh: Edinburgh University Press, 2006.

James Bohman, "Deliberative Democracy and Effective Social Freedom: Capabilities, Resources, and Opportunities", Bohman and Rehg ed. , *Deliberative Democracy: Essays on Reason and Politics*, MIT Press, 1997.

James Bohman, *Public Deliberation: Pluralism, Complexity, and Democracy*, Cambridge: MIT Press, 1996.

James Fishkin et al. , "A Deliberative Poll on Education: What Provisions do Informed Parents in Northern Ireland Want", see http://cdd. Stanford. edu/polls/nireland/2007/omagh-report. pdf, accessed on 15 May 2007.

John S. Dryzek, *Deliberative Democracy and Beyond: Liberals, Critics, Contestations*, Oxford: Oxford University Press, 2000.

John S. Dryzek, *Deliberative Global Politics: Discourse and Democracy in a Dirided World*, Cambridge: Polity Press, 2006.

Jorge M. Valadez, *Deliberative Democracy, Political Legitimacy, and Self-Democracy in Multicultural Societies*, Colorado: USA Westview Press, 2001.

Joshua Cohen, "Procedure and Substance in Deliberative Democracy", Bohman and Rehg ed. , *Deliberative Democracy*, MIT Press, 1997.

J. Pierre and B. G. Peters, *Governance, Politics and State*, New York: St. Martin's Press. 2000.

Jurgen Habermas, *Between Facts and Norms: Contributions to a Discourse Theory of Law and Democracy*, Cambridge: MIT Press, 1996.

K. A Bollen and R. W. Jackman, "Political Democracy and the Size Distribution of Income", *American Sociological Review*, 50 (1985) (August): 438 –457.

Karch A., "Emerging issues and future directions in state policy diffusion research", *State Politics & Policy Quarterly*, 2007, 7 (1): 54 –80.

Mc Millan, D. W. and Chavis, D. M., "Sense of Community: A Definition and Theory", *Journal of Community Psychology*, 14 (1) (1986): 6 –23.

Parkinson. John, *Deliberating in the Real World: Problems of Legitimacy in Deliberative Democracy*, Oxford: Oxford University Press, 2006.

P. Frissen, *Politics, Governance and Technology: A Postmodern Narrative on the Virtual State*, MA: Edward Elgar Publishing, 1999.

P. Hirst, "Democracy and Governance", In J. Pierre, ed., *Debating Governance: Authority, Steering, and Democracy*, New York: Oxford University Press, 2000.

Ricardo Blaug, "New Developments in Deliberative Democracy", *Politics*, 16 (2) (1996): 71 –77.

Seymour Martin Lipset, "Some Social Requisites of Democracy: Economic Development and Political Legitimacy", *American Political Science Review*, 53. (1) (1959): 75.

S. P Huntington, "Will More Countries Become Democratic?", *Political Science Quarterly*, 99 (2) (1984): 193 –218.

Spivak, G. C., "Can the Subaltern Speak?", in williams, P. & Chrisman, L., *colonial Discourse and Post-Colonial Theory: A Reader*, Prentice Hall: Person Education Limited, 1993.

Strauss, A. and Corbin, J. *Basics of Qualitative Research: Grounded Theory Procedure and Techniques*, Newbury Park: Sage, 1990.

T. Curristine, "Government Performance: Lessons and Challenges", *OECD Journal on Budgeting*, 5 (1) (2005): 127 –151.

后　　记

记得我还未踏进社会科学研究的领域时，基层社会轰轰烈烈的选举民主就给我留下了深刻的印象，但许多选举创新却在历史的长河中逐渐沉寂。当我踏进社会科学研究领域，开始关注基层治理，便逐渐认识到选举民主只能解决由谁来治理的问题，而不能解决如何治理的问题。要实现基层社会的善治，仅靠选举民主是远远不够的。

我大概是在2016年无意间关注协商民主的，2012年党的十八大报告首次提出"健全社会主义协商民主制度"，指出"协商民主是我国人民民主的重要形式"。党的十八大以后，学界对协商民主的研究掀起了热潮，但许多没有重点关注此领域的学者仍然将"协商民主"与"政治协商"混淆在一起。后来，党的十九大报告、二十大报告中多次提到"协商民主"，并明确了"政协协商""基层协商"等"七大协商"，基层协商民主的概念才逐渐清晰。

经过这些年的实践发展，协商民主早已润物细无声地融入了基层治理之中。任何一个基层干部都早已将党的文件烂熟于心，不少基层干部都能对协商民主侃侃而谈，并且将其融入基层实践之中。本书中主要选取了四个案例，权且代表了基层协商治理的四种模式，即协商民主与人大制度结合的模式、协商民主与政协制度结合的模式、协商民主与城市社区居民自治制度结合的模式、协商民主与农村社区村民自治制度结合的模式。当然，这几个案例远远不能涵盖当前基层协商民主的实践，基层社会每天都在给我们呈现鲜活的案例。其实，有些案例是在我开始了这项研究后才涌现出来的，如各地人民政协协商与基层治理结合就是近几年浙江、四川等地涌现的基层治理创新。我这本书初稿早已完成，却一拖再拖，大概是我潜意识里想将更多的典型案例总结出来吧。

本书是我在国家课题的基础上修改完成的。断断续续写了五六年时间。现在即将付梓，我很想表达我的感激之情。

首先要感谢学者朋友的帮助。我特别要感谢浙江大学的郎友兴教授。郎教授长期研究基层协商民主，对中国基层协商民主有着深刻的洞察力和独到的见解，我从他的作品中受到了诸多启发。在一次学术会议中，我忐忑地向郎老师请教时，发现他作为学界前辈却是十分亲和，我进而请他帮忙写个小序，没想到他竟毫不推辞。当然，他也指出了中国学者在中国协商民主领域需要深入研究的地方，十分中肯，体现了中国学者对于推动中国基层协商民主的殷切期望。我还要特别感谢复旦大学的韩福国教授，他对本书给予了较多的指导和帮助，从书名到框架，他都提出了宝贵的建议，并且欣然为我作序，当然他也指出了本书的不足，就作为我下一步研究的方向吧。韩福国教授深耕基层协商民主，提出了"复式协商民主"概念，并且致力于推动社区的协商民主实践及治理绩效，让我十分钦佩。他在上海组织的两次邀请学界与实务界共同参与、深度对话的协商民主会议我都有幸参与，获益匪浅。此外，我还要感谢上海交通大学的韩志明教授，华中师范大学的袁方成教授，北京市委党校的杨守涛教授，四川大学的姜晓萍教授、夏志强教授、李强彬教授、王洪树教授、杨磊副研究员，电子科技大学的叶本乾教授、秦博教授，西南财经大学的陈朝兵副教授，四川省社会主义学院的颜旭教授，以及我众多的同事们，他们都曾对我有过指导和帮助。

纸上得来终觉浅，绝知此事要躬行。我还要感谢基层民主的实践者，他们在实践中不断探索，给我们呈现出精彩的案例。受中央文件的加持，民主的理念问题基本已达成共识，民主的技术问题在实践中还需要不断探索和总结，可操作的民主才是民主的真正落实。尤其感谢上海嘉定、浙江温岭、四川彭州、四川各级人民政协的干部的创新探索，以及他们为我调研提供的支持和帮助。感谢温岭的张学明、梁云波，上海嘉定的徐晓菁、谢作灿，四川省人民政协的黄静，四川彭州的朱小蓉，等等，还有许多基层朋友我甚至都还不记得他们的名字，感谢他们对我调研上的帮助。也感谢帮助我做问卷调查的朋友们，原谅我不能一一致谢。

此书在撰写的过程中，部分内容已经在期刊上发表，感谢期刊提供的发表机会以及编辑和外审专家的修改意见。

　　最后,我想感谢一下我的家人,尤其是感谢我的儿子霄霄对我因写作时常缺失陪伴的体谅,虽然此书的撰写牺牲了不少的亲子时光,但如果我用自己的努力工作的态度积极地影响着他的成长,我想也是值得的。

　　囿于本人学术水平和客观条件的限制,本书难免有许多不尽如人意之处,恳请学者朋友批评指正。

朱凤霞
2023 年 12 月 31 日